基于人事制度改革赋能的 高职院校"双师型"教师 队伍建设探索与实践

苏晓锋　编著

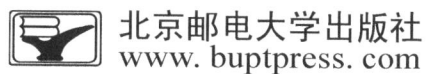

内 容 简 介

高职院校要推动学校高质量发展，为经济社会发展作出更大贡献，关键在于要打造一支高水平的双师队伍。师资队伍的建设成效一方面取决于师资队伍的数量和质量（这二者可以通过引进培养等举措实现）；另一方面取决于学校的人事管理制度（从机制上能够充分调动教师队伍的积极性和主动性）。

本书梳理了高职院校人事制度改革与"双师型"教师队伍建设的相关概念和理论，分析了高职院校高水平"双师型"教师队伍建设的发展与现状，对高职院校人事制度改革和师资队伍建设进行了融合研究，并在实践探索中提出了具体思路和举措。

图书在版编目（CIP）数据

基于人事制度改革赋能的高职院校"双师型"教师队伍建设探索与实践 / 苏晓锋编著. -- 北京：北京邮电大学出版社，2025. -- ISBN 978-7-5635-7603-6

Ⅰ. G718.5

中国国家版本馆 CIP 数据核字第 20256ZD101 号

策划编辑：张向杰　邢娟　　责任编辑：刘颖　耿欢　　责任校对：张会良　　封面设计：七星博纳

出版发行：	北京邮电大学出版社
社　　址：	北京市海淀区西土城路 10 号
邮政编码：	100876
发 行 部：	电话：010-62282185　传真：010-62283578
E-mail：	publish@bupt.edu.cn
经　　销：	各地新华书店
印　　刷：	保定市中画美凯印刷有限公司
开　　本：	720 mm×1 000 mm　1/16
印　　张：	12.5
字　　数：	236 千字
版　　次：	2025 年 8 月第 1 版
印　　次：	2025 年 8 月第 1 次印刷

ISBN 978-7-5635-7603-6　　　　　　　　　　　　　　　　定　价：49.60 元

· 如有印装质量问题，请与北京邮电大学出版社发行部联系 ·

前　　言

在国家职业教育类型化发展战略指引下,高等职业教育作为技术技能人才培养的主阵地,正经历着从规模发展到质量提升的历史性跨越。这种兼具学术底蕴与产业基因的教育形态,不仅重构了我国高等教育生态格局,还在服务制造强国战略、促进教育公平等方面展现出独特价值。本书立足于新时代职业教育改革前沿,聚焦人事制度创新与"双师型"教师培养两大核心命题,通过政策解构、实践剖析与理论建构,为高职院校治理现代化提供系统性解决方案。

从2018年《关于全面深化新时代教师队伍建设改革的意见》确立的"双师型"队伍建设总基调,到2022年"双师型"教师认定标准的技术突破,国家通过政策工具的迭代升级,逐步构建起涵盖准入机制、培养路径、评价体系的全链条制度框架。特别是"职教师资12条"与"新双高"建设要求的政策叠加效应,推动职业教育师资培养从单一能力提升转向职业全生命周期管理。这种制度变迁不仅折射出国家对职业教育教师专业发展的战略定位,还为高职院校人事制度改革提供了政策参考。

本书结构设计遵循"理论奠基-现状剖析-实践创新"的逻辑进路。第一章通过解构人事制度改革与"双师型"教师建设的概念谱系,奠定理论分析的认知基础;第二章基于政策文本计量分析与实证调研,系统揭示"双师型"教师队伍建设的历史脉络与现实困境,重点针对"新双高"背景下教师能力迭代的新要求展开深度探讨;第三章聚焦聘任制度、职称评审、薪酬体系等关键领域,通过典型案例剖析与制度创新实验,构建具有高职特色的人事治理模型;第四章从建设路径、保障机制等维度,提出产教融合视域下"双师型"教师培养的生态化解决方案,其中平台建设、"八项计划"等创新实践方案尤其具有示范价值。

作者在研究过程中形成了若干突破性认知:其一,人事制度改革需构建"能力本位"的弹性治理体系,通过职称评审的多元通道设计、薪酬分配的市场化调节等机制创新,破除教师职业发展的制度性障碍;其二,"双师型"教师培养应建立校企命运共同体,借助产业教授工作站、教师企业实践学分银行等载体,实现专业能力与产业需求的动态适配;其三,在数字化赋能背景下,需构建涵盖教学创新、技术研发、社会服务等多维度的教师发展评价体系。

本书的学术价值在于构建了"制度-能力-生态"三维分析框架,实践价值则体现为开发出包含5项核心激励约束机制的人事制度改革工具包,以及"八项计划"的"双师型"教师培养模型。这些成果既是对国家政策的回应,也是对基层实践智慧的凝练升华。期待本书能为职业教育管理者提供决策参考,为政策研究者拓展理论视野,为一线教师明晰发展路径,共同书写新时代高职教育高质量发展的新篇章。

本书系广东省教育科学规划课题"基于'门槛分值+代表成果+分类评价'的广东省高职院校教师职称评价改革探究"(2022JKG053)研究成果。

作 者

目 录

第一章 高职院校人事制度改革与"双师型"教师队伍建设概念和相关理论概述 … 1

 第一节 高职院校人事制度改革的相关概念、背景、意义和历程 …………… 1
  一、高职院校人事制度改革的相关概念 ………………………………………… 1
  二、高职院校人事制度改革的背景、意义和历程 ……………………………… 6
 第二节 "双师型"教师队伍建设的相关概念及理论基础 ……………………… 16
  一、"双师型"教师队伍建设的相关概念 ………………………………………… 16
  二、"双师型"教师队伍建设的理论基础 ………………………………………… 24
 第三节 "双师型"教师队伍建设的作用 …………………………………………… 29

第二章 高职院校"双师型"教师队伍建设发展回顾与现状分析 … 32

 第一节 高职院校"双师型"教师队伍建设发展回顾 …………………………… 32
 第二节 高职院校"双师型"教师队伍建设现状分析 …………………………… 37
  一、高职院校"双师型"教师队伍建设成就 ……………………………………… 37
  二、高职院校"双师型"教师队伍建设存在的问题 ……………………………… 40
  三、高职院校"双师型"教师队伍建设存在问题的原因 ………………………… 46
  四、"新双高"战略下高职院校"双师型"教师队伍建设的困境及着力点 …… 49

第三章 高职院校人事制度改革探索与实践 … 57

 第一节 高职院校人事制度改革探索 ……………………………………………… 57
  一、聘任制度改革 …………………………………………………………………… 58
  二、职称评审制度改革 ……………………………………………………………… 65

三、薪酬制度改革 …… 72
四、准入制度改革 …… 80
五、绩效考核制度改革 …… 89

第二节 高职院校人事制度改革的主要做法、特征及成效 …… 111
一、高职院校人事制度改革的主要做法 …… 111
二、高职院校人事制度改革的特征 …… 113
三、高职院校人事制度改革的主要成效 …… 115

第三节 高职院校人事制度改革创新思路与举措 …… 117
一、高职院校人事制度改革创新思路 …… 117
二、深化高职院校人事制度改革的创新举措 …… 120

第四章 高职院校"双师型"教师队伍建设探索与实践 …… 126

第一节 高职院校"双师型"教师队伍建设的目标与原则 …… 126
一、建设的目标 …… 126
二、建设的原则 …… 132

第二节 高职院校"双师型"教师队伍的建设路径 …… 135
一、建立健全"双师型"教师培养机制 …… 135
二、依靠教师主体,实现"双师型"教师的专业发展 …… 142
三、创新发展思路,完善"双师型"教师管理体系 …… 144

第三节 高职院校"双师型"教师队伍的建设内容 …… 146
一、制度建设 …… 147
二、平台建设 …… 156
三、"双师型"教师队伍建设实践 …… 159

第四节 高职院校"双师型"教师队伍建设的保障措施 …… 169
一、建立健全制度体系 …… 169
二、适应教师的发展需求 …… 170
三、深化人事制度改革 …… 173

参考文献 …… 187

第一章
高职院校人事制度改革与"双师型"教师队伍建设概念和相关理论概述

第一节 高职院校人事制度改革的相关概念、背景、意义和历程

在我国,高职院校作为职业教育的主要实施机构,承担着培养适应社会经济发展需要的高素质技术技能人才的重任,其招生对象包括高中毕业生、中等职业学校毕业生、退役士兵等。1986年国务院颁布的《普通高等学校设置暂行条例》明确规定,高职院校须以职业教育为主,培养专科层次人才,全日制在校生规模应达到1000人以上,其设置权由政府统一管理,具有显著的地方性和职业性特征。

2000年6月,中共中央组织部、人事部、教育部共同颁布《关于深化高等学校人事制度改革的实施意见》,标志着我国高校人事管理制度改革迈入了重要的转型阶段。文件强调要加快推进高校人事制度改革,建立与社会主义市场经济体制相适应、符合高等教育规律的新型人事管理制度。改革的关键在于完成从身份管理到岗位管理的过渡,主要涵盖岗位设置、岗位聘任、绩效考核以及激励机制等核心部分。这些改革措施构成了高校人事制度改革的理论基石和操作指南,是优化高等教育资源分配、提升教育品质的关键制度保障。

一、高职院校人事制度改革的相关概念

现代人力资源管理是由传统的人事管理逐步演变而来的,事业单位人事制度改革可以被看作现代人力资源管理的一种具体实践形式。在推进人事制度改革进

程中，必须系统把握人力资源管理的核心概念与本质特征，这有助于科学界定改革的目标导向与关键任务。基于人力资源管理的理论框架，改革措施能够更有效地回应高等教育机构在人才选拔、培养、使用和激励等方面的制度需求，从而为高等教育机构的战略发展提供有力的人力资源支撑和制度保障。

(一) 人力资源的概念和特征

高职院校教师作为高职院校的核心人力资源要素，是其可持续发展的关键支撑。根据现代组织理论，组织的战略性资源体系通常由人力资源、物质资源、财务资本及技术能力共同构成。人力资源管理的效能是组织核心竞争力的关键因素，直接关系到组织运作的效率和发展的潜力。在高职院校中，人力资源的管理与开发，对学校的教学质量、科研创新以及社会服务的能力起着决定性作用，是评价学校综合竞争力的核心标准。

1. 人力资源的概念

人力资源指的是在一定范围内拥有劳动能力且能参与经济活动的所有人口。这个概念包括所有能促进社会经济发展的群体。从结构上来看，一个国家或地区的人力资源主要由两个部分构成：一是数量，即参与经济活动的人口占总人口的比例，这个比例直接反映了国家或地区的经济增长潜力；二是质量，主要体现为参与经济活动的人口的教育水平、健康状况和技术能力。研究指出，在经济和社会发展过程中，人力资源的质量比数量更具有决定性影响，且随着经济和社会发展水平的提高，其重要性日益凸显。

2. 人力资源的特征

(1) 时间性与时代性

人力资源的发展受经济、教育和文化等时代背景因素影响。

(2) 能动性

人力资源的能动性特点包括自我提升、自主选择职业、积极劳动、适应性、创造性、社会互动、目标导向和自我管理等多个方面。人力资源在组织中具有独特的价值，是推动组织发展的重要力量。

(3) 生物性

人力资源的生物性特点主要体现在其与生理特征紧密相关，受生命周期限制，具有不可剥夺性和生物制约性。人力资源的形成与作用效率受生命周期制约，不同时期的资源可利用程度各不相同。

(4)时效性

人力资源作为一种"活"的资源,其能力和价值并非恒定,而是随着时间推移呈现出阶段性特征。人的能力在生命周期的不同阶段具有不同的表现形式和可利用率,例如青年期是能力的高峰期,而老年期则是能力的衰退期。

(5)双重性

人力资源的双重性特点主要体现在其既是劳动力资源,也是知识和技能资源。这种双重属性决定了人力资源在组织中的独特地位。一方面人力资源作为劳动力资源,其价值体现在体力和智力的投入上,是推动组织生产和发展的重要力量;另一方面人力资源作为知识和技能资源,其价值体现在对组织创新能力和竞争力提升的贡献上。

(6)连续性与再生性

人力资源的连续性与再生性特点主要体现在其可持续开发和更新的能力上。人力资源作为具有持续增值属性的特殊生产要素,其开发不仅体现在实际应用环节,更贯穿于人才培养、经验积累及创新实践等过程。这种特殊资源区别于物质资产的显著特征在于其再生性,通过人口代际更替与劳动力"投入-增值-再投入-再增值"的循环机制实现持续再生。值得注意的是,人力资源的再生过程具有双重调控机制:既遵循生命科学规律,又受到劳动者主观能动性、社会文明进程以及现代技术革新的综合影响。

(7)高增值性

人力资源的高增值性特点主要体现在其通过知识、技能和创造力的积累与应用,能够为组织创造远超其成本的附加价值。这种高增值性不仅体现在经济效益上,还体现在组织在竞争力、创新能力等方面的显著提升上。

(二)人事制度改革的相关概念

人事制度作为国家机关及事业单位在人员管理领域的核心规范,旨在确保组织内部人力资源管理的规范性与有效性。其全面覆盖了员工录用、绩效评估、职业培训、职位调整及退休管理等关键环节,形成了一套完整的规章与条例体系。人事制度深度整合了用人政策、管理框架及详尽的操作准则,这些组成部分共同构建了一个多维度、多层次的管理体系。高等教育机构作为国家事业单位的重要组成部分,其人事制度同样需严格遵循上述原则与框架。高职院校作为高等教育体系的关键一环,为了推动教学质量、科研水平及社会服务能力的提升,需要进行人事制度改革。人力资源管理包含选、用、育、评、留、退等关键环节,对应地,高职院校人事制度改革涵盖了选人过程优化、用人工作优化、培养培训优化、评价体系优化、留人机制优化、退出机制优化等内容。

1. 选人过程优化

在人力资源管理体系中,选人过程占据着初始且重要的地位。它不是一个简单的招聘动作,而是基于深思熟虑的人力资源规划与精准的需求预测,精心挑选并任用与组织文化、战略目标高度契合的人才。此过程的主要目标是为组织的持续运作和长期发展构建稳固的人力资源基础。选人过程通过科学合理地吸纳新兴力量,有效维持了组织人力资源的动态平衡。它确保了组织在面临市场变化、技术革新等挑战时,能够迅速调整人员结构,以最优的人力资源配置应对复杂多变的外部环境。这种平衡不仅促进了组织内部的高效运作,更为组织有效达成既定目标和长远愿景奠定了坚实的基础。在国家事业单位人事管理制度和相关政策的规范下,高职院校在进行人力资源选聘时,必须遵循国家政策的指导原则,持续优化选聘流程和相关制度,尤其是要建立健全的准入机制,提升选聘过程的科学性和效率,满足人力资源配置的需求。

2. 用人工作优化

高职院校优化用人工作时应重视人与岗位的匹配,充分发挥教职工的专业技能与优势,最大程度发挥"人岗适配"带来的价值。在事业单位的聘用制度框架内,高职院校需构建科学合理的岗位体系,清晰界定各岗位的职责、任职条件以及职业发展通道。高职院校可通过公开招聘、竞聘上岗等方式吸引优秀人才,打破传统的身份限制,让教职工在岗位竞争中脱颖而出,实现由身份管理向岗位管理的转变。通过优化用人工作,高职院校能够建设一支结构合理、素质优良、富有创新精神的教职工队伍,为提升教育教学质量和科研水平提供有力支撑,从而更好地服务于区域经济社会发展。这不仅是高职院校人事制度改革的关键目标,也是促进职业教育高品质发展的必然要求。

3. 培养培训优化

在高职院校人事制度改革中,培养培训工作是提升教职工队伍素质、推动院校高质量发展的关键。基于人力资源开发理论,结合事业单位人员培训制度的相关要求,高职院校应构建系统的教师培养培训体系,采取灵活多样的培训方式,注重培训工作的规范与实效,建立完善的培训档案,记录教职工的培训经历和考核结果,确保培训工作可追溯和有效,将培训情况作为考核、岗位聘用和晋升的重要依据。高职院校应加强培训经费的管理,合理分配资源,避免重复培训或资源浪费。

|第一章| 高职院校人事制度改革与"双师型"教师队伍建设概念和相关理论概述

高职院校可通过科学的培训管理方法,提高培训质量,提升教职工工作能力,为培养高素质技术技能人才提供坚实保障。

4. 评价体系优化

评价作为一种严谨的综合研究方法,其核心目标是通过系统过程确定被评价对象的价值、重要性或当前状态。高职院校人力资源管理中的绩效考核和职称评审与评价工作紧密相关。绩效考核作为人力资源管理的关键环节,旨在运用定量和定性的标准化手段对员工工作成效进行全面系统的评估。高职院校实施绩效考核是基于明确的目标,采用先进的测量技术和工具,全面评估教职工的工作效率、态度和成果。这项工作不仅关注个别教职工的突出表现,也关注整个部门的绩效,目的是提高学校的人才培养工作质量和竞争力。高职院校职称评审工作依据特定的标准和流程,对专业技术人员的专业能力和业绩进行评价,并据此授予其相应的专业技术职务称号。职称评审工作的目的是客观公正地评估个人在专业领域的知识水平、技能和工作成就,为人才的选拔、培养、任用和激励提供科学的依据。高职院校在推进人才培养和学校发展过程中,应根据不同的发展阶段和外部环境的变化,持续优化教师的绩效考核和职称评审工作,建立完善的绩效考核与职称评审制度,以满足学校高质量发展的需求。

5. 留人机制优化

激励在人力资源管理中占据核心地位,其本质在于激发员工的内在积极性,推动组织的全面发展与目标实现。美国管理学领域的权威学者斯坦尼尔(Steiner)与贝雷尔森(Berelson)将激励界定为个体内在的所有驱动因素,包括条件、期望、愿望及动力等,这些因素构成个体的内心激励状态,成为其行为的根本动力。一个设计周全的激励体系,不仅能激发员工的工作激情和动力,还能有效提高组织的总体生产力。

高职院校要充分调动教职工工作的积极性,推动教育高质量发展,建立科学合理的激励机制是必要的举措。高职院校建立科学合理的激励机制可着重于薪酬体系的改革、职业礼遇体系的完善以及公平与情感激励体系的建立。在薪酬体系改革方面,高职院校可优化薪酬分配机制,保障薪酬的公正性和吸引力,合理设定基础工资、绩效工资和津贴补贴的比例,并在条件允许时提供住房补贴、科研启动资金等福利,以满足教职工的基本生活和职业发展需求。在完善职业礼遇体系方面,高职院校应建立完善的教师精神激励机制,通过表彰优秀教师、发挥榜样的示范引领作用等方式,提升教职工的荣誉感和归属感。还应注重职业发展激励,为教职工提供清晰的职业发展路径和更多的晋升机会。在公平与情感激励方面,高职院校应确保薪酬分配、绩效考核、资源分配等工作的公平性,关注教职工的生活和工作状况,帮助他们解决实际问题(如子女教育、住房等),并通过文体活动和学术交流促进教职工之间的交流与合作,营造和谐的工作氛围。

6. 退出机制优化

在高职院校人事制度改革中,构建科学的淘汰制度和完善退休政策是提升教师队伍素质的关键。

淘汰制度通过绩效评估来实施,其主要目的是优化人力资源的分配,确保那些对学院进步有正面影响的人才得以保留,同时淘汰那些对学院发展无益或可能造成阻碍的人员。此制度旨在提高学院在教育、研究和管理等多个领域的整体效能,确保每个岗位都由最合适的人才来担任,进而促进学院的持续进步。

高职院校需要根据国家延迟退休政策相应地优化教职工退休工作,充分保障教职工的合法权益;加大对退休教职工的关怀力度,为其提供必要的生活支持和福利;激励退休教职工继续贡献自己的力量,比如通过返聘、兼职等形式参与学院的发展;加强退休教职工的管理和服务工作,建立完整的退休人员档案,定期举办退休教职工活动,以增强他们的归属感和幸福感。

二、高职院校人事制度改革的背景、意义和历程

随着高等教育体系的深化改革,高职院校人事制度改革不断向纵深推进,以适应教育环境变迁和学术发展的新需求。此改革以完善人才管理机制和完善人力资源发展策略为根本目标,致力于为高等职业教育的教学与科研创新提供坚实后盾。高等教育体系的改革涉及课程结构的重新构建、教学方法的创新以及管理方式的变革等多方面,对人事制度在人才招聘、培育、评估及激励等方面提出了新的制度需求,推动了高职院校人力资源管理方式的创新与转变。

(一)高职院校人事制度改革的背景

自1999年《中华人民共和国高等教育法》施行以来,我国高职院校人事制度改革已取得阶段性进展。但是现行人事制度受计划经济体制的影响,在聘用机制、考核体系和激励机制等方面仍存在不足,难以满足高职院校高质量发展的需求,并制约了教师队伍积极性和创造性的发挥。

第一章 高职院校人事制度改革与"双师型"教师队伍建设概念和相关理论概述

随着改革开放的深入进行和高等教育的快速发展,特别是党的十四大以来,国家明确提出要加快人事制度改革,建立适应事业单位特点的分类管理体制和激励机制。事业单位人事制度改革试点逐渐展开,为高职院校人事制度的改革带来了新的活力。根据《中华人民共和国高等教育法》的制度设计,高职院校应建立教师职务聘任制度,依据职务职责、任职条件和聘期要求实施聘任,推行教育职员制度,规范管理人员队伍建设;高职院校需建立全面的考核评价体系,对教职工的工作能力和工作绩效进行系统评估,并将评估结果作为聘任、晋升、奖惩等人事决策的依据。

《关于深化高等学校人事制度改革的实施意见》中明确提出,要全面推进聘用制改革,构建符合高等教育规律、充满活力的新型用人机制。改革的核心在于创新分配体系,重点在于完善激励措施和未聘人员的安置计划,并建立完善的人才流动体系。这些制度设计旨在优化师资队伍结构,提升办学效益和教学质量。《中华人民共和国教师法》《中华人民共和国高等教育法》《中华人民共和国职业教育法》等法律法规的执行,体现了党中央和国务院推进教育体制改革的坚定决心。改革的核心目标在于实现教育人力资源的优化配置,理顺人事管理体制,建立竞争激励机制,创新分配和用人制度,为高职院校的改革发展提供坚实的人才保障和组织支撑。这些改革措施旨在构建一个既符合中国特色社会主义市场经济体制标准又满足高等教育发展需求的新型高职院校人事制度体系。

(二)高职院校人事制度改革的意义

高职院校的人事制度改革直接影响到学校的教育水平和人才培养的质量。高职院校要适应经济社会快速发展的需要,就必须从传统人事管理的影响下解脱出来,尽快实施全面的聘任制度,以打造一支高素质的教师队伍。在高职院校的发展过程中一直存在聘任体系不健全、教师队伍建设落后、缺乏有效的考核和淘汰机制、激励政策不足以及管理过于行政化等问题,这些问题进而影响了教学质量和人才培养质量。构建高质量的教师队伍,需推进教师选拔、聘用、考核、奖惩与淘汰机制的科学化、规范化与制度化。这不仅关乎教师的职业发展,也直接影响教育质量与研究服务水平。

1. 高职院校人事制度改革是适应高等教育体制改革的需要

高职院校人事制度改革是高等教育体制与管理机制创新的核心环节。教育行政部门正在系统地推进高等职业院校人事管理体系的优化。党的十六大以来,事业单位全员聘用制度的实施为高职院校人事制度改革提供了政策支持,教育部不断完善相关政策与实施方案,以适应高等教育发展的需求。高职院校作为高等教育体制改革的先锋,其人事制度的改革是实现院校治理现代化的核心步骤,也是提高教育品质的基础。通过全面的改革措施,高职院校将更有效地满足国家社会经济发展的需求,促进教育质量和科研社会服务水平的不断提高。

2. 高职院校人事制度改革是促进高职院校高质量发展的需要

高职院校在招生规模迅速扩大的背景下,教育教学、科研创新、社会服务、文化传承的任务日益加重,这对教师队伍建设提出更高要求。然而,受制于传统人事管理模式,高职院校在人才招聘、考核评价、激励机制及奖惩体系等方面仍存在短板,这影响了教师队伍的质量与发展活力,制约了整体办学水平的提升。

高职院校持续发展的关键在于拥有一支高素质的教师队伍,但当前的人事制度在吸引、培养、评价和激励优秀人才方面仍存在许多瓶颈,迫切需要推进人事制度的深化改革。高职院校人事制度改革需优化选拔机制,建立科学、公正的考核体系,并引入竞争与激励机制,以增强教师的积极性和创新能力,从而提升教育质量和科研质量。通过系统性改革,高职院校可构建符合自身发展需求的人才管理体系,确保在教育改革浪潮中保持竞争力,实现高质量发展。

3. 高职院校人事制度改革是提升高职院校教师素质的需要

在当前的高等教育背景下,高职院校持续增加对教师队伍建设的投入,政策扶持力度也不断加大。特别是对顶尖人才的需求不断上升,直接加剧了学校之间的人才竞争。为吸引并留住高层次人才,人事制度改革需着重优化福利待遇体系,包括提供住房保障、提高薪酬水平、增加科研启动资金等,以营造良好的职业发展环境,增强教师的归属感与学术投入度。针对人事制度改革,高职院校应将重点放在年轻教师的培养上,通过有组织的培训和职业规划,增强他们的专业素质,改善教师队伍的结构,防止人才断层的现象发生。改革有助于打破队伍封闭性,促进人才流动,提升整体竞争力。借助科学的管理方法和具有创新性的制度,高职院校能够打造一个高效且开放的人才培养系统,为教师们营造良好的学术氛围,进而增强他们的教学和科研能力。

高职院校人事制度改革不仅是应对人才竞争的战略举措,更是促进教师专业成长、优化师资队伍结构的关键路径。其成功实施对于提升院校整体的教育质量与学术影响力具有决定性意义。

4. 高职院校人事制度改革是提高高职院校教师工作积极性的需要

高职院校的可持续发展依赖于教师积极性的有效激发,而满足教师需求是激发其积极性的基础。为此,应树立"以教师为本"的管理理念,在思想与文化层面强化教师主体地位,以增强其职业认同感与归属感。还应建立一套科学且合理的评价准则,明确绩效目标,以增强教师在教学和科研方面的积极性。人事制度改革应重点构建以人为本的管理模式,统筹物质、精神与情感激励机制。物质激励包括优化薪酬体系与拓展职业发展路径,精神激励侧重增强职业认同感与成就感,情感激励则强调营造良好的学术与工作环境。三者协同作用,可有效提升教师的工作积极性与创新能力,推动高职院校整体教育质量与学术水平的持续提升。

(三)高职院校人事制度改革的历程和趋势

1980年,国家教委批准成立首批13所职业大学,包括南京金陵职业大学、无锡职业大学、南通职业大学等。这些学校以"收费、走读、不包分配"为特点,首次将高等职业教育定位为服务地方经济发展的应用型人才培养,标志着中国高等职业教育的起步,这一年也成为高职院校人事制度改革的逻辑起点。要全面深入研究高职院校人事制度改革历程,必须从高校人事制度改革说起,特别是恢复建设和改革发展阶段,高职院校人事制度改革主要是参照高校人事制度改革进行,进入深化改革阶段,高职院校人事制度改革开始相对单列进行。

高职院校人事制度改革的历程如下。

(1) 恢复建设阶段(1978—1984年)

随着改革开放的推进,我国高等教育机构的人事制度改革迈出了关键性的步伐。1978年,党的十一届三中全会的成功召开,宣告了我国改革开放新时期的到来。在这一时期,党中央对教育领域进行了思想上的纠正和政策上的调整,我国的教育事业得以全面复苏。高校人事制度改革正是在这样的大背景下逐步推进的。在改革开放的初期,我国高校的内部管理体系正逐渐向规范化迈进,但依然存在诸如人员配置不均衡、管理机制不灵活、教师队伍发展滞后等典型问题,这些问题严重阻碍了高校的发展,并且使高校无法满足社会经济对高质量人才的需求。对高校人事制度进行改革,成为推动高等教育进步和教育质量提升的必要举措。1977年我国高等教育招生工作全面重启,之后一系列关于教育体制改革的政策文件陆续发布,为高校人事制度改革提供了坚实的政策支持。

由于"文化大革命"的影响,高校的教师队伍遭受了严重损失,恢复和重建教师队伍成为这一时期人事工作的重心。高校通过引进新教师、培训在职教师等方式,逐步扩大了教师队伍的规模,提高了教师队伍的整体素质。随着学校内部管理的逐步规范,高校开始建立健全人事管理制度。这包括制定教师招聘、录用、晋升、考核等制度规范,明确教师的职责和权利。为了提升教师的工作热情并保持其稳定性,高校在重建时期特别重视提升教师的福利待遇。这涵盖了增加教师薪资、为教师提供宿舍以及为教师创造更多进修学习的机会。

恢复建设阶段的高校人事制度改革取得了显著的成效。一方面,通过恢复和重建教师队伍、建立人事管理制度等措施,使高校的教师队伍逐步壮大,并使教师队伍的整体素质得到了明显提高。另一方面,改善教师待遇等措施也有效提高了教师工作的积极性和稳定性,促进了高校的稳定发展。这一时期的人事制度改革为后续的高校人事制度改革奠定了坚实的基础,提供了宝贵的经验和启示。

(2) 发展改革阶段(1985—1992年)

1985年,中共中央颁布了《关于教育体制改革的决定》,这标志着我国高校人事制度改革进入了发展改革阶段。这一阶段的改革不仅继承了恢复建设阶段的成果,更在深度和广度上实现了新的突破,为我国高等教育的快速发展奠定了坚实的基础。中共中央颁布的《关于教育体制改革的决定》清晰地阐述了教育体制改革的核心目标,即提升民族的整体素质,培养更多优秀人才。针对高校人事制度改革,该决定强调了增加高校的自主办学权限和更新劳动人事体系等关键措施。这份政策文件的颁布,为高校人事制度改革提供了明确的方向和强大的政策支持。在这样的政策指导下,高校人事制度改革的目标变得明确:一是进一步增强高校的自主办学能力,激发其办学潜力;二是改革僵化的劳动人事体系,构建与社会主义市场经济相适应的高校人事管理体系;三是加强高校教师队伍的建设,提升教师队伍的综合素质,确保高等教育的迅速发展得到充足的人才支持。

根据中共中央《关于教育体制改革的决定》这一文件的精神,高校在招生、专业设置、教学计划制订等方面获得了更多的自主权。这一改革措施极大地激发了高校的办学活力,促进了高校的个性化发展。1986年,《关于实行专业技术职务聘任制度的规定》正式实施,这标志着我国高校教师专业技术职务聘任制度正式确立。之后各大高校迅速响应这一政策,实施了专业技术职务聘任制,颠覆了以往的职称评定体系,确立了专业技术人员的岗位责任制以及以职务为核心的结构工资制。这一改革措施有效地调动了高校教师的积极性和创造性。在发展改革阶段,高校高度重视教师队伍建设,通过引进高学历、高职称教师,提高教师队伍的学历层次和学术水平,提高教师队伍的整体素质;通过加强教师培训,提高教师队伍的教育

| 第一章 | 高职院校人事制度改革与"双师型"教师队伍建设概念和相关理论概述

教学能力和科研能力;通过建立激励机制,激发教师队伍的积极性和创造性。随着改革开放的深入和社会主义市场经济体制的建立,高校人事管理面临着新的挑战和机遇。为了适应新的形势,高校开始探索人事管理新模式,如实行全员聘用合同制、建立绩效考核制度等。这些新模式的实施,为高校人事管理注入了新的活力。

在发展改革时期,高校人事制度的改革取得了显著的成效,并产生了深远的影响。一方面,扩大高校办学自主权、推行专业技术职务聘任制等措施使得高校的办学活力得到了显著激发,个性化发展得到了切实促进。另一方面,加强教师队伍建设、探索人事管理新模式等措施使得高校的教师队伍素质得到了显著提高,教育教学质量和科研能力得到了有效提升。发展改革阶段的高校人事制度改革为后续的改革提供了宝贵的经验。例如:职务聘任制的推行,为高校建立适应社会主义市场经济体制的人事管理制度提供了有益的借鉴;全员聘用合同制的实行,为高校构建灵活多变的用人体系提供了有益的启示。

(3)深化改革阶段(1993年至今)

自1993年以来,随着我国社会主义市场经济体制的逐步建立和完善,以及高等教育改革的持续深入,高校人事制度改革也步入了深化改革的新阶段。这一阶段的改革,不仅是对前期改革成果的巩固与拓展,更是在新的历史条件下,对高校人事管理制度的一次全面改革,旨在构建更加符合时代要求、适应高等教育发展规律的人事管理体系。

自20世纪90年代,随着我国经济体制改革的深入,市场经济体制逐步建立,这对高等教育,特别是高职教育的人才培养模式、管理机制提出了更高要求。1993年,《中国教育改革和发展纲要》明确提出要建立与社会主义市场经济体制、政治体制和科技体制改革相适应的教育新体制,并强调要改革人事分配制度,逐步建立符合学校特点的管理人员和教职工聘用制度。这一政策文件的出台,为高职院校人事制度改革指明了方向,即要打破计划经济体制下的人事管理制度,建立适应市场经济体制的高职院校人事管理新机制。

1999年的《教育部关于当前深化高等学校人事分配制度改革的若干意见》和2000年的《关于深化高等学校人事制度改革的实施意见》,为高职院校人事制度改革提供了更明确的指导。

根据国家相关政策要求,高职院校全面推行合同聘用制度,这标志着"铁饭碗"时代的终结,并促进了从"身份管理"到"岗位管理"的转变。高职院校通过签订聘用合同,明确学校和教职工双方的权利和义务,建立起了基于平等自愿、双向选择的新型人事关系。高职院校遵循国家对事业单位薪酬体系改革的指导方针,结合具体情况,学校积极探索与本校特色相匹配的多样化薪酬分配模式和策略。高职院校通过推行工资总额的动态包干制度和绩效工资体系,将教师和员工的薪酬与其岗位责任、工作成效及贡献紧密挂钩,体现了按劳取酬、优质高效的原则,极大地提升了教师和员工的工作热情和创新精神。高职院校高度重视教师队伍建设,通过引进高层次人才、加强教师培训、建立教师激励机制等方式,提高教师队伍的整体素质,优化教师队伍结构,提高教师队伍的教育教学水平和科研能力。高职院校按照国家有关政策规定,结合自身实际情况,不断完善人事管理制度,构建合理的评价和监督机制,实行目标导向管理和绩效评估制度,激励教职工提升个人能力和素质。

在深化改革的进程中,高职院校的人事制度改革已经取得了突出的成果并产生了长远的影响。一方面,全面推行聘用合同制和深化改革分配制度,使得高职院校的人事管理体系更加灵活且高效,极大地调动了教职工的积极性。另一方面,加强教师队伍的建设以及人事管理制度的完善,显著提升了教师队伍的素质,进而提高了教师的教学和科研水平。这一阶段的高职院校人事制度改革,为高职教育的持续发展奠定了坚实的人才和制度基础。随着人事管理制度的持续完善和创新,高职院校的办学活力和竞争力显著增强,为国家的经济社会发展培养了众多高素质的技术技能人才。

当前改革趋势如下。

随着我国经济社会的飞速进步以及高等职业教育改革的持续深入,高职院校在人事制度方面的改革已经迈入了一个崭新的阶段。在这一时代大背景下,高职院校正面临着前所未有的机遇与挑战。近年来,国家对高等职业教育的关注度持续上升,并发布了一系列政策文件以促进其发展。例如,国务院颁布的《国家职业教育改革实施方案》(简称"职教20条")明确指出,职业教育与普通教育是两种不同的教育类型,具有同等重要地位。在人事制度改革方面,"职教20条"强调了要完善职业院校教师资格标准,推行职业院校教师素质提升计划,以及建立符合职业院校特色的教师招聘、培养和评价体系。这些政策文件为高等职业院校人事制度改革指明了方向并提供了有力的指导。

(1)强化教师队伍建设,提升教师队伍整体素质

当前强化教师队伍建设、提升教师队伍整体素质已成为人事制度改革的趋势之一。这一改革趋势不仅响应了国家对于高职教育高质量发展的战略需求,也是高职院校自身提升办学水平、增强竞争力的内在要求。提升教师队伍素质的关键在于明确教师的角色和定位。高职院校作为培育高素质技术技能人才的摇篮,其

|第一章| 高职院校人事制度改革与"双师型"教师队伍建设概念和相关理论概述

教师既需要有扎实的专业知识,又需要有丰富的实践经验和较强的教学能力。高职院校在人事制度改革中,将教师的职业发展纳入整体规划,通过制定科学的教师职业发展规划,明确教师的职业成长路径和阶段性目标,引导教师不断提升自身专业素养和教学能力。为提升教师队伍的综合素质,高职院校采取一系列切实可行的措施。第一,加大对高层次人才的吸引力度,设立专项人才引进基金,为引进的人才提供丰厚的待遇,以吸引国内外杰出人才的加入,尤其是那些具备行业企业背景和丰富实践经验的双师型教师,从而优化教师队伍的结构,并提升教师队伍的实践技能与创新能力。第二,加强教师培训体系建设,建立多层次、多形式的教师培训机制,包括岗前培训、在职培训、骨干教师培训以及国际交流培训等形式,不断更新教师的知识结构和教学方法,提高教师的教学水平和科研社会服务能力。第三,重视教师职业道德及师德师风建设工作,通过设立教师道德规范、举办教师道德教育活动,帮助教师确立正确的教育观、学生观和质量观,营造积极向上的师德师风环境。第四,建立健全教师评价激励体系,既注重教师的教学成果,也关注教师的科研能力和社会服务能力,实现多元评价、综合评价,通过设立教学成果奖、科研成果奖、社会服务奖等奖项,激励教师在教学、科研和社会服务等方面取得突出成绩,加强教师绩效考核,将教师的工作业绩和贡献与薪酬、晋升等挂钩,形成有效的激励机制,激发教师的积极性和创造性。

(2)深化人事制度改革,激发教职工工作积极性

在当前我国高职院校人事制度改革的浪潮中,深化人事制度改革、激发教师工作积极性已成为推动高职院校内涵式发展、提升办学质量和竞争力的核心环节。这一改革动向不仅符合高等教育发展的时代需求,也是职业院校面对新挑战、达成新飞跃的必经之路。

推进人事制度的革新,关键步骤是突破旧有的人事管理架构,打造符合高职院校特色的现代人事管理体系。旧式的人事管理方式通常显得过于死板,不利于充分调动教师的工作积极性。高职院校需要积极探索人事管理制度的创新路径,通过优化岗位设置、明确岗位职责、完善聘任机制等举措,为教师提供了更加广阔的职业发展空间和更加公平的竞争环境。高职院校全面推行聘任制,实行按需设岗、竞聘上岗、按岗聘用,打破身份壁垒,实现教师的能进能出、能上能下。在深化人事制度改革的过程中,建立健全激励机制是激发教师工作积极性的关键。高职院校构建以绩效为核心,涵盖品德、知识、能力等多方面因素的评价系统,将教师的工作绩效、教学品质、研究成果、社会贡献等纳入考量范围,形成全方位、综合性的评价体系。高职院校通过设立教学成果奖、科研成果奖、优秀教师奖等奖项,对表现突

出的教师给予表彰和奖励,增强他们的职业荣誉感和成就感。高职院校将教师的绩效评价结果与薪酬分配、职务晋升、培训发展等紧密挂钩,形成有效的激励约束机制,让优秀教师得到应有的回报和发展机会,激发全体教师的工作热情和创新活力。

(3)优化人才结构,促进人才合理流动

优化人才结构,首先要明确高职院校人才队伍的建设目标和发展方向。作为培养高技能技术技能人才的关键场所,高职院校的人才队伍必须展现出明确的职业特征和实际操作特征。在优化人才结构的进程中,高职院校依据其专业布局、专业发展的情况和社会服务的需要,合理设定教师队伍的规模与结构,并界定不同教师的职责和角色。高职院校打造"双师型"教师队伍是一项基础工作。"双师型"教师既拥有坚实的理论基础,还具有丰富的实践操作经验,更能够适应高职教育理实一体化的需求。高职院校注重引进具有行业背景和企业经验的专业技术人员和管理人员,以增强高职院校与产业界的联系和合作,提升人才培养的针对性和实效性。促进人才合理流动是优化人才结构的重要手段。高职院校需要跨越传统人事管理的障碍,建立一个开放且具有弹性的人员流动机制。一方面,高职院校应强化与行业企业以及学术机构等社会实体的协作与对话,利用提供临时职位等多种手段,实现人才在高职院校与社会实体之间的流动。这种流动不仅有助于高职院校教师了解行业最新动态和技术前沿,提升其教学和实践能力,还能为行业企业提供技术支持和智力服务,实现校企共赢。另一方面,高职院校内部也应构建人才流动体系,激励教师跨系、跨专业交流与协作,推动专业交叉融合与创新进步。人才流动可以打破专业壁垒,促进知识共享和资源整合,提升高职院校的整体创新能力和竞争力。为了促进人才结构的优化和人才的顺畅流动,高职院校必须构建完善的人才评价与激励体系。在人才评价方面,高职院校应以业绩和能力为导向,重视对教师的教学成就、科研成就以及社会服务等方面的贡献评价,而不是仅仅依赖学历和职称等传统标准。在人才激励方面,高职院校应建立与人才评价相衔接的激励机制,通过设立奖励基金、提供晋升机会、改善工作条件等方式,激发人才的创新活力和工作热情。高职院校还应加强对人才的培训和发展支持,为人才提供持续学习和成长的机会,提升其专业素养和综合能力。

(4)加强制度建设,完善人事管理体系

根据国家的法律法规和政策指导文件,高职院校需结合自己的具体情况,建立和优化一系列人事管理的规章制度,包括教职工的招聘、录用、聘任、考核、晋升、薪酬、福利、培训、退休等方面。这些制度应具有明确的指导性、操作性和约束力,能够为人事管理工作提供清晰的依据和规范的流程,确保人事管理工作的公正、公平和公开。

在优化人事管理体系的进程中,高职院校需重视制度的完整性和协同性。人事管理制度并非独立存在,而是彼此联系、互相影响的统一整体。高职院校在制定和完善人事管理制度时,应充分考虑各项制度之间的内在联系和相互影响,确保各项制度之间的协调一致和有效衔接。例如,在制定聘任制度时,应明确聘任条件、聘任程序、聘任期限等内容,并与考核制度、晋升制度、薪酬制度等相协调,形成完整的聘任管理体系。

加强制度建设还需注重制度的创新性和适应性。随着高等教育的快速发展和改革的持续深化,高职院校的人事管理工作遭遇了诸多新挑战和新问题。在构建和完善人事管理制度的过程中,高职院校需要紧跟时代的发展步伐,积极吸收国内外院校先进的人事管理经验,同时结合自身实际持续创新,例如建立更加灵活的用人机制(如产业导师制度、特聘教授制度等),从而吸引更多的杰出人才为高职院校贡献力量。

(5) 注重国际化发展,提升人事管理国际化水平

在人事管理方面,高职院校不应仅限于国内的范畴和传统模式,而应以开放的态度进行审视和规划。高职院校需深刻理解国际化对提升学校综合实力、扩展师生国际视野、加强国际交流与合作的价值,将国际化思维贯穿于人事管理的各个方面,包括人才的招募、培育、评估、激励等,从而构建一个具有国际化特色的管理体系。

在推进人事管理国际化进程中,高职院校应加强与国外同类学校间的交流与合作,主动吸收国外院校在人事管理方面的先进经验。这涵盖了招募海外杰出的教育人才和管理专家,利用他们的专业技能和国际视野,为高职院校的人事管理注入新的活力。高职院校还应鼓励和支持教职工参与国际学术交流、访学、合作研究等活动,拓宽他们的国际视野,提升他们的国际学术水平和跨文化交流能力。高职院校亦可与国际大学或教育机构缔结合作协议,共同推进人事管理领域的项目合作、学术研究等交流活动,以增进双方在经验互换和资源共享方面的合作。

为了拓宽全球视野,高职院校必须构建与国际标准接轨的人事管理体系。这涵盖了对外籍教师聘任与管理流程的优化,包括:明确招聘标准、流程、薪资福利等,旨在吸引更多的杰出外籍教师加盟;构建国际化的教师评估体系,将国际学术成就、交流经验等作为评价指标,以鼓励教师更积极地参与国际学术交流与合作;完善教职工的国际培训与成长机制,提供更丰富、更高质量的国际培训和学习机

会,以增强他们的国际竞争力和专业素质。为了顺利实现国际化发展,高职院校人事管理还应强化人事管理工作人员跨文化沟通与管理技能的培养。鉴于国际化进程中会遇到具有不同文化背景的教职工和学生,高职院校应重视跨文化沟通与管理技能的培训,提升教职工的跨文化敏感度和适应力,以便他们能更有效地与具有不同文化背景的师生进行沟通与合作。此外,高职院校还应打造一个包容性强、多元化的校园文化环境,为国际师生营造友好、开放的学习与工作氛围。

第二节 "双师型"教师队伍建设的相关概念及理论基础

一、"双师型"教师队伍建设的相关概念

(一)"双师型"教师的基本概念

1. "双师型"教师的定义

"双师型"教师的概念最早起源于1995年,国家教委《关于建设示范性职业大学工作的通知》首次将"双师型"教师定为职业教育教师队伍的建设目标,规定试点院校中1/3以上的教师需为"双师型"教师。依据2019年国务院发布的《国家职业教育改革实施方案》,"双师型"教师被清晰地定义为"既具备理论教学能力又具备实践教学能力的教师",这一定义突出了教师应同时拥有教育教学经验和行业实践经验,以满足职业教育培养应用型人才的需求。

2. "双师型"教师的几种理解

(1)双职称

"双职称"是指教师同时拥有教学系列和其他专业系列的中级及以上职称。这一理念源于"双职称"体系,强调了教师需兼具教学能力和行业实践经验。部分高职院校目前仍将"双职称"标准作为"双师型"教师队伍建设的重要要求,在这种政策导向下,"双师型"教师队伍建设多采用以下两种方式:一是从行业企业引进具备非教学系列中级及以上职称的专业人才到高职院校工作,这部分教师通过职称转评取得教学系列中级及以上职称;二是鼓励校内专任教师通过参加行业专业职称评审取得非教学系列中级及以上职称。但"双师型"教师队伍建设实践中存在诸多

限制:一是"双师型"教师的核心价值在于融合教学与行业实践能力,而非简单的职称叠加;二是受各地职称评审政策的制约,部分校内专任教师获取非教学系列职称的难度较大。

(2) 双能力

"双师型"教师应具备双重核心能力:一是具有良好的教学能力,有扎实的理论基础和良好的教学技能;二是具有较强的实际操作能力,能够在实践教学或实验教学中有效指导学生,将理论与实践结合起来。这类教师不仅能够向学生教授专业理论课程,还能有效地指导学生进行技能训练。"双能力"视角精准地阐释了"双师型"教师的核心特质,即同时拥有教学和行业实践的技能。"双能力"的概念为"双师型"教师的培育提供了重要的指导,但在教师的考核、评价和聘用等环节中,存在难以对能力进行量化评估等问题,造成其操作性仍然存在一定的限制。

(3) 双证书

"双证书制"是指"双师型"教师必须同时持有教师资格证和行业职业技能等级证书,同时具备一定的教学能力和行业实践经验。随着国家职业资格认证体系的改革和发展,高职院校专任教师获得行业职业技能等级证书变得更加便捷。国内部分地区在"双师型"教师认定中采用了这种"双证书制"的标准。例如,吉林省的"双师资格认证"要求教师除了要具有高校教师资格证外,还要具有行业高级职业资格证书。"双证书制"在一定阶段对高职院校"双师型"教师队伍建设有较大的推动作用,但是由于部分行业职业资格证书考核机制不科学,职业资格等级与实践能力不匹配,拥有"双证"的专业教师的实践教学能力不足,教学质量堪忧,成为制约"双师型"教师队伍建设的一大障碍。

(4) 双师素质

"双师素质"这一术语最初源自《高职高专院校人才培养工作水平评估方案(试行)》。"双师素质"教师应具备讲师及以上职称,并满足以下任一条件:具有行业中级职称;具有两年及以上企业一线工作经验;完成了教育部双师素质培训;主持或主要参与过两项技术研发项目;主持或主要参与过校内实践教学平台建设。为了推动"双师型"教师队伍建设,高职院校纷纷按照人才培养工作水平评估相关要求,启动认定校级"双师型"教师的工作。在实际操作中,高职院校发现仅通过到企业实践或参与项目来认定"双师型"教师,难以真正体现"双师型"教师的能力要求,对人才培养的支持作用有限。

经过上述观点的分析,我们发现将"双师型"教师视作教师与工程师"双职称"的等同,虽然突出了教育和实践技能的融合,但却忽略了教师与工程师在职责上的差异。工程师主要处理实物,直接参与生产过程,对实物起决定性作用;而教师面对的是具有思想和情感的学生,在教育过程中对学生起引导作用(不起决定性作用),其影响力通过学生的理解与内化而产生效力。在知识与技能的层面,工程师侧重基础知识与操作技能的应用,而"双师型"教师则需要将实践经验转化为教学素材,帮助学生理解原理并将其应用于实际操作。"双师型"教师不应仅仅通过"双证书"来界定,因为职业资格证书制度尚不完备,持有证书的教师并不见得能满足高职院校教育教学的要求。"双证书"制度容易导致教师"为证而证",忽视实际能力的提升,偏离培养方向。虽然使用"双能力"这一概念解释"双师型"教师比较恰当,但由于对能力的考核标准难以确定,实践操作中会遇到难以统一评价标准的难题。因此,将"双师素质"与"双能力"结合起来阐释"双师型"教师的内涵似乎更为合理。教师教学能力和实践能力提升往往需要长期的积累,在打造"双师型"教师队伍的过程中,有效应对这一挑战是队伍建设的关键。

(二)"双师型"教师的知识结构体系构建及能力要求

1. "双师型"教师的知识结构体系构建

(1)教育理论认知体系

作为高职教育的中坚力量,"双师型"教师需构建完整的教育理论认知体系,系统掌握教育学原理、教育心理学等基础学科知识,并深入理解职业教育规律及课程教学论的核心要义。此类原理性知识对教学实践具有指导性价值,而实践性知识则源于长期教学经验的积累。教师需重点掌握职业指导方法论,精准把握学生的认知发展规律与能力形成机制,从而有效开展教学改革与科研创新。职业指导能力既影响教学活动的实施效能,又直接关联高职院校社会服务功能的实现,决定着职业教育的社会价值转化效率。

(2)跨学科知识架构

面对课程体系综合化的发展趋势,"双师型"教师需构建文理交融、专管贯通的复合型知识体系。在自然科学与社会科学交叉渗透的学科生态中,教师应具备跨学科知识整合能力:既要形成扎实的学科知识基础,又要建立新兴交叉学科认知框架。这种广博的知识储备为专业教学提供多维视角支撑,使教学内容呈现纵深维度与横向延展的立体化特征。教师需通过持续学习追踪学科前沿动态,建立科学的信息筛选与知识重构机制,培养创新性思维品质。唯有如此,才能在应对教学科研新挑战时展现思维敏捷性,推动专业知识体系的迭代更新,实现教学境界的持续提升。

（3）专业化知识构建

在知识经济时代背景下，"双师型"教师的专业知识建构需遵循系统性、精深性原则。系统化知识体系包含专业基础理论框架、学科发展脉络及其与相关领域的关联网络；精深性则体现为对核心概念的精准把握、前沿动态的敏锐洞察。教师需实现理论认知与实践应用的有机统一，既要掌握教材知识的内在逻辑，又要将学科最新成果转化为教学资源。通过确定稳定的研究方向并构建完善的研究体系，教师可深度解构专业知识内核，创新教学设计方案，有效激发学生的专业探究兴趣，奠定职业发展的知识基础。

（4）技术应用能力结构

针对高职教育的技术应用型人才培养定位，"双师型"教师需构建"理论-实践-创新"三位一体的技术知识体系。在技术知识传授过程中，应重点强化认知实践环节设计：通过顶岗实训、情境模拟等多元化路径，促进学生将技术原理理解与操作技能应用有机结合。教师需引导学生突破程序性操作的局限，深入理解技术系统运行的内在机理，培养问题诊断与技术创新的能力。这种实践导向的教学模式，不仅能促进操作技能的习得，更能实现技术思维能力的迁移转化，为培育智慧型技术人才提供支撑。

教师知识体系的完备性与结构性直接影响人才培养质量。在科技革命加速演进的背景下，"双师型"教师必须建立知识更新机制：既要保持专业理论的深度拓展，又要实现跨学科知识的广度延伸。通过持续追踪产业技术变革趋势，教师应重构"专业核心＋技术前沿＋教学创新"的复合型知识架构。这种动态调整能力既能保障教学内容与行业需求的同步性，又能有效引导学生拓宽前瞻性技术视野。唯有构建理论与实践深度融合、传统与创新有机衔接的知识体系，才能培育出适应智能制造时代要求的高素质技术技能人才。

2. "双师型"教师的能力要求

根据国家职业教育最新认定标准，"双师型"教师需积极贯彻党的教育方针，具备高尚的思想政治素养和师德，遵循高职技术技能人才培养规律，担负起培养德才兼备人才的核心职责。"双师型"教师不仅要有良好的教学能力与丰富的实践经验，还要把握产业发展趋势与行业需求，深入理解专业与产业的关联关系，及时将行业前沿的技术、工艺和标准融入教学中，确保教学内容与市场需求的同步。

(1) 课程开发、实施与优化能力

作为高职教育的关键能力载体,"双师型"教师需具备课程开发、实施与优化能力。这种能力建立在专业知识掌握与教学方法创新的基础上,具体表现为:①精准解构教材知识体系,科学实施教学内容重构;②面对职业教育"基础理论够用、专业课程实用"的课改要求,教师应具备模块化教学思维,通过知识点的系统梳理与跨章节关联分析,实现教学内容的战略性取舍;③在有限课时内,既要保障核心知识的完整传授,又要有机融入行业前沿技术信息,构建"基础+拓展+创新"的三维知识网络;④既能熟练运用案例教学、项目驱动等多元化手段,又能根据学情动态调整教学策略,确保人才培养方案的有效落实。

(2) 学术研究与转化能力

学术研究与转化能力是"双师型"教师专业发展的核心驱动力。教师需建立"教学-科研-服务"的良性循环机制:通过产业调研发现技术痛点,依托科研攻关形成解决方案,最终反哺课堂教学。这种能力体系包含三个维度:一是技术研发能力,要求教师能追踪专业领域技术演进趋势,具备解决企业实际问题的技术转化能力;二是学术建构能力,表现为撰写高水平论文、编制特色教材的系统表达能力;三是成果转化能力,将科研成果有效融入课程标准与教学资源开发。通过建立校企联合实验室、技术服务中心等载体,教师可将科研成果转化为现实生产力,实现教育链与产业链的深度耦合。

(3) 实践指导与产业对接能力

实践指导与产业对接能力是"双师型"教师的本质特征,包含设备操作、工艺设计、生产管理等核心要素。教师需具备构建"双场景"能力:在校内实训基地,能够规范演示设备操作流程,设计梯度化实训项目;在企业实践平台,具备顶岗操作与技术指导双重能力。教师要重点提升"三真"教学能力:真实项目导入能力,将企业技术难题转化为教学案例;真实设备操作能力,掌握传统装备与智能设备的操作与维护技能;真实问题解决能力,指导学生完成与生产实践相关的毕业设计。教师需建立动态更新的企业实践档案,保持技术能力与产业发展的同步性。

(4) 教育创新与变革能力

在创新驱动发展战略背景下,教师需构建"四位一体"创新能力体系:创新意识培养、创新方法掌握、创新实践指导、创新文化营造。该体系的构建具体表现为:突破传统教学范式,构建"师生创新共同体";开发跨学科融合课程,培养学生的复合型创新能力;设计开放式实践项目,激发学生的技术改进与工艺革新思维。教师应掌握 TRIZ 理论、设计思维等创新方法,建立"问题发现-方案设计-原型制作-迭代优化"的教学模型。通过创建创客空间、创新工作坊等平台,将企业真实创新流程引入教学过程,可以实现创新能力培养的具象化。

(5) 师德修养与育人能力

新时代职业教育者的师德内涵包含三重维度:职业忠诚度、教育使命感和人文关怀力。教师需构建"三维立体"育人体系:在知识传授中渗透工匠精神,在技能训练中培育职业操守,在实践活动中强化责任意识。教师需构建育人责任意识,重点发展心理辅导能力,建立"双师双导"机制——既担任专业导师,又承担心理辅导师的职责。教师通过开发课程思政资源库、构建"企业导师+德育教师"协同育人模式,将职业道德培养融入专业教学全过程。教师应掌握积极心理学干预方法,建立学生心理成长档案,在专业教学中实现价值引领与心理疏导的有机统一。

(6) 社会服务能力

社会服务能力是指"双师型"教师根据社会发展的需求,教师将专业知识与实际操作技能有机结合,为行业、企业和社会提供技术革新、产品更新、科学普及、专业教育等多样化服务的能力。这种能力体现在三个层面:一是教师需具备敏锐的市场洞察力,能够准确把握行业趋势,及时将新技术、新工艺、新规范融入教学与实践中,为行业培养适应市场需求的高素质技术技能型人才;二是教师需拥有卓越的技术创新能力,能够参与企业的技术开发,解决实际生产中的技术问题,为企业的转型升级贡献智慧;三是教师应具备优秀的交流与协调能力,并具有团队合作精神,能够与企业、研究机构等建立紧密合作关系,共同促进科技成果的转化和产学研的深度融合。社会服务能力是"双师型"教师综合能力的重要标志,要求教师既具备扎实的专业知识,又能用知识解决实际问题,从而为社会经济发展贡献力量。

(7) 学生管理能力

学生管理能力指"双师型"教师在教育教学过程中,运用科学的方法和手段,有效组织、指导、激励和监督学生,促进学生全面发展,维护良好教学秩序的能力。教师应具备扎实的教育学与心理学理论知识,以深刻理解学生身心发展的特点,实施个性化教学,挖掘学生的潜力。教师应善于构建和谐的师生关系,通过有效的沟通与交流,赢得学生的信任与尊重,为学生营造积极、健康的学习环境。教师需具备优秀的班级管理与活动规划能力,能够策划并执行富有创意且具有教育价值的教学活动,引导学生在实践中成长、在成长中学习。教师应具备快速识别和处理问题的能力,能够及时应对学生遇到的各种问题,确保教学活动的顺利开展。

(三)"双师型"教师队伍建设的概念和内容

1. "双师型"教师队伍建设的概念

"双师型"教师队伍建设是职业院校为实现高素质技术技能人才培养目标,基于现代职教体系建设要求,通过顶层制度设计、多维政策保障和产教深度融合机制,对专业教师队伍实施系统性培养、动态化评估和持续优化的战略性工作概括。该工作以院校发展规划为蓝图,以国家职业标准为基准,通过构建"引-育-用-评"全链条管理体系,打造兼具教育教学能力和专业技术实践能力的复合型教师队伍,为职业教育高质量发展提供人才支撑。建设"双师型"教师队伍的主要目标在于确保教师不仅精通教育和教学的理论知识,而且能够与行业技术进步紧密相连,拥有指导学生进行实际操作、解决现实问题的技能,从而缩小职业教育与产业实际需求之间的鸿沟,提高技术技能人才的培养质量。

2. "双师型"教师队伍建设的内容

(1)人事制度改革方面

在推动"双师型"教师队伍建设的过程中,人事制度改革具有基础性和导向性作用。近年来,我国的高职院校在人力资源管理方面进行了多项创新实践,为打造"双师型"教师队伍提供了有力的支持。随着《国家职业教育改革实施方案》《关于全面深化新时代教师队伍建设改革的意见》等重要政策文件的连续发布,高职院校在人力资源管理方面面临新的机遇与挑战。这些政策文件明确提出了加强"双师型"教师队伍建设、优化教师评价激励机制、推进职称体系改革等具体目标,为高职院校人力资源管理的改革指出了明确的方向。

第一,构建"双师型"教师制度创新工程。高职院校应深度对接《国家职业教育改革实施方案》政策导向,建立"标准+认证+发展"三位一体的人力资源管理体系,具体包括:构建包含企业实践经历、技术技能等级、教学成效等维度的"双师型"教师认证标准体系;完善"固定岗+流动岗"的弹性用人机制,设立产业教授特聘岗位,建立校企人才双向流动工作站;实施"双师素质提升计划",要求专业教师每五年累计不少于6个月的企业实践经历。

第二,建立多维联动的教师发展评价体系。高职院校按照《深化新时代教育评价改革总体方案》要求,构建"教学实绩+技术服务+育人成效"三维评价模型,并重点将企业技术攻关参与度、横向课题贡献值、专利转化效益等量化指标纳入考评体系,由此形成"基础薪酬+绩效奖励+项目奖金"的薪酬结构。高职院校可实施

第一章　高职院校人事制度改革与"双师型"教师队伍建设概念和相关理论概述

"双师成长积分制",对指导学生获省级以上技能竞赛奖项、完成企业技术改造项目等行为设立专项奖励。学校需同步建立师德失范"一票否决制"和"负面清单"管理制度,通过正向激励与反向约束的协同机制,激活教师的专业发展内生动力。

第三,深化职称评审体系供给侧改革。高职院校应依据《关于深化高等学校教师职称制度改革的指导意见》,构建"教学为主型＋教学科研并重型＋科研技术服务为主型"的分类职称评审通道,具体包括:设立技术应用教授岗位,将技术成果转化效益折算为科研分值;建立企业专家参与的职称评审委员会,确保实践教学成果占比不低于总评分的40%;推行代表性成果评价制度,接受教案设计、技术方案、培训项目等多元成果形式。高职院校需开发职称评审数字化平台,实现材料公示、过程追溯、结果反馈的全流程透明化管理,确保评审结果经得起实践检验。

第四,实施国际化人才发展赋能计划。面向"一带一路"建设需求,构建"引进来＋走出去"双循环国际交流机制,具体举措包括:设立"海外技能大师工作室",引进具有国际职业资格认证的专家任教;与境外优质职业院校共建教师发展中心,联合开发国际通用职业课程标准;实施"青年教师全球胜任力提升项目",要求专业教师五年内完成境外研修或国际职业资格认证;建立"双语双能"教师培养体系,将跨文化交际能力纳入教师考核指标,培育具有国际视野的技术技能传播者。

(2)平台、人才工程及项目方面

在政策文件的指导下,高职院校积极构建了覆盖多领域的"双师型"教师培养与成长平台。这些平台不仅涵盖了传统的教学技能训练和企业实践锻炼,还延伸至国际交流、科研创新等领域。例如,高职院校通过与企业共建实训基地和研发中心,为教师提供了将理论知识应用于实践的重要场所;通过与国际知名院校和教育机构合作,为教师创造了拓展国际视野、学习先进教学理念和方法的机会。此外,高职院校还积极使用现代科技手段,例如,通过网络公开课、模拟仿真教学等方式,打造更加便捷高效的进修与提升平台。这些平台的建立为"双师型"教师队伍的建设提供了坚实基础,为教师提供了广阔的发展空间。

人才工程和项目的推进是高职院校"双师型"教师队伍建设的重要推动力。政策文件明确要求实施一系列人才工程和项目,以强化"双师型"教师队伍的建设。例如:通过实施"双师型"教师培养培训工程,高职院校可以系统提升教师的实践教学能力和科研创新能力;通过实施"青年骨干教师培养计划",高职院校可以选拔有潜力的青年教师重点培养,为"双师型"教师队伍的壮大储备人才;通过实施"校企校际协同培育项目",高职院校可以加强与企业及其他院校的合作与交流,共同推动"双师型"教师队伍的建设与发展。这些人才工程和项目的推进,不仅为"双师型"教师队伍的建设提供了政策和资金支持,还为教师的个人成长和职业发展创造了更广阔的空间。

在政策激励下,高职院校积极探索创新"双师型"教师队伍建设的模式与途径。例如:通过建立"双师型"教师工作室和创新团队,高职院校可以激励教师在特定领域或项目中开展深度合作与交流,营造协同创新、共同进步的良好氛围;通过实施"双师型"教师认证制度,高职院校可以规范"双师型"教师队伍建设与标准化管理,提升教师队伍的整体素质与水平;通过加强国际合作,高职院校可以引入国外先进的职业教育理念和实践经验,推动"双师型"教师队伍的国际化发展。

在平台、人才工程及项目的构建与实施过程中,高职院校需注重以下几点:

① 科学性与有效性:确保平台、人才工程及项目的实施具有科学性和实效性,避免流于形式或走过场。

② 教师主体性:充分发挥教师的主导作用,提高其参与度,激励教师主动融入平台活动、人才项目及实践环节。

③ 协同推进:加强平台、人才工程及项目之间的衔接与配合,形成协同推进、共同发展的良好格局。

④ 政策宣传与解读:强化政策文件的宣传力度和解读深度,提升教师对政策文件的理解与接受程度,增强其参与的积极性与主动性。

二、"双师型"教师队伍建设的理论基础

"双师型"教师队伍建设作为高职院校师资队伍建设的核心内容,其理论基础源于现代教育学与管理学的多维理论。人力资源管理理论强调将"人"视为组织发展的核心资源,而非单纯的生产要素,这一理论主张通过科学的招聘、培训、绩效评估及职业规划,挖掘教师的潜在价值;教师专业化理论聚焦于教师职业的独立性与权威性,主张通过知识体系构建与专业标准制定,推动教师从"经验型"向"专家型"转变;激励理论认为个体行为受内在需求与外部环境的双重驱动,将物质激励与精神激励有机结合更能激发教师的内在动机,从而提升其工作热情与教学效果;学习型组织理论主张通过团队学习、系统思考与知识共享,构建持续创新的组织文化,"校企融合学习共同体"的构建可以有效推动"双师型"教师队伍建设。基于这些理论,高职院校可以为培养"双师型"教师营造有益的环境,并通过制度的创新与管理的优化,增强教师队伍的适应性,进一步促进教育品质和学生实操技能的提升。

第一章　高职院校人事制度改革与"双师型"教师队伍建设概念和相关理论概述

（一）人力资源管理理论

现代人力资源管理理论认为，人力资源是社会生产中最关键和最基础的资产。人力资源管理理论基于系统科学方法论，提出了"规划-开发-配置-优化"的全周期管理体系，其核心是运用 PDCA 循环模型对人力资源进行精准开发与动态配置，通过教育赋能、组织重构和资源整合三大路径，实现人力资本与物质资本的结构性匹配，这种"人岗相适"模式可以帮助组织达成其目标。

高职院校应用人力资源管理理论推进"双师型"教师队伍建设，应构建"选-育-用-评"全链条管理体系。学校人事部门需建立基于岗位胜任力模型的教师准入标准，将行业技能资质与教学能力纳入招聘条件；实施"校企双导师"培养机制，要求专业教师每五年完成累计不低于 6 个月的企业实践，配套开发"教学能力＋技术技能"双螺旋培训课程，提升教师的综合能力；改革绩效评价体系，设置教学成效、技术服务、社会贡献三维考核指标，对技术成果转化实施收益分成制度；建立"阶梯式"激励机制，通过岗位津贴、专项奖励、职业发展通道三维驱动，实现教师个体发展与院校战略目标的双向契合。

（二）教师专业化理论

高职院校应用教师专业化理论推进"双师型"教师队伍建设时，需构建"标准引领-阶段递进-生态支撑"的三维发展体系。学校教师发展中心应制定包含教学能力、技术技能、职业素养等指标的《职业教育"双师型"教师基本标准》，明确不同发展阶段的差异化能力矩阵；实施"3＋2＋1"进阶培养计划（3 年基础教学能力培育、2 年企业技术强化、1 年跨界融合提升），要求教师每年完成一定的混合式研修学时；搭建"校企研"协同发展平台，与企业合作组建跨专业教学创新团队，开发"理论教学-实践指导-技术研发"三位一体的教师工作坊；建立"过程性＋增值性"评价机制，将指导学生获省级技能竞赛奖项、完成企业技术改造项目、开发活页式教材等成果纳入职称评审核心指标，形成专业发展与组织战略协同共进的新格局。

（三）激励理论

在职业教育高质量发展背景下，高职院校运用激励理论构建"双师型"教师发展生态系统具有战略意义。基于（赫茨伯格）双因素理论、（亚当斯）公平理论及（麦克利兰）成就动机理论的综合运用，可建构"三维驱动、双轨并行"的激励机制，有效破解教师专业发展动力不足、产教融合深度不够等现实难题。

1. 双因素理论驱动的保障体系构建

双因素理论驱动的保障体系构建的保健因素维度重点应完善物质保障的基础层。高职院校应建立"岗位工资＋绩效薪酬＋专项奖励"的三元薪酬结构,其中教学创新成果奖励、技能竞赛奖励、科研成果转化奖励等构成激励主体;实施"安居工程",为引进的高层次人才和产业教授提供免费的人才公寓、科研启动经费等。完善保健因素可以增强教师的满意度和忠诚度。

双因素理论驱动的保障体系构建的激励因素维度应着力构建发展型激励体系。高职院校应设置"三通道"晋升体系;在教学型通道设立金牌讲师岗,在技术型通道设置技能大师岗,在管理型通道开辟管理服务能手岗。实施"青匠·名师"培养工程,为选拔对象提供境外研修、学历提升、企业挂职等专项支持。

2. 公平理论指导的考核评价革新

公平理论指导的考核评价需基于"投入-产出"平衡原则,建立"4×4"绩效考核矩阵。横向维度包含教学工作量、技术服务、科研成果、社会贡献,纵向层级设置为基本工作量、达标量、优秀量、卓越量四级指标。特别设立"技术成果等效认定"机制,将企业技改项目、行业标准制定等纳入评价体系。

公平理论指导的考核评价需构建"三端联动"的公平感知调节系统。前端实施阳光评审制度,开发职称评审公示平台;中端建立申诉复议机制,组建包含企业代表的仲裁委员会;后端完善反馈改进流程,实行评审结果溯源分析,提高教师对考核评价的满意度。

3. 成就动机理论引领的发展平台搭建

成就动机理论引领的发展平台搭建需针对教师成就动机差异,设计"金字塔形"挑战项目库。基础层设置教学能力比赛培育项目,中层布局技术创新攻关项目,顶层打造国家级教学创新团队建设项目。实施"名师工作室"领航计划,每个工作室每年需完成"三个一"工程:培养一名教学能手、攻克一项企业技术难题、开发一门精品在线课程。

成就动机理论引领的发展平台搭建需创建"双螺旋"成长认证体系。教学能力维度设置"新锐教师-卓越教师-教育家型教师"认证阶梯,技术技能维度建立"初级技师-高级工程师-产业教授"晋升通道。实行"徽章积分制",教师通过获取各类认证徽章(如课程开发专家、技术转化能手等)兑换发展资源(如访问学者名额、研发设备优先使用权等)。

(四）学习型组织理论

1990年，美国麻省理工学院彼得·圣吉教授在管理学经典著作《第五项修炼：学习型组织的艺术与实践》中，系统提出学习型组织理论框架，该理论框架后被国际管理学界誉为"21世纪组织变革的导航图"。圣吉通过构建五项核心修炼体系，为现代组织可持续发展提供了理论范式与方法论工具，其核心内涵包含五个维度：系统思考、自我超越、改善心智模式、共建共同愿景、团队学习。

在数字化转型与产业变革的双重驱动下，高职院校可以运用彼得·圣吉学习型组织理论破解产教融合困境，构建"双师型"教师发展生态系统，提升队伍建设质量与水平。基于"五项修炼"理论框架（通过系统思考确立战略导向，通过自我超越激发内生动力，通过改善心智模式破除发展壁垒，通过建立共同愿景凝聚价值认同，通过推进团队学习实现协同进化），可构建"知识生产-共享-应用-创新"的闭环发展体系。

1. 系统思考与战略规划体系建构

（1）建立产教融合战略分析模型

学校需运用因果回路图工具，构建包含关键变量的"双师型"教师发展系统动力学模型。学校需重点分析企业技术需求、教师能力缺口、政策支持力度等要素的相互作用，通过该模型精准预测企业急需的核心能力，提前布局教师培训计划，形成多年滚动发展规划。

（2）构建"三层次"学习架构

在宏观层面，学校需建立"校-企-行-政"四方学习联盟，每年举办产教融合战略研讨会；中观层面组建跨专业教学创新团队，每个重点专业群至少1个，实施"双月轮值制"集体备课；微观层面推行教师个人学习账户制度，每年必须完成一定学时学习并获得数字徽章。这种架构可以有效提升教师知识更新效率。

2. 自我超越与教师发展机制创新

（1）实施"三维能力地图"导航计划

高职院校人力资源部门应开发包含教学能力、技术技能、职业素养等要素的教师数字画像系统，设置"新手-胜任-专家-大师"四阶发展路径，配套建立必修模块和跨界选修模块课程，精准导航缩短教师成长周期。

（2）创建"双轨认证"发展体系

高职院校人力资源部门应建立教学型（金牌讲师、教学名师）与技术型（技能大师、产业教授)双轨晋升通道,实行"能力学分银行"制度。教师通过获取教学创新成果、技能竞赛奖、技术研发成果等积累晋升资本。

3. 心智模式改善与组织文化重塑

(1) 实施"破界计划"

学校每年利用寒暑假开展"企业沉浸月"活动,教师全员脱产去企业实践1个月,通过岗位互换(教师任企业技术顾问、工程师任教师)、项目共研(每个专业群年立项至少1个产教课题)等方式破除"重理论轻实践"思维定式,提升教师技术问题解决能力。

(2) 构建"失败宽容"文化生态

学校可以设立教学创新风险基金,对改革试错项目给予一定经济补偿;建立"最佳实践教训"案例库,开展反思研讨会,提升教师参与教学改革的积极性。

4. 共同愿景引领的价值共同体建设

(1) 打造"三维认同"体系

学校通过战略解码工作坊形成院校发展共识,构建包含组织认同(教师归属感指数)、职业认同(专业忠诚度评分)、价值认同(产教融合使命认知度)的三维评估体系,提升教师的忠诚度。

(2) 实施"文化浸润"工程

学校可以通过开发"工匠精神"系列微课,建设产教融合文化长廊,举办"技术大师故事汇",提高教师去企业实践的主动性。

5. 团队学习与协同创新平台搭建

(1) 构建"四维联动"学习平台

- 实体平台:校企共建技术研习所,每个专业群至少1个,配备5G智能工场。
- 虚拟平台:开发知识共享云平台。
- 机制平台:建立"双师成长社区"。
- 活动平台:举办技术马拉松、教学创新大赛等,提升教师技术水平,缩短技术成果转化周期。

(2) 实施"三阶孵化"项目

- 基础层:开展教学标准化项目。
- 提升层:以企业真实课题推进技术攻关项目。
- 引领层:培育产教融合创新项目。

配套建立"1＋2＋N"导师制（1个企业导师＋2个校内导师＋N个学生），整体提升学校创新创业教育水平。

第三节 "双师型"教师队伍建设的作用

在职业教育类型化发展的时代背景下，"双师型"教师队伍建设已成为高职院校深化内涵建设的关键工程。作为连接产业需求与教育供给的核心枢纽，这类教师群体通过其独特的复合能力结构，正在重构职业教育人才培养的底层逻辑，其战略价值体现在人才培养、院校发展、产业服务三大维度，形成"三位一体"的功能体系。

（一）人才培养质量的保障功能

"双师型"教师队伍通过构建"三维育人"能力矩阵，为技术技能人才培养提供质量保障。教学能力维度要求教师掌握项目化课程开发技术，能够将产业技术标准转化为教学标准，确保教学内容与岗位需求保持动态适配。实践指导维度强调教师具备技术转化能力，能将企业真实项目转化为教学案例，使学生在仿真生产环境中形成职业能力。职业素养维度要求教师具有产教融合视野，能够在教学过程中融入工匠精神、劳动教育等职业价值元素，实现知识传授与价值引领的有机统一。这种复合型能力结构突破了传统教师单维度的知识传递模式，使人才培养过程真正实现"教学做合一"。

（二）院校核心竞争力的建构功能

在高等教育普及化背景下，"双师型"教师队伍成为高职院校差异化发展的核心竞争力。从资源禀赋角度分析，这类教师群体具有三重价值创造能力：其一，通过参与企业技术研发，形成具有市场价值的智力资本；其二，通过开发特色课程资源，构建院校的专业品牌优势；其三，通过指导技能竞赛，提升院校的社会美誉度。这三方面能力共同构成院校发展的"黄金三角"，使高职院校在招生竞争、资源获取、社会评价等关键领域形成比较优势。特别是在产教融合深度推进的当下，具备产业经验的双师型教师成为校企合作的天然桥梁，极大提升了院校整合产业资源的能力。

(三)产业转型升级的服务功能

"双师型"教师队伍建设本质上是对产业人力资本需求的战略回应。这类教师群体通过"双向赋能"机制服务产业发展:一方面,将产业前沿技术引入教学过程,为企业培养适配度高的技术技能人才;另一方面,将教育创新成果反哺企业,通过技术咨询、工艺改进等方式提升企业生产效率。这种双向互动形成了"教育链-人才链-产业链"的良性循环,使高职院校从人才供给者转变为产业创新伙伴。特别是在数字经济时代,具备数字技术应用能力的"双师型"教师,正在成为传统产业数字化转型的重要支撑力量。

(四)职业教育现代化的引领功能

作为职业教育教师专业化的高级形态,"双师型"教师队伍建设承载着教育现代化的重要使命。这类教师群体通过三方面实践推动教育变革:践行类型教育理念,构建"工作过程系统化"课程体系,打破学科本位的教学传统;创新教学组织形式,开发模块化、项目化教学模式,适应技术技能人才的成长规律;引领评价体系改革,建立"能力本位"的评价标准,打破唯论文、唯学历的评价窠臼。这种系统性创新正在重塑职业教育的生态体系,为建立中国特色职业教育模式提供实践样本。

(五)教师专业发展的导向功能

"双师型"教师标准体系为职业教育教师发展提供了清晰路径。该体系通过构建"双维能力框架",明确教师专业发展的方向:横向维度要求教师实现教学能力与技术能力的动态平衡,纵向维度强调教师形成从基础能力向创新引领能力的发展梯度。这种导向功能具体表现为三个转变:从单一学科知识向跨界复合能力转变;从个体发展向团队协同转变;从院校培养向校企共育转变。特别是在终身学习理念下,"双师型"教师发展模式为职业教育教师应对技术快速迭代提供了可持续成长方案。

(六)教育生态优化的催化功能

"双师型"教师队伍建设正在重构职业教育的生态系统。在微观层面,推动形成"教师-学生-企业"三元互动的新型教学关系;在中观层面,催生"专业群-产业链"深度对接的办学模式;在宏观层面,促进"教育体系-产业体系-创新体系"的协同发展。这种催化作用突出表现在三个方面:打破校企资源流动壁垒,形成产教融合新机制;改变教师发展路径依赖,构建能力提升新范式;突破传统教育时空限制,创设技术技能积累新场域。

在职业教育高质量发展新阶段,"双师型"教师队伍建设已超越单纯的人才培养范畴,成为撬动职业教育全局改革的战略支点。其价值不仅体现在教师个体的专业发展,更体现在通过能力重构推动教育模式创新,通过资源整合促进产教深度融合,通过标准引领重塑职业教育生态。随着《中华人民共和国职业教育法》的深入实施,这种战略价值将加速转化为发展效能,为构建现代职业教育体系提供关键支撑。

第二章
高职院校"双师型"教师队伍建设发展回顾与现状分析

第一节 高职院校"双师型"教师队伍建设发展回顾

高职教育发展的关键在于打造一支高水平的"双师型"教师队伍,这是培养技术技能型人才、提升教育质量以及确保高职院校持续发展的重要保障。与"双师型"教师队伍建设有关的国家政策文件经历了多个发展阶段,推动着"双师型"教师队伍建设不断向纵深发展。

(一)理念萌芽与政策雏形(1978—1994年)

1. 时代变革与职业教育的困境

改革开放初期,中国社会经历了重大的经济体制转变,从社会主义计划经济体制逐步转向社会主义市场经济体制。这一转变促使了市场机制的出现,激发了经济的活力,同时也使社会对人才的需求产生了巨大的变化。改革开放前,我国发展进程受阻,职业教育未能跟上社会经济发展的步伐。随着改革开放的深入推进,社会对技术与管理人才的需求急剧增加,但职业教育发展的滞后,使得其培养的人才难以满足社会经济快速发展的需求,导致了人才培养与社会需求脱节。职业教育在课程设置、教学方法等方面未能及时适应市场的变化,培养出的学生在实践技能和职业素养方面存在明显不足,无法迅速适应实际工作的要求。这不仅影响了职业教育的声誉,还制约了社会经济的进一步发展。

2. 高职教育的起步与师资缺口

1980年南京金陵职业大学的成立,成为我国高职教育起步的重要标志。至1990年,全国已有126所高职院校。1980—1990年,高职教育发展主要受地方需求推动,集中于东部经济发达地区。

在高职院校的早期发展过程中,教师队伍暴露出严重的结构性问题和实践能力不足问题。大多数教师来源于普通高校,他们虽具备扎实的理论知识,但实践能力明显不足。在教学过程中,教师难以将实际工作中的经验和技能传授给学生,这使得学生难以将所学知识与实际工作联系起来。由于高职院校在发展初期缺乏经验,再加上在教师队伍建设方面缺乏有效的规划和措施,因此师资缺口越来越大,严重影响了高职教育人才培养的质量和效果。

3. 理念的提出与政策铺垫

1991年,王义澄首次提出"双师型"教师的定义,为我国高职教育领域的"双师型"教师研究开辟了新方向。这一理念犹如一盏明灯,照亮了高职教育师资队伍建设前行的道路,促使学术研究与政策导向逐渐聚焦于"双师型"教师的培养。1994年,《关于中国教育改革和发展纲要的实施意见》明确指出,应根据职业教育特点制定教师资格标准,鼓励学校实行"双职称制"。这一政策的出台,为"双师型"教师队伍建设提供了坚实的制度保障,标志着"双师型"教师培养开始朝着系统化方向迈进。

(二)制度奠基与标准初创(1995—2003年)

1995年,《关于开展建设示范性职业大学工作的通知》的发布具有里程碑意义,它首次将"双师型"教师这一概念纳入政策体系。该文件强调教师需具备实际操作技能,不过未详细阐释"双师型"教师的确切含义,但它为后续政策的完善奠定了基础。

1997年,《关于高等职业学校设置问题的几点建议》提出高职院校需配备"双师型"专任教师,并明确规定了相关人数和比例。1998年,我国开始重视"双师型"教师的实践实习,引导教师将理论与实践相结合。1999年,《关于深化教育改革全面推进素质教育的决定》首次提出支持企业员工进入校园,这为"双师型"教师队伍的发展注入了新的活力,尽管此时政策并未明确阐述"双师型"教师的具体含义与评定标准,但对教师的实际操作技能、人数比例及发展方向的规定,已逐步勾勒出"双师型"教师政策体系的雏形。

2000年,《教育部关于加强高职高专教育人才培养工作的意见》进一步明确了"双师型"教师的身份特征,强调其应兼具教师和行业职称(如会计师或工程师)的双重身份,并对相关要求进行了具体阐述。这使得"双师型"教师的概念更加清晰,为教师的发展指明了方向。

2002年,《关于强化高职(高专)院校师资队伍建设的建议》的出台,标志着"双师型"教师队伍建设发生了重大转变。该文件明确指出,高职院校需要打造一支既有扎实理论基础又具备强大技术应用能力的"双师型"教师队伍,这意味着"双师型"教师队伍建设已从具体政策目标实现转变为系统化的队伍建设。政策对教师能力要求的细化和队伍建设的系统化推进,为"双师型"教师的培养和发展提供了更为明确的指导和更为有力的保障,推动了高职教育师资队伍的优化升级。

在这一阶段,政策对"双师型"教师发展具有重要导向作用。政策从初步将"双师型"教师纳入体系,到逐步明确其身份、能力要求及发展方向,为教师成长指明了路径,激励教师提升实践能力与综合素养。上述政策为后续建设奠定了坚实的基础,使"双师型"教师这一概念深入人心。在后续的"双师型"教师队伍建设过程中,可在此基础上,进一步完善评定标准、培养机制等,推动"双师型"教师队伍不断发展壮大,以更好地满足高职教育发展需求。

(三) 体系构建与实践深化(2004—2009年)

2004年,教育部发布《关于以就业为导向深化高等职业教育改革的若干意见》,这一文件不仅成为高职教育快速发展的关键转折点,还标志着师资队伍建设进入了快速发展阶段。该文件明确提出了一系列具有前瞻性和针对性的建设措施,为"双师型"教师队伍建设指明了方向。该文件着重强调教师应赴企业进行培训实践。通过深入企业,教师能够及时了解行业的最新动态、技术发展趋势以及实际工作中的需求,将企业的实践经验融入教学中,使教学内容更加贴近实际工作。该文件还指出,高职院校要引入具有丰富实践经验和过硬技能的企业专家和技术人员到校任兼职教师,以解决校内教师实践经验不足的问题。为了确保这些措施的有效实施,该文件还提出了相关的评定和考核制度。这一制度的建立,使得专兼结合的"双师型"教师队伍建设形式更加规范化、科学化。它不仅明确了教师的发展方向,还为教师的职业发展提供了有力的支持和保障。至此,专兼结合的"双师型"教师队伍建设形式得以明确,为高职教育的人才培养奠定了坚实的基础。

2008年,教育部发布《高职高专院校人才培养工作水平评估方案》,对"双师型"教师的内涵进行了多维度的阐释。该方案从职称、专业技术、企业经验等多个方面,对"双师型"教师进行了全面且具体的界定,不仅为"双师型"教师队伍的建设提供了明确的指导方向,还进一步扩大了相关研究的范围。

随后,《关于进一步加强职业教育工作的若干意见》出台,该意见在教师资格与专业技术资格等方面提出了更为细致的要求,深化了"双师型"教师的内涵。该意见完善了固定岗位与流动岗位结合、专职与兼职结合的用人机制,提出将岗位和绩效工资挂钩,完善激励制度。激励制度的完善,为"双师型"教师队伍建设提供了更加坚实的制度保障,也为兼职教师到高职院校从教提供了相应的保障,推动了"双师型"教师队伍建设向更加科学、合理的方向发展。

在这一阶段,"双师型"教师队伍建设成果显著,包括但不限于专兼结合的队伍建设形式得以明确、兼职教师引入机制初步建立、"双师型"教师的内涵进一步深化、评定考核制度逐步完善等。但是建设过程中也存在一系列困难和挑战,比如部分教师对进入企业实践的积极性不高、校企合作深度不足、兼职教师管理与激励机制有待优化、"双师型"教师评定标准在不同地区和院校存在差异等。

(四)机制完善与质量跃升(2010—2015年)

1. 规划纲要引领建设方向

2010年颁布的《国家中长期教育改革和发展规划纲要(2010—2020年)》为高职院校"双师型"教师队伍的建设和相关制度的完善提供了明确指引。在规划纲要的推动下,校企合作得到了进一步深化,企业实践制度和兼职教师的管理制度得到了完善,企业参与职业教育的积极性明显提高,更多的企业专家走进校园向学生传授实践经验。另外,规划纲要还强调了"双师型"教师培养基地建设的重要性。通过建设"双师型"教师培养基地,可以为教师提供更多锻炼的机会,促使教师不断提升专业技能水平、实践教学能力和自身素质,增加教师持有专业技能证书的比例。在规划纲要的引领下,"双师型"教师队伍建设朝着更加规范化、科学化的方向发展,为培养高素质的技术技能人才奠定了坚实基础。

2. 培养培训制度的强化

2011年,《关于进一步完善职业教育教师培养培训制度的意见》的出台标志着"双师型"教师培养培训制度进入了强化阶段。该意见着重强调加强教师培养培训机制建设,致力于完善企业实践制度。通过建立"双师型"教师培养培训基地和企业实践基地,可以为教师提供更多深入企业实践的机会,促使教师将理论知识与实际操作相结合,提升自身的实践教学能力。

2012年,《关于加强教师队伍建设的意见》和《关于加强高等学校青年教师队伍建设的意见》相继发布。这些政策不仅强调提升教师学历和完善"双师型"教师培养体系,还强调推动校企联合培养模式,整合各方资源,为教师提供更全面、系统的培训。这些政策进一步强化了"双师型"教师的培养培训制度,为教师的专业成长和发展提供了有力支持。

2014—2015年,产教融合在"双师型"教师队伍建设中深入发展。政策着力推动由专职和兼职教师组成的"双师型"教师队伍的发展,促使学校与企业开展更加紧密的合作,让企业深度参与教师培养、课程设置等环节。加强评价体系建设,将兼职教师的教学情况纳入评估体系,并制定绩效评估标准,不仅能够规范兼职教师的教学行为,还能激励他们提升教学质量。培养和培训平台建设的不断完善,为教师提供了更多提升自我的机会,推动了"双师型"教师队伍建设迈向新高度。

(五)创新突破与高质量发展(2016年至今)

1. 实践技能提升

2016年,一系列政策的出台彰显了国家对教师深入企业实践及提升"双师型"教师实践技能的高度重视。众多政策明确规定,职业院校的专职教师在未来五年内需完成至少六个月的企业实习,且实习时间可以累计计算。这一要求促使教师深入企业一线,了解行业最新动态和实际操作流程,将理论知识与实践经验紧密结合,从而提升自身的实践教学能力。

2017年,《关于实施职业院校教师素质提高计划(2017—2020年)的意见》进一步推动了校企合作。该意见强调要建立"双师型"教师培养基地和企业实践基地,为教师提供稳定的实践平台。构建校企双向人员流动与动态管理机制,实施每五年一个周期的教师轮训制度,有助于全面增强"双师型"教师的综合素质。这些措施为"双师型"教师实践技能的提升提供了有力保障,推动了职业教育师资队伍向更高水平发展。

2. 全面强化队伍建设

2018—2019年,一系列关于强化"双师型"教师队伍建设的政策相继出台。2018年,《关于全面深化新时代教师队伍建设改革的意见》出台,该意见在校企兼职制度方面进行了优化,鼓励企业技术骨干到学校兼职任教,支持学校教师到企业挂职锻炼,促进了人才的双向流动。该意见强调了以下几点:在培养培训基地建设方面,加大投入力度,打造高质量的实践平台,为教师提升实践能力提供有力支撑;

在资格认证方面,制定"双师型"教师的认定标准,确保教师具备扎实的理论基础和丰富的实践经验;在招聘方面,注重选拔具有行业背景和实践经验的人才,充实教师队伍;在实践和考核方面,建立更加科学合理的评价体系,激励教师不断提升自身素质。2019年,"职教20条"规定:到2020年,"双师型"教师比例要增加到专任教师总数的50%以上,并推动成立国家级教学创新团队,进一步促进校企合作,拓宽"双师型"教师队伍的建设途径。

2020年,多项政策推动"双师型"教师队伍迈向高质量发展道路。"双高计划"旨在确保教师数量与专兼职教师比例,明确培养、评价等细节,为创新教学团队建设护航。《全国职业院校教师教学创新团队建设方案》聚焦于高质量发展,设定目标与保障措施。2022年新修订的《中华人民共和国职业教育法》将"双师型"教师队伍建设纳入法制化轨道。

在这一阶段,政策创新突出三个转向:培养目标从规模扩张转向素质精进,建立教学创新团队建设标准;培养模式从院校主导转向产教协同,构建校企共建教师发展中心机制;评价体系从资格认定转向效能考核,新增技术转化效益、社会服务贡献等评价维度。当前,政策体系已形成"标准建设、基地支撑、团队培育、数字赋能"的四维驱动格局,推动职业教育师资建设进入高质量发展新阶段。

第二节 高职院校"双师型"教师队伍建设现状分析

一、高职院校"双师型"教师队伍建设成就

(一)专任教师数量与"双师型"教师比例提升

根据《全国教育事业发展统计公报》相关数据,我国高职院校专任教师总量2021年为62.07万人,2022年为67.16万人,2023年为71.54万人,2021至2023两年时间增长了约15.26%,教师数量显著提升;我国高职院校专任教师中"双师型"教师总量2021年为25.6万人,2022年为28.6万人,2023年为31.2万人,2021至2023两年时间增长了约21.88%,"双师型"教师数量显著提升。

近年来,随着我国职业教育质量的持续提升以及高职院校对"双师型"教师关键性认识的不断深化,众多高职院校纷纷采取行动强化"双师型"教师队伍建设。

以2023年为例,共有1 439所高职院校公布了"双师型"教师比例数据,其中有854所学校达到了50%这一要求,约占统计总数的59.35%,这一比例较往年有了显著提升,说明在政策推动下高职院校的"双师型"教师队伍建设取得了显著成效,无论是教师数量还是"双师型"教师比例都呈现出积极向好的发展态势。这些成效的取得离不开政策的推动、高职院校的努力以及社会各界的支持。未来,随着职业教育改革的深入推进和高职院校对"双师型"教师需求的不断增加,我国高职院校"双师型"教师队伍建设将迎来更加广阔的发展前景。

(二)教师结构持续优化

近年来,随着职业教育改革的深入发展,高职院校的"双师型"教师队伍建设取得了显著成果,特别是在教师结构优化方面。教师结构优化不仅表现在教师的年龄、学历、职称等个人属性上,还表现在教师的专业背景、实践经验等全面素质上。

1. 年龄结构

近年来,高职院校"双师型"教师队伍的年龄结构逐步趋向合理化。随着一批经验丰富、教学水平较高的中老年教师的稳定存在,以及一批年轻、有活力的青年教师的加入,教师队伍老中青结合的年龄结构逐渐形成,这样的年龄结构有利于教师团队的经验传承与持续发展,也有利于教师团队创新精神的激发。由于难以全面获取具体数据,因此无法直接展示年龄结构变化的柱状图或饼状图,但从众多高职院校教师队伍实际情况中可以判断其优化方向。

2. 学历结构

在高职院校中,"双师型"教师的学历结构正经历持续的优化。随着国家对职业教育教师要求的提高,越来越多拥有高学历的专业人士开始投身于职业教育。近年来,拥有硕士及以上学位的教师的数量逐年增加,这些教师为高职院校的教师团队带来了新的生机。据相关数据显示,2021年全国高职院校中拥有硕士及以上学位的专任教师人数为31.2万,2022年增长至34.5万,而到了2023年则达到了38.5万,在2021至2023两年的时间里增长了约23.4%,这不仅表明具有硕士及以上学位的专任教师所占比例呈持续上升的趋势,还反映出高职院校教师学历结构的持续优化。

3. 职称结构

根据现有的公开数据和区域性案例,2019—2023年全国高职院校专任教师职称结构呈现"高级职称比例逐年提升、中初级职称比例持续优化"的趋势。由于难以全面获取具体数据,因此无法直接展示职称结构的变化情况,但可以从整体趋势上判断其优化方向。

近年来,高职院校"双师型"教师队伍建设在教师结构优化方面取得了显著成效。教师个体特征结构的优化和教师专业素质结构的优化共同推动了高职院校教师队伍整体素质的提升,为高职院校的高质量发展提供了有力的人才保障。

在国家职业教育政策体系的持续赋能下,高职院校"双师型"教师队伍呈现专业化与复合化协同发展的新格局,教师突破了传统的学科边界并形成了"专业核心+跨界融合"的知识结构。在国家职业教育政策的推动下,教师实现了从知识传授者向"技术导师+创新伙伴"的双重转型,既能在课堂上精准对接产业技术标准,又能深入企业参与技术攻关,推动教育链与产业链的深度耦合。这种能力重构不仅提升了教师解决复杂工程问题的实战水平,还通过"双岗互聘""项目共研"等机制为职业教育高质量发展注入了持续动能。

(三)培训与实践加强

随着职业教育改革的深入和高职院校对高水平"双师型"教师队伍需求的日益增长,加强教师培训与实践成为提升教师队伍整体素质和水平的重要途径。

1. 培训力度逐步加大

近年来,高职院校教师培训经费逐年增加,表明各级政府、高职院校、行业企业对教师培训工作越来越重视,培训项目和参与人员也越来越多;培训经费来源呈现多元化趋势,学校自筹占比逐渐下降,而政府资助和企业赞助占比逐渐上升,说明政府和社会各界对高职院校教师培训的支持力度不断加大,为教师培训提供了更加坚实的经费保障。

表 2-1 为 2019—2023 年高职院校教师培训经费来源统计表。

在提升教师培训质量方面,高职院校应逐渐构建起多样性和综合性的培训体系,确保培训内容涵盖教育教学理论、专业知识、信息技术(含人工智能应用)等多个方面;在培训形式方面,高职院校应通过定期开展研讨会、工作坊等活动和在线教育培训,为教师们搭建学习与交流平台;在培训实效方面,高职院校应采用案例分析、模拟教学、现场观摩等多种教学方式,将传统课堂教学与实践教学相结合,以提高培训的针对性和实效性。

表 2-1　2019—2023 年高职院校教师培训经费来源统计表

年份	总金额/亿元	政府资助		学校自筹		企业赞助		其他形式	
		金额/亿元	占比/%	金额/亿元	占比/%	金额/亿元	占比/%	金额/亿元	占比/%
2019	228	120	52.63	85	37.28	15	6.58	8	3.51
2020	273	150	54.95	95	34.80	18	6.59	10	3.66
2021	322	180	55.90	110	34.16	20	6.21	12	3.73
2022	470	303	64.47	130	27.66	22	4.68	15	3.19
2023	506	313	61.86	150	29.64	25	4.94	18	3.56

2. 培训与实践相结合

高职院校在加强教师培训的同时,应将培训与实践相结合,通过校企合作、产教融合等方式,为教师提供更多的企业实践机会和平台。教师可以通过参与企业挂职、项目研发以及指导学生实习等活动,将理论知识应用于实践。在此过程中,教师不断发现问题、解决问题,并得到了许多创新性的研究成果。在深入行业企业的过程中,教师们掌握了与行业最新发展趋势以及企业对人才、技术的需求相关的信息,获取了用于课堂教学的更加生动、实用的案例和素材,从而提高了课堂教学质量和人才培养质量。

二、高职院校"双师型"教师队伍建设存在的问题

近年来,高职院校"双师型"教师队伍建设取得了较大成绩和进步,但仍存在如下问题:师德师风建设需要加强;部分教师特别是年轻教师缺乏实践经验;兼职教师准入机制不完善;教师的职称结构、学历结构等制约了其专业发展;师资力量难以满足产业发展要求;教师的科研能力不足,为企业提供服务的能力有限;聘请的行业知名专家及专业领军人才较少;专业教师的知识技能更新速度与国家对技术技能型人才的需求不匹配;等等。这些问题若不得到解决会直接影响高职院校的人才培养质量和服务区域经济社会发展的能力。

(一) 教师队伍师德师风建设长效机制构建有待完善

1. 师德师风建设缺乏系统性和主动性

在师德师风建设方面,一些高职院校通常仅是刻板地、消极地执行上级布置的

任务，缺乏系统性和主动性。一些高职院校把师德师风建设当作一项临时性的工作来对待，缺乏长期规划和持续投入，这使得教师道德和行为规范的建设活动显得单调且缺乏实质内容，难以达到真正的效果。由于缺乏系统性，师德师风建设往往难以与教师的日常工作紧密结合，使得教师在日常教学中难以践行师德规范。

2. 师德师风建设制度不健全

高职院校的师德师风建设制度系统性缺失，制度设计缺乏层级性与协同性。大多数高职院校尚未构建涵盖师德培育、行为规范、监督评价、奖惩激励的全链条制度框架，现有规定多呈碎片化分布，且与人事聘任、职称评审、绩效分配等核心制度衔接不足。部分高职院校仅以原则性文件替代具体实施细则，导致师德标准模糊化、操作指引缺乏可操作性。

3. 师德教育内容和方法滞后

随着社会的快速发展和高职教育的不断改革，师德师风建设的内容和方法也需要不断更新和完善。部分高职院校在师德教育内容和方法上仍较为滞后。一方面，师德教育内容往往停留在传统的道德规范和职业操守上，未能与时代发展相适应；另一方面，师德教育方法也较为单一和陈旧，缺乏创新性和实效性。这使得教师在接受师德教育时难以产生共鸣和认同感，也难以将师德要求内化为自身的行为准则。

4. 师德师风建设缺乏有效的激励和约束机制

在高职院校中，教师的师德水准与其职业成长和薪酬待遇紧密相连。但是部分高职院校在师德师风建设上缺乏有效的激励和约束机制。一方面，对于那些师德表现突出的教师，奖励和表彰措施不足，导致他们在师德建设上缺乏积极性；另一方面，对于违反师德师风的行为，惩罚力度不够，使得部分教师缺乏约束。激励和约束机制的缺失严重阻碍了高职院校师德师风建设的顺利进行。

5. 师德师风建设与社会环境脱节

高职院校作为社会的一部分，其师德师风建设会不可避免地受到社会环境的影响。部分高职院校在师德师风建设中往往忽视了与社会环境的紧密联系。一方面，这些高职院校在师德师风建设中没有充分考虑社会环境的复杂性和多变性；另一方面，这些高职院校也没有充分利用社会环境中的积极因素来推动师德师风建设。这使得师德师风建设与社会环境脱节，难以取得良好的社会效果。

6. 师德师风建设缺乏全员参与和协同推进

师德师风建设是一项系统工程，需要全体教师的共同参与和协同推进。部分高职院校在师德师风建设中往往忽视了这一点。一方面,这些高职院校在师德师风建设中往往只关注部分教师的表现,而忽视了全体教师的共同参与;另一方面,这些高职院校尚未构建起有效的协同推进体系,导致各个部门、各个学院(系部)在师德师风建设上难以形成合力。这使得师德师风建设难以达到预期的成效。

(二) 教师队伍素质与高质量发展需求不匹配

1. 专业知识更新滞后

随着科技的飞速发展和产业的不断升级,新知识、新技术层出不穷。部分高职院校教师在专业知识更新方面较为滞后,难以及时掌握最新的前沿知识和产业动态。这导致教师在教学内容和教学方法上难以与时俱进,无法满足学生对新知识、新技术的学习需求。专业知识更新滞后也影响了教师的科研能力和创新能力,制约了高职院校在科研和技术创新方面的发展。

2. 实践教学能力不足

高职教育的核心目标是培养高素质技术技能型人才,这需要教师们具备出色的实践教学技能。一些高职院校教师在实践教学方面存在不足,缺乏实际操作经验和技能,难以有效地指导学生进行实践操作。还有一些高职院校教师虽然具备一定的理论知识,但无法将理论知识应用于实践,这影响了学生的实践能力和职业素养的提升。

3. 教学方法和手段不够创新

在信息化、智能化的时代背景下,教学方法和手段的创新对于提升教学质量至关重要。一些高职院校教师在教学方法和手段上创新不足,仍然沿用传统的教学方法和手段,难以激发学生的学习兴趣和积极性。还有一些高职院校教师对现代教学技术和工具的应用不够熟练,无法充分利用这些技术和工具来提高教学效率。

4. 跨学科、跨领域能力欠缺

随着社会的快速进步和产业融合的深化,跨学科、跨领域能力逐渐成为评价教师综合素质的关键因素。一些高职院校的教师在跨学科、跨领域方面有所不足,难以满足多学科交叉融合的教学与科研要求,这制约了其在教学与科研方面的创新,同时也影响了高职院校在跨学科、跨领域方面的发展。

5. 国际视野有待拓宽、跨文化交流能力有待提升

在全球化背景下,国际视野和跨文化交流能力对于教师来说越来越重要。部

分高职院校教师在国际视野和跨文化交流方面存在不足,难以适应国际化和多元化的教育环境,这限制了他们在国际学术交流和合作中的参与度和影响力,也影响了高职院校在国际化方面的发展。

6. 职业素养和师德水平有待提高

除了专业技能和教学能力外,教师的职业素养和师德水平也是衡量其综合素质的重要指标。部分高职院校教师在职业素养和师德方面存在不足(如缺乏责任心、缺乏工匠精神等),这既影响了他们的工作态度,也对学生的成长和发展造成了不良影响。

(三)高层次人才队伍建设与高质量发展需求不匹配

1. 高层次人才数量不足

高职院校在高层次人才的引进和培养上,往往面临诸多困难。一方面,高职院校因地域、资源、平台等方面的限制,难以吸引和留住高层次人才;另一方面,高职院校的人才培养和激励机制存在缺陷,导致高层次人才的成长速度缓慢,数量无法满足学校高质量发展的需求。高层次人才数量的不足直接限制了高职院校在科研、教学、社会服务等方面的发展。

2. 高层次人才结构不合理

高职院校的高层次人才队伍在结构上往往存在不合理的现象。一方面,专业带头人、领军人才的数量不足,导致高职院校在某些领域难以形成竞争优势;另一方面,年龄结构、学历结构、职称结构等有待优化,影响了人才队伍的整体效能。结构性的不合理不仅影响了高职院校的学术创新力和教学质量,还影响了高职院校的长期发展。

3. 高层次人才创新能力不强

高层次人才的创新能力是高职院校高质量发展的重要支撑。一些高职院校的高层次人才在创新能力上表现不佳。一方面,这些高层次人才的科研创新活动受到限制,原因在于科研资金不足以及科研平台有限;另一方面,这些高层次人才缺乏跨学科、跨领域的合作与交流,导致创新能力难以提升。创新能力的不足直接影响了高职院校在科研创新、技术转化等方面的成果产出。

4. 高层次人才激励机制不完善

完善激励机制是激发高层次人才创新活力的重要手段。部分高职院校在高层次人才激励机制方面存在不足之处。一方面,薪酬待遇、岗位职称等方面的激励措施不足,难以吸引和留住高层次人才;另一方面,绩效评价、成果奖励等方面的激励机制不够科学、公正,影响了高层次人才的积极性和创造性。不完善的激励机制限制了高层次人才在高职院校高质量发展过程中发挥作用。

5. 高层次人才与国际接轨程度不高

在全球化背景下,高层次人才的国际化视野和跨文化交流能力对于高职院校的高质量发展至关重要。在一些高职院校中,具备国际视野的高层次人才短缺。一方面,由于国际交流渠道有限、国际合作项目不多等原因,高层次人才的国际化视野得不到拓宽、跨文化交流能力得不到有效提升;另一方面,高层次人才在国际学术交流与合作方面的参与度较低,这影响了这些高职院校在国际化发展方面的进程。

(四)教师队伍干事创业的主动性和积极性有待提高

1. 缺乏明确的职业发展规划

部分高职院校教师在职业生涯中缺乏明确的发展规划,不清楚自己的职业定位和发展目标。这种状态使得这些教师在职业活动中缺少了方向和动力,难以培养出积极主动的创业精神。如果缺乏明确的职业发展规划,那么教师在面临职业上的挑战和机遇时,将难以迅速做出明智的选择,这不仅会影响教师个人的职业成长,还会对高职院校的整体发展造成不利影响。

2. 激励机制不够完善

激励机制是激发教师队伍干事创业主动性和积极性的重要手段。部分高职院校的激励机制存在不够完善的问题。一方面,薪资福利激励机制缺乏竞争力,难以有效调动教师工作的主动性和积极性;另一方面,精神激励机制也不够完善,难以满足教师对于职业成就感和社会认可度的需求。不完善的激励机制直接影响了教师群体干事创业的主动性与积极性。

3. 工作环境和氛围有待优化

教师群体工作的主动性和积极性深受其工作环境与氛围的影响。在一些高职院校中,工作环境与氛围的优化程度不足。一方面,这些高职院校的管理体系和运作机制不够灵活高效,官僚主义和形式主义的问题普遍存在,影响了教师们的工作效率;另一方面,这些高职院校缺少浓厚的学术氛围和深厚的文化背景,这使得教师的学术兴趣和创新意识难以被激发。工作环境与氛围的不足直接限制了教师群体主动性和积极性的发挥。

4. 缺乏有效的支持和保障

教师在干事创业过程中需要得到高职院校的有效支持和保障。部分高职院校在支持教师干事创业方面存在不足。一方面，这些高职院校对于教师的科研创新、教学改革等缺乏足够的资金支持和资源保障，使得教师在实施项目时面临诸多困难；另一方面，这些高职院校对于教师的职业发展和个人成长缺乏有效的指导和帮助，使得教师在职业生涯中难以取得更大的进步和成就。支持和保障的缺乏直接影响了教师队伍干事创业的主动性和积极性。

（五）教师队伍自我成长的主动性和积极性有待提高

1. 自我成长意识淡薄

部分高职院校教师自我成长意识淡薄，对职业成长和个人提升未给予足够的关注。他们满足于现状，缺乏追求更高职业境界的动力，导致在教学和科研上进展缓慢。淡薄的自我成长意识使得他们难以跟上教育改革的步伐，也难以满足学生日益增长的知识需求。

2. 学习动力不足

教师是知识的传播者。部分高职院校教师缺乏持续学习的动力，他们认为自己的知识储备已经足够应对教学任务，而忽视了新知识、新技术的不断涌现。学习动力的不足导致他们在专业知识和技能上逐渐落后，难以跟上时代发展的步伐。

3. 缺乏明确的成长规划

要想实现个人发展，需要有明确的成长规划。一些高职院校教师没有对自身职业道路进行长远规划，也没有设定短期和长期目标。他们只是被动地接受学校安排的教学和科研任务，而缺乏主动寻求成长和发展的意识。缺乏明确成长规划的状态使得他们在职业发展中迷失了方向，难以取得显著的进步。

4. 成长环境有待优化

教师的个人发展依赖于优质的成长环境，但一些高职院校在这方面尚未达到理想状态。这些高职院校缺乏完善的培训体系、充足的学术资源和良好的学术氛围，导致教师在成长过程中面临诸多困难。有待优化的成长环境限制了教师主动性和积极性的发挥。

5. 评价和激励机制不够健全

评价和激励机制是激发教师自我成长主动性和积极性的重要手段。一些高职院校的评价和激励机制不够健全。这些高职院校过于注重教学成果的短期评价，而忽视了教师长期发展的潜力和贡献，难以充分激发教师的成长动力和创新活力。

三、高职院校"双师型"教师队伍建设存在问题的原因

（一）人事制度改革上未充分重视师德师风建设

在传统的人事管理理念中，往往过于强调教师的专业技能和学术成就，而忽视了师德师风这一核心要素。这种认知偏差导致在人事制度改革过程中，师德师风建设被边缘化，未能成为教师评价、晋升和奖励的重要标准。例如，部分高职院校在引进高层次人才时，更关注的是其学术背景、科研成果和教学能力，而对师德师风方面的考察则相对薄弱，甚至存在忽视的现象。另外，在现有的人事制度框架内，师德师风建设往往缺乏有力的制度保障。上级教育行政部门在制度层面提出了师德师风建设的要求，但在实际操作中，这些要求往往因为缺乏具体的评价标准、考核机制和监督机制而难以得到有效执行。例如，虽然一些高职院校将师德表现纳入教师年度考核的范畴，但在具体实施时往往局限于形式，缺少相应的评价和反馈体系。

一些高职院校在设计激励机制时，往往过于侧重物质激励，而忽略了精神激励。这种单一的激励方式难以全面激发教师的工作热情和创新动力，也难以推进师德师风建设。例如，一些高职院校在职称评定、岗位晋升等方面主要依据教师的科研成果和教学业绩，而对教师在师德师风方面的表现则缺乏相应的激励措施。在现有的人事评价体系中，往往存在评价指标单一、评价标准模糊等问题。这种不科学的评价体系难以全面、客观地反映教师的师德师风状况，也难以为教师提供明确的改进方向和发展目标。例如，一些高职院校在师德师风评价中，往往只关注学生的评价意见，而忽视了同事、家长和社会等多方面的评价反馈，导致评价结果具有一定的片面性和主观性。

（二）培训体系未紧跟高质量发展需求

近年来，我国出台了一系列旨在提升职业院校教师队伍素质的政策。例如，

2016年教育部和财政部发布的《关于实施职业院校教师素质提高计划(2017—2020年)的意见》提出,通过推动校企合作建立"双师型"教师培养培训基地,以及实施每五年一轮的全员培训计划,以增强教师的"双师素质"。然而,在实际操作中,这些政策落实不到位,使得培训体系未能紧跟高质量发展需求。部分高职院校在培训内容上仍然沿用传统的模式,侧重理论知识的传授,而忽视了教师实践能力的提升。这种培训模式难以满足高质量发展背景下对"双师型"教师应具备扎实的理论知识且拥有丰富的实践经验的要求,培训内容缺乏针对性和实效性,无法真正提升教师的教育教学能力和实践操作技能。部分高职院校的培训方式多以讲座、论坛等形式为主,缺乏多样化的培训模式和个性化的培训方案,这种单一的培训方式难以满足不同教师的需求,也难以激发教师参与培训的热情和积极性。此外,培训时间和地点固定,缺乏灵活性,致使教师在繁忙的教学工作中难以抽出时间参与。另外,还有部分高职院校的培训资源往往向重点专业和优势专业倾斜,而其他专业教师则难以获得足够的培训机会和资源。这种资源分配不均的现象导致部分教师无法获得必要的培训和支持,进而影响了其专业素养和教学能力的提升。部分高职院校在培训过程中缺乏有效的评估和反馈机制,导致培训效果难以得到及时和准确的评价,在这种缺乏评估和反馈的培训模式下,难以发现培训过程中存在的问题和不足,也难以对培训方案进行及时的调整和优化。尽管政策文件多次强调校企合作在"双师型"教师队伍建设中的重要性,部分高职院校与企业的合作仍停留在表面层次,深度和广度不足。这种浅层次的合作难以真正实现资源共享和优势互补,也难以提升教师的实践能力和职业素养。

(三)人才引进和培养机制未适应高质量发展要求

高职院校现行人才引进与培养机制的系统性缺失,集中体现在标准设定、路径构建和效能保障三个维度。其一,人才引进标准偏离职业教育的实践导向。多数院校仍沿用普通高校的学术评价体系,过度强调学历层次与科研成果,忽视产业实践经验与教学转化能力,导致引进人才队伍中存在"学术强实践弱"的结构性矛盾。其二,培养体系缺乏产教融合的深度嵌入。教师发展方案多局限于校本培训,未能构建校企协同的周期轮训机制,技术技能更新滞后于产业升级速度。培养内容侧重教学能力提升,忽视了技术研发与社会服务能力培育,难以满足复合型人才培养需求。其三,保障体系协同效能不足。人事部门单兵作战现象突出,未形成校企共同投入的资源整合机制,行业企业参与培养的权责边界模糊。这些机制性缺陷导致人才队伍建设陷入"引进难适配、培养低效能、留用缺动力"的困境,严重制约了职业教育服务区域经济高质量发展的能力。

(四) 激励机制和职业发展路径未激发教师的工作热情

部分高职院校的"双师型"教师激励机制尚不健全,存在重物质轻精神、重短期轻长期的问题。在物质激励方面,虽然部分高职院校提高了"双师型"教师的薪酬待遇,但与其他行业相比,整体薪酬水平仍然较低,难以吸引和留住优秀人才。在精神激励方面,部分高职院校对教师职业成就感和社会认可度不够重视,这使得教师缺乏持续发展的动力。虽然短期激励措施(如年度考核、绩效奖励等)能够在短期内激发教师的积极性,但缺乏长期性和稳定性,难以支持教师的长远发展。在部分高职院校中,"双师型"教师的职业发展路径不够清晰,缺少明确的晋升途径和职业成长阶梯。许多教师在职业成长的过程中感到迷茫,不确定如何通过努力来提升自己的职业地位和社会认可度。这种职业发展路径的不确定性不仅使教师们的职业发展动力减弱,还限制了"双师型"教师队伍素质的整体提升。

(五) 人事制度改革未充分考虑教师自我成长的需求

近年来,国家高度重视职业教育师资建设,并出台了一系列政策来推动"双师型"教师队伍的发展。部分高职院校对此没有给予足够的重视,未充分贯彻上级政策,在人事制度改革方面稍显滞后,未能有效地满足教师自我成长的需求。第一,人事制度缺乏灵活性。一些高职院校的人事政策过于保守,不能适应教师职业发展的多样性需求,在职称晋升和岗位聘任方面,这些学校往往过分依据资历,这使得年轻教师晋升和发展机会受限。这种僵化的制度不仅限制了教师积极性的发挥,还阻碍了"双师型"教师队伍素质的全面提升。第二,教师评价体系不完善。部分高职院校在教师评价方面往往过于注重科研成果和教学质量等量化指标,忽视了教师的实践能力、创新能力和职业素养等综合素质。这种评价体系难以全面反映教师的真实水平和潜力,也无法有效激励教师不断提升自己的综合素质。第三,激励机制不健全。部分高职院校在激励机制方面存在不足,难以有效激发教师的积极性和创造力。部分高职院校在精神激励方面也存在不足,缺乏对教师职业成就感和社会认可度的关注和支持。第四,部分高职院校存在教师的个人职业发展需求与人事制度改革不匹配的现象。高职院校的人事制度改革未能充分考虑教师的个人职业发展需求,导致教师在职业发展过程中感到迷茫和无助,这种不匹配不仅影响了教师的职业发展积极性,还制约了"双师型"教师队伍整体素质的提升。

四、"新双高"战略下高职院校"双师型"教师队伍建设的困境及着力点

(一)"新双高"的提出

2024年5月15日,教育部部长首次提出"新双高"建设任务。所谓"新双高",即以"办学能力高水平、产教融合高质量"为导向的全新发展理念。该理念聚焦于强化高职院校的教育实力和推进产业与教育的深度结合,目的是培育出符合市场需求的高素质技术技能人才。"办学能力高水平"强调提升高职院校的治理能力和治理水平,要求学校的硬件设施、师资力量、管理效能等达到高水平;"产教融合高质量"则强调学校与行业企业深度融合,人才培养内容与社会需求深度对接,通过校企合作、工学结合及实习实训等形式,培养更多满足企业需要的优秀人才,推动经济社会高质量发展。在"双高计划"的推进下,"双师型"教师队伍建设已成为提升高职院校办学质量和竞争力的核心任务,这一任务不仅是单一维度的提升,更是一个系统工程,涵盖多方面内容。

(二)"新双高"战略下高职院校"双师型"教师队伍建设的困境

1. 人才引进的结构性障碍

高职院校在人才引进层面受多重体制性制约。相较于普通本科院校的学术平台优势与科研院所的技术资源优势,高职院校的职业教育类型特征导致其在人才市场竞争中处于相对弱势地位。这种困境既源于社会对职业教育的认知偏差,也受制于院校自身引才机制的创新不足。部分高职院校尚未建立与产业需求对接的动态引才标准,仍沿用传统学术评价体系选拔教师,导致具备产业技术背景的复合型人才难以进入选拔视野,高层次人才引进渠道狭窄,海外引智工程推进缓慢,具有国际教育背景的教师比例长期低位徘徊。更突出的是,兼具行业影响力与教学能力的专业带头人储备不足,师资队伍存在"中间大两头小"的结构失衡问题——中间层教师数量庞大,但领军型人才与青年拔尖人才储备薄弱,严重制约院校核心竞争力的提升。

2. 能力提升的机制性瓶颈

"双师"素质培养面临产教协同不足的系统性挑战。虽然大多数高职院校的

"双师型"教师数量已达标,但质量提升遭遇关键障碍。教师实践能力培养普遍存在"三化"现象:培养主体单一化,过度依赖校内资源开展封闭式培训;培养内容同质化,未能对接区域产业发展差异性需求;培养方式形式化,短期化、零散化的企业实践难以形成能力积淀。校企协同育人机制尚未形成稳定范式,企业参与教师培养的内生动力不足,教师难以深度介入企业的核心研发环节。双向流动机制存在制度性梗阻,企业技术骨干向院校流动缺乏身份转换通道,院校教师赴企实践面临岗位适配障碍。浅层次的校企合作将导致教师实践能力提升停留于表层技能训练,难以形成解决复杂技术问题的综合职业能力。

3. 动力激发的制度性缺陷

教师发展活力释放遭遇评价激励体系的结构性矛盾。现行考核机制存在"三重脱节":评价标准与职业教育类型特征脱节,过度强调学术科研成果而忽视技术技能创新;评价方式与教师发展阶段脱节,缺乏分层分类的差异化考核标准;评价结果与职业发展通道脱节,未能有效衔接职称晋升与薪酬分配体系。绩效分配制度尚未体现"双师型"教师劳动价值特征,技术转化收益分配、社会服务报酬等关键激励要素缺位。更突出的是,院校内部治理体系尚未形成支持教师发展的协同机制,教学、科研、社会服务等职能部门存在目标离散现象,教师在不同工作场域中面临价值认同困境,导致职业发展动能衰减。

4. 协同创新的生态性制约

产教融合创新面临要素整合的深层次障碍。尽管"虚拟教研室"等新型组织形态相继出现,但跨主体协同创新仍存在"四重壁垒":制度壁垒阻碍校企人员双向流动;产权壁垒限制技术创新成果共享;文化壁垒影响产教价值理念融合;数据壁垒制约资源要素优化配置。校际协同创新网络建设滞后,同类院校间存在同质化竞争,异质化院校缺乏优势互补机制。校企协同研发存在"三低"现象:技术攻关项目层次偏低;产业服务能级偏低;成果转化效率偏低。这种割裂的创新生态难以支撑教师参与高水平技术研发,制约"双师型"教师解决复杂工程问题能力的培养,影响职业院校服务区域产业升级的战略功能实现。

要想破解上述困境,需要进行系统化制度设计:构建开放多元的人才引进体系;建立产教深度协同的能力培养机制;创新符合职业教育类型特征的考核激励机制;构建共生共赢的协同创新生态。只有通过体制机制的全方位变革,才能突破"双师型"教师队伍建设瓶颈,为"新双高"战略的实施提供坚实人才保障。这要求高职院校转变治理思维,从单一主体建设转向多元协同治理,从数量规模扩张转向质量效益提升,从要素驱动发展转向创新驱动发展,真正实现师资队伍建设与产业转型升级的同频共振。

(三)"新双高"战略下高职院校"双师型"教师队伍建设的着力点

1. 构建厚植高尚师德的师资养成体系

(1)构建师德建设长效机制

"新双高"战略对教师队伍建设提出了系统性要求,师德培育成为"双师型"教师队伍建设的首要工程。高职院校应确立师德建设的核心地位,将"四有"好老师标准转化为制度保障体系,通过价值引领、行为规范、制度约束三位一体的建设路径,实现师德建设与专业发展的有机统一。

构建师德建设长效机制的首要任务是完善师德建设的制度架构。高职院校需建立包含准入标准、过程规范、考核评价的全链条管理制度,制定《师德师风建设实施方案》,明确教师职业行为负面清单,将师德承诺纳入聘用合同核心条款。另外,高职院校还需通过设立师德建设委员会,构建党委领导、部门协同、院系落实的立体化责任体系,确保制度设计的系统性与可操作性。

构建师德建设长效机制的重点在于建立动态发展的规范体系。高职院校要结合职业教育类型特征,将教育家精神具化为可量化的师德评价指标;构建"基本规范+特色要求"的双层标准框架,在贯彻全国师德建设共性要求的同时,体现区域产业文化特色;实施师德考核"一票否决"制,将考核结果与职称晋升、评优评先等发展通道直接挂钩,形成刚性约束与柔性引导相结合的治理机制。

构建师德建设长效机制的关键环节是健全师德养成的实施机制。高职院校要建立常态化师德培育体系,将师德教育纳入教师发展必修课程模块;通过设立师德讲坛、开展师德实践周等活动,促进教师将职业伦理内化为行为准则,建立师德师风监督平台,完善学生评教、同行互评、社会监督的多元评价机制,形成"教育-实践-监督-提升"的良性循环。

(2)创新师德涵养培育机制

创新师德涵养培育机制,需构建"价值引领、载体革新、机制驱动"三位一体的实践体系。高职院校应突破传统说教模式,开发沉浸式师德培育课程,将职业道德规范融入"虚拟仿真教学情境",创设师德两难问题的数字化推演场景,引导教师在交互体验中深化职业认知。在宣传载体方面,高职院校应打造新媒体传播矩阵,依托短视频平台开发师德微课系列,运用虚拟现实技术再现优秀教师的成长轨迹,形成"可感知、可参与、可反思"的立体化传播生态。在教育形式方面,高职院校需强化实践导向,设计校企协同的师德涵养项目,组织教师深入产业一线参与职业道德实践活动。高职院校应建立师德表现动态监测机制,开发教师职业道德发展数字画像系统,实时追踪师德践行轨迹,形成"学习-实践-反思"的闭环提升路径。

（3）完善师德考评应用体系

高职院校应将师德师风作为教师评价的核心,将其贯穿于教育教学管理的整个流程,并且构建起一个全面且细致的师德评估与监督体系。高职院校应加强师德形势研判,及时掌握教师思想动态,识别薄弱环节和管理盲区,落实日常管理措施,建立个人师德档案,做到早发现、早干预。同时,高职院校还应建立一个包含教师自我评估、同事互评、学生评价以及学院部门整体评价的师德评估体系,合理利用评估结果,明确职责定位,严格执行师德违规"一票否决"政策,强化对不当行为的惩处力度,实现持续的威慑效果,建立教育引导、评估监督和效率提升相结合的长效机制。

2. 构建高端人才引领的师资发展体系

（1）建立多维立体的人才引进机制

高职院校应构建刚性引进与柔性使用相结合的人才引进体系,突破传统招聘模式的时空限制,具体包括:实施"靶向引才"工程,聚焦于智能制造、数字经济等战略新兴领域,建立包含产业技术背景、教学研发能力、行业影响力的三维评价模型;通过设立领军人才特聘岗位,实施协议工资制、项目薪酬包等市场化薪酬方案,吸引具有国际视野的行业领军人才;完善柔性引进机制,搭建"候鸟型专家工作站""技术顾问委员会"等平台,通过项目合作、技术指导、联合研发等形式,实现高端智力资源的共享与流动;建立校企人才共享数据库,形成"全职＋兼职＋特聘"的弹性用人结构,最大限度提升人才效能。

（2）构建双轨并行的教师发展体系

高职院校应实施"双轨制"培养战略,形成专业发展路径与技术精进路径并行的培养格局。在专业发展路径方面,应侧重构建"教学能力-科研能力-社会服务能力"三位一体的素质模型,通过设立教师发展研究院、组建学术导师团等方式,系统提升教师的教学创新能力与学术研究水平。在技术精进路径方面,应聚焦于"技术迭代-工艺革新-标准制定"能力链条,依托产业技术联盟、技能大师工作室等载体,建立周期性企业轮岗制度与技术研修机制。无论是对于专业发展路径还是技术精进路径,均需建立"基础达标＋特色发展"的进阶标准,设置教学名师、技术能手、产教专家等多元化发展通道,支持教师根据自身优势选择职业发展方向。

(3) 构建跨界融合的创新团队生态

在高水平师资队伍建设过程中,需要突破组织边界,构建"多元主体协同创新"的团队发展模式。高职院校应实施"团队再造工程",按照"学科交叉、产教融合、功能复合"的原则重组教学科研团队。高职院校还应重点建设三类协同创新体:一是校企混编技术攻关团队;二是跨专业课程开发团队;三是区域产教联合体。高职院校要完善团队绩效评价体系,设立团队建设专项基金,建立成果共享与利益分配制度,重点考核团队的技术转化效益与人才培养贡献。

(4) 完善持续发展的人才生态体系

构建良性人才生态体系可从以下几点入手:建立人才成长追踪管理系统,实施"一人一策"的个性化发展方案;完善人才服务保障机制,在科研启动经费、实验设备配置、团队组建权限等方面提供差异化支持;构建"校内培养＋校外历练"的交替成长模式,设立海外研修专项计划,拓宽教师的国际视野;建立人才流动的"旋转门"机制,打通教师与企业技术人员的职业转换通道,实现产业经验与教学能力的双向赋能;通过构建引才、育才、用才的全链条生态体系,最终形成"高端引领、梯队衔接、活力迸发"的师资队伍发展格局。

3. 构建产教融合的协同育人体系

(1) 建立教师能力分层发展体系

培养"双师型"教师,需要构建梯度化成长通道,实施"标准引领、分层递进"的培养策略。高职院校应联合行业龙头企业制定三级能力认证标准体系,明确初级、中级、高级"双师型"教师的能力要素与考核指标。初级认证侧重教学实施与基础实践能力,中级认证强化技术研发与课程开发能力,高级认证突出产业服务与战略规划能力。高职院校应建立"认证-聘用-发展"的联动机制,让认证结果与岗位聘任、职称晋升形成制度性衔接,构建能上能下的动态管理机制。

高职院校应深化校企协同培养平台建设,按照"专业群对接产业链"的原则组建产教联合培养基地;通过设立"双岗互聘"工作站,帮助教师实现企业技术岗位与学校教学岗位的周期性轮换;重点建设三类实践平台,其中技术研发中心聚焦于前沿技术转化,工艺创新工坊聚焦于实践教学能力强化,产业服务基地聚焦于社会服务效能提升;实施"双导师"培养制度,为每位教师配备企业技术导师与院校教学导师,形成"理论更新-实践应用-技术研发"的闭环培养模式。

(2) 完善校企人才双向赋能机制

优化师资结构,需要突破校企人才流动的体制壁垒,建立"身份互通、角色互融"的协同发展机制。高职院校应构建三类人才交流通道:技术骨干驻校通道、工艺大师入校通道和管理人才互通通道。另外,高职院校还应完善教师企业实践制度,要求专业教师每五年完成累计不低于六个月的脱产实践,深度参与企业技术攻关与工艺改进。

高职院校应创新校企协同发展载体,重点建设三类合作平台,其中混合所有制产业学院聚焦于人才共育,协同创新中心着力技术共研,社会服务联盟专注促进成果共享;建立"项目制"合作模式,通过联合实施技术研发项目、教学改革项目、社会服务项目,促进教师能力与企业需求的精准对接;完善校企人员互聘考核体系,将企业服务成效纳入教师绩效考核体系,将教学贡献度作为企业技术骨干晋升的参考标准。

(3) 实施结构化团队建设工程

要想建设高水平师资队伍,需要构建"多元主体、功能互补"的团队结构。高职院校应按照"专业群＋产业链"的双链融合原则,组建跨领域教学创新团队;制定团队建设标准,明确技术研发、教学改革、社会服务三类绩效指标,实施"目标管理＋动态调整"的团队运行机制。

高职院校应重点打造三类协同创新共同体,其中技术攻关共同体聚焦于产业关键技术突破,课程开发共同体着力推进新型活页式教材建设,标准研制共同体专注参与行业技术规范制定;建立团队成果共享机制,通过知识产权入股、技术服务分成等方式实现利益的合理分配;完善团队发展保障体系,设立专项建设基金,建立校企联合实验室,配备专用研发设备,为团队建设提供全方位支持。

(4) 健全长效协同发展机制

构建可持续发展的产教融合生态需要制度创新。高职院校应建立校企协同治理委员会,统筹规划师资培养、技术研发、社会服务等合作事项;制定《产教融合师资培养实施办法》,明确双方的权利、义务以及合作流程;建立资源共享平台,整合校企实训设备、技术案例、培训课程等资源,形成开放共享的资源库;完善质量监控体系,构建包含过程评价、成果评价、发展评价的三维评估模型,确保协同育人质量;通过系统化的制度设计,最终打造"人才共育、过程共管、成果共享、责任共担"的协同发展新格局。

4. 打造专业能力精进的师资成长体系

（1）构建全周期培养体系

高职院校需构建覆盖教师职业发展全过程的立体化研训体系。高职院校应以能力进阶为导向，建立"新入职教师-合格教师-骨干教师-专业带头人-领军人才"五阶段成长模型，并针对各个阶段设计差异化培养方案；通过整合校企协同创新中心、境外研修基地、"双师型"教师工作站等多元载体，构建"师德涵养-教学能力-技术研发-国际视野-管理素养"五位一体的培养架构；重点实施五年周期性全员轮训制度，设置理论研修、企业实践、教学反思三大核心模块。

（2）构建精准供给体系

培养"双师型"教师，需建立以需求为导向的精准供给机制。高职院校应构建"三维诊断"模型（通过教师能力测评诊断个体短板，通过专业群建设需求诊断团队缺口，通过产业技术演进诊断培养方向），并基于诊断结果开发模块化课程集群，设置基础素养、教学创新、技术应用、国际认证四大课程模块。其中，基础素养模块聚焦于师德规范与教育理论，教学创新模块聚焦于课程开发与信息化教学能力强化，技术应用模块聚焦于对接智能制造、数字经济等前沿领域，国际认证模块聚焦于融入国际通用职业标准。

（3）健全质量保障机制

高职院校应构建 PDCA 循环的师资培养质量管控体系。在计划阶段制定包含关键指标的培养标准，在设计阶段引入国际培训标准，在实施阶段采用混合式研修模式，在检查阶段运用柯氏四级评估模型。高职院校应创新"双导师"指导制度，为每位教师配备院校教学导师与企业技术导师，实施"月度指导-季度考核-年度评估"的跟踪培养方案；建立教师发展数字档案，实时记录教师的研修轨迹、实践成果等数据，为职称评审、岗位聘任提供数据支撑。

5. 完善机制创新驱动的师资活力体系

（1）构建差异化发展管理体系

建立科学的分层分类管理机制是激发教师活力的基础工程。高职院校需突破传统的单一评价模式，构建"岗位类型-发展阶段-能力层次"的三维管理体系；针对教学型、科研型、社会服务型等不同岗位类别，明确差异化的岗位职责与考核标准；按照初级、中级、高级教师的发展特征，设计阶梯式成长路径；实施动态岗位管理制度，建立"基本职责＋特色发展"的考核框架，促进教师个人发展目标与院校战略需求的有机衔接。

深化职称评审制度改革需要建立多元评价范式。高职院校应破除"唯学历、唯论文、唯职称、唯奖项、唯资历"的传统评价桎梏,构建"师德首位、能力本位、贡献定位"的新型评价体系,重点考察教师在技术研发、工艺改进、标准制定等方面的标志性成果,设立产业服务成果认定与转化机制。另外,高职院校还应实施分类评审制度,针对教学名师、技能大师、产教专家设置差异化评审条件,建立各展所长的职业发展通道。

(2) 创新以绩效为导向的薪酬分配机制

构建科学合理的薪酬体系需要遵循"价值创造决定价值分配"的基本原则。高职院校应建立"基础保障＋绩效激励＋专项奖励"的三级薪酬结构,基础工资设置体现岗位价值,绩效工资设置反映贡献程度,专项奖励设置突出创新成果;实施以目标为导向的绩效管理制度,将院校战略目标分解为可量化的部门指标与个人关键绩效指标(KPI),形成"目标设定-过程管控-结果应用"的闭环管理系统。

完善二级单位绩效分配自主权是激发基层活力的关键举措。高职院校应建立"总额控制＋自主分配"的院系绩效管理模式,赋予教学单位根据专业特点制定具体分配方案的权限;设立教学创新奖、技术攻关奖、社会服务奖等专项激励项目,重点奖励在课程建设、技术研发、产教融合等领域取得突破性成果的团队与个人;针对领军人才实施"协议薪酬＋成果分成"的弹性薪酬制度,将个人收益与团队发展、成果转化效益直接挂钩。

(3) 建立动态优化的激励机制

构建可持续发展的激励体系需要实施三项核心改革:一是建立"能上能下"的岗位聘任机制,实行聘期目标管理制度,对连续两个聘期考核优秀的教师给予岗位晋升或薪酬晋级奖励,对未达标者实施岗位调整或降级处理;二是完善"多元并存"的发展激励机制,打通教学成果、科研成果、社会服务成果的等效认定通道,设立教师发展积分银行,实现各类成果的积累与转化;三是构建"内外联动"的荣誉激励机制,建立校级、省级、国家级三级荣誉体系,对接行业技能竞赛、教学能力比赛等权威赛事,形成阶梯式荣誉成长通道。

(4) 健全协同联动的制度保障体系

要想实现机制创新,需要构建三位一体的保障体系:在制度保障层面,修订《岗位聘任管理办法》《绩效工资分配方案》等核心制度,明确改革的制度依据与实施路径;在组织保障层面,成立由校领导牵头的改革领导小组,建立人事、教务、科研等多部门协同的工作机制;在技术保障层面,开发教师发展大数据平台,实现考核数据自动采集、绩效成果智能分析、发展轨迹动态追踪。

第三章
高职院校人事制度改革探索与实践

第一节　高职院校人事制度改革探索

高职院校人事制度改革聚焦职业教育类型化发展需求，着力破解传统管理机制与产教融合要求的结构性矛盾。改革以"双师型"教师队伍建设为核心，构建"标准引领、机制创新、生态重构"三位一体的制度体系。在岗位聘任方面，改革传统的终身制聘任模式，推行岗位聘任制并建立动态管理机制，以绩效为导向激励教师持续提升自我；推行"固定岗＋流动岗"弹性用人制度，实现行业技术能手与教学骨干的双向流通。在职称评审方面，突破学历与论文的单一评价导向，建立"教学能力＋技术应用＋社会服务"三维评价模型，建立与人才培养质量、课堂教学效果、科研与社会服务成果贡献度及师资培养成效紧密挂钩的职称评审制度，激发教师的积极性和创新能力。在薪酬制度改革方向，建立科学合理且与职教特点相匹配的薪酬体系，依据教师的岗位职责、技能水平和教学质量进行绩效评价，依据评价结果提供相应的薪酬激励。在教师准入机制改革方面，构建科学合理的高职院校教师准入制度，明确准入标准和条件，完善选拔录用工作流程，建立适合高职院校的人才选聘机制，以不断提高招聘效能，持续优化教师队伍结构。在绩效考核改革方面，综合考虑教学质量、科研成果和师资培养等因素，创新考核体系，突出实践导向，将企业技术攻关参与度、横向课题贡献值、技能竞赛指导成果等纳入核心指标，明确考核标准并及时反馈考核结果，推动教师不断改进工作绩效。

基于人事制度改革赋能的高职院校"双师型"教师队伍建设探索与实践

一、聘任制度改革

我国高校教师聘任制改革始于20世纪80年代,其演变历程深刻体现了高等教育管理体制的现代化转型。改革开放初期,国家逐步打破传统计划经济体制下的教师终身任命制,通过引入竞争机制和岗位责任制,开启了教师队伍管理模式的制度性变革。1986年国务院颁布《关于实行专业技术职务聘任制度的规定》,首次将聘任制确立为教师职业准入的基础制度,标志着教师管理从行政指令型向契约规范型转变的关键突破。

21世纪初,教育部颁布《关于深化高等学校人事制度改革的实施意见》,全面推行教师岗位分类管理和聘任合同制度。改革重点聚焦于构建"按需设岗、公开招聘、平等竞争、择优聘任、科学考核、合同管理"的现代用人机制,着力破除职称评聘终身制带来的职业倦怠问题。在此阶段,教师职务晋升通道逐步实现与教学科研业绩的量化关联,岗位职责、考核标准、薪酬体系等配套制度得到系统性完善,为师资队伍专业化发展奠定了制度基础。

新时代以来,《中共中央 国务院关于全面深化新时代教师队伍建设改革的意见》的颁布推动了聘任制改革进入质量提升阶段。改革突出强化师德师风建设,建立教师职业行为负面清单制度,将思想政治素质作为聘任考核的首要标准。创新实施"准聘-长聘"制度,设立试用期考核和聘期评估双重机制,形成能进能出、能上能下的动态管理格局。职业院校同步推进"双师型"教师认定标准改革,将企业实践经历和技术技能水平纳入聘任条件,有效促进产教融合型教师队伍建设。高职院校作为高校的一种类型,其聘任制度改革与高校教师聘任制度改革呈现一体推进特点。

(一) 高校教师聘任制度改革的三个阶段

高校教师职务聘任制改革是我国高等教育人事制度改革的重要组成部分,旨在打破传统教师职务终身制,建立科学、合理、灵活的用人机制。自1986年启动,经过多个阶段的发展和完善,取得了显著的成效。

1. 试点探索阶段(1986年至20世纪90年代中期)

1986年2月,国务院颁布了《关于实行专业技术职务聘任制度的规定》,文件规定事业单位专业技术职务一般实行聘任制,职务的聘任或任命"都不是终身的,应有一定的任期,每一任期一般不超过5年",是否继续聘用或任命则要依据定期和不定期的业绩成果考核而定。同年3月,教育部依此出台了《高等学校教师职务试行条例》(下称《条例》),提出"高等学校教师职务是根据学校所承担的教学、科学研究等任务设置的工作岗位",分助教、讲师、副教授与教授四级,各自有明确的职责、任职条件与任期。紧接着,教育部颁布了《〈条例〉实施意见》与《高等学校教师职务评审组织章程》,为试行聘任制明确了原则与程序。1993年,《中华人民共和国教师法》颁布,提出学校和其他教育机构应当逐步试行教师聘任制,由学校与教师签订聘任合同,从而为聘任制的全面实施赋予了法理上的合法性。

这一阶段高校教师聘任制改革的主要特征:一是去终身制与去身份固化,打破传统教师职务终身制,规定职务任期制并与业绩考核挂钩;二是岗位意识薄弱,职务与职称混淆的现象依旧存在,职务评聘质量有下滑趋势,待遇依旧是与职称而不是职务挂钩,对职务的岗位意识淡漠,实施过程走样,存在重评审轻聘任,即聘后管理与使用不到位的问题。改革的优点:一是激发了竞争意识,打破了传统的"能进不能出""能上不能下"的局面,增强了教师的竞争意识和工作积极性;二是优化了队伍结构,通过聘任制,高校可以根据实际需要合理配置教师资源,优化教师队伍的年龄、学历和专业结构。改革存在的不足:一是政策不配套,待遇依旧是与职称而不是职务挂钩,导致职务与职称混淆,影响了聘任制的实施效果;二是实施过程走样,存在重评审轻聘任,聘后管理与使用不到位的问题,导致改革目标未能完全实现。

2. 深化发展阶段(20世纪90年代末至2007年)

20世纪90年代末期,为了应对职位与职称的混淆以及评审聘任质量的下降,高校教师聘任制度改革迈入了新阶段。许多高校采取评聘分开的策略,保留了专业技术职务的称号内涵。为解决职务与薪酬不挂钩的弊病,众多学校建立了内部按绩效分配津贴与薪酬的制度,教师不论职级高低,其基本工资之外部分按绩效奖励,体现多劳多得原则;根据相关意见精神,设立特岗,发放特殊岗位津贴并给予其他资源投入,体现优劳优酬。1998年《中华人民共和国高等教育法》颁布,为高校岗位自主设置与聘任提供法律依据。

在这一阶段,高校教师聘任制改革的主要特征:一是评聘分开,采取评聘分开的双轨制变通方法,保留专业技术职务的称号内涵;二是薪酬与绩效挂钩,建立了内部按绩效分配津贴与薪酬制度,体现多劳多得原则,设立特岗,发放特殊岗位津贴并给予其他资源投入,体现优劳优酬。改革的优点:一是完善了聘任制度,通过评聘分开和薪酬与绩效挂钩,进一步完善了高校教师职务聘任制度,提高了评聘的科学性和合理性;二是激励了教师的积极性,按绩效分配津贴与薪酬制度,能够更好地激励教师的工作积极性和创造性,促进教学质量的提升。改革存在的不足:一是实施难度增加,评聘分开的双轨制变通方法在实际操作中可能存在一定的难度,需要更加精细的管理和协调;二是薪酬分配不均衡,绩效分配可能导致教师之间的薪酬差距拉大,如果处理不当,可能会影响教师队伍的稳定性和团结。

3. 全面完善与自主探索阶段(2008年至今)

2008年1月《中华人民共和国劳动合同法》的施行以及2014年7月《事业单位人事管理条例》的施行,为高校教师合同聘用制提供了明确的法律支持和规范。这标志着高校开始步入以合同聘用制为核心特征的自主探索时期。这一阶段高校教师职务聘任制改革有以下特点:一是岗位设置更加多样化,在编制总量控制下,各校对编内教师岗位进行细分,不同系列有各自职责、工作量要求与考核标准;二是岗位聘任的契约化程度提高,高校至少在形式上确立了岗位聘任的合同制,不同职级合同期限为3～5年不等,部分高校对讲师、助理教授以及副教授聘任试行"非升即走(转)"制度,即准(预)聘、长聘制度,强化聘期考核,考核结果决定教师的续聘、转岗甚至解聘;三是高校在教师聘任过程中更加注重与国际接轨,借鉴世界一流大学的成功经验,如实行空岗招聘和师资博士后相结合的试用准入机制,完善教师选拔与培养;四是改革考核评价机制,组建学术评价组织,结合职称晋升和聘期考核,分级分类下放管理权限,尊重学术规律和同行评价,充分调动基层学术组织的积极性。

改革的优点:一是增强了用人灵活性,岗位设置多样化和岗位聘任契约化,使高校在教师用人方面更加灵活,能够更好地适应教学、科研等工作的需要;二是提高了教师素质,通过与国际接轨的选拔与培养机制,以及严格的考核评价机制,能够吸引和留住更多优秀人才,提高高校教师队伍的整体素质。改革存在的不足:一是竞争压力增大,高校实行"非升即走(转)"制度,虽然能够激励教师不断提升自身素质,但也可能给教师带来较大的心理压力,影响其工作稳定性和积极性;二是实施成本增加,与国际接轨的选拔与培养机制,以及严格的考核评价机制,需要高校投入更多的人力、物力和财力,增加了改革的实施成本。

四十多年来的改革实践表明,教师聘任制通过持续优化准入机制、激励机制和退出机制,显著增强了高校师资队伍的活力与效能。改革不仅重构了教师职业发展路径,更通过制度创新推动教师队伍结构优化和质量提升,为现代职业教育体系构建提供了坚实的人才支撑。当前,深化聘任制改革仍需在评价标准科学化、考核程序规范化、权益保障法治化等方面持续发力,以更好适应新时代职业教育高质量发展需求。

(二)国内高职院校教师岗位聘任实践

1. 江苏经贸职业技术学院建立"能上能下、能进能出"的用人机制

(1)改革背景与制度设计

江苏经贸职业技术学院作为国家骨干高职院校建设单位,自2003年起率先启动教师职务聘任制改革,着力破解事业单位人事管理中普遍存在的"终身制"难题。学院以"岗位管理"替代"身份管理",构建"评聘分离、动态调整"的用人机制,形成"能者上、庸者下、劣者汰"的良性竞争生态。改革核心在于建立"三双"管理体系:岗位职责与聘期目标双明确、年度考核与聘期考核双联动、职务聘任与能力发展双促进,为高职院校人事制度改革提供了范式样本。

(2)机制构建与实施路径

学院建立"三级四维"岗位管理体系,该体系通过制度创新实现用人机制的系统化重构。在岗位设置层面,严格执行编制总量控制,按照专业群建设需求划分教学型、科研型、社会服务型三类岗位,每类岗位设置5个职级梯度。聘任流程实施"双向选择、契约管理",各教学单位组建由行业专家参与的聘任委员会,明确聘期核心指标:教学工作量年均不低于320课时、横向课题到账经费工科专业教师年均5万元、指导学生在省级以上技能竞赛获奖等硬性要求。

考核体系采用"过程+结果"双轨评价模型,设置政治素养、教学效能、技术研发、社会服务四大维度,其中技术专利转化效益占比不低于25%;实施"五档分级法",将考核结果划分为卓越、优秀、合格、基本合格、不合格五个等级,对应不同的绩效系数;建立"黄橙红"三色预警机制,对年度考核排名后10%的教师启动帮扶计划,连续两年预警则启动低聘程序。

(3)动态调整机制创新

学院突破性构建"双向流动"岗位调整体系,形成三大创新机制。一是跨级聘任机制:学院设立特殊人才绿色通道,对获得省级教学能力比赛一等奖或主持重大横向课题的教师,允许跨级申报高一级岗位;学院建立"低职高聘"动态池,每年预留15%的高级岗位用于破格聘任;获聘教师需签订目标责任书,首年未完成约定任务者自动降级。二是柔性退出机制:对聘期考核不合格教师实施"三阶退出"——对于首次不合格者,将其转岗至待岗培训中心;对于二次不合格者,将其转岗至非教学岗；对于三次不合格者，将对其启动解聘程序，配套建立"能力再认证"制度，待岗教师通过企业实践、课程重修等途径可重新竞聘岗位。三是岗位流转机制：学院构建了教学、科研、管理三序列互通渠道，教师在完成主岗职责基础上，可申请兼聘其他序列岗位；学院实施"岗位积分制"，将跨序列工作成果折算为职称评审加分项，激发教师多维发展潜能。

经过三轮聘期实践，教师队伍呈现结构性优化：高级职称教师占比从28%提升至42%，具有企业经历教师比例达到76%，年均横向课题到账经费增长至300%。动态调整机制有效激发队伍活力，年均岗位流动率达到15%，师资队伍呈现"老中青"协同发展的良好态势。该模式已被教育部作为典型案例向全国高职院校推广，其制度设计的科学性、考核体系的导向性和机制运行的可持续性，为新时代职业教育人事制度改革提供了重要参考。

2. 广东机电职业技术学院探索建立"业绩优先＋动态晋升＋分类考核"的高职院校教师岗位聘任改革模式

根据国家和省对事业单位实行全员聘用的规定，学校按照专业建设和人才培养工作的需求以及教师队伍实际情况，探索出"业绩优先＋动态晋升＋分类考核"的高职院校教师岗位聘任改革模式，有效利用岗位聘用引导广大教师积极努力取得高水平业绩。

（1）业绩优先，解决教师依据业绩贡献晋升岗位级别的问题

为引导广大教师积极参与学校专业建设、课程建设、人才培养、校企合作、科研与社会服务等核心工作，学校系统设计岗位聘任制度，每个级别均有十余条业绩条款供选择，成果覆盖了学校高质量发展需要的工作内容和方向，教师要晋升岗位级别必须满足2条以上的业绩条件；学校通过明确岗位职责，签署聘用合同，按照实际能力和工作表现实行评聘，充分调动广大教师的积极性。

（2）动态晋升，解决教师取得高水平业绩后激励兑现滞后的问题

为了及时兑现教师取得高水平业绩成果的激励，学校每年将空缺的高级别岗位职数拿出来，由满足晋升条件的教师申报，避免教师取得标志性成果但是错过聘用时间需要等待聘期结束重新申报的问题。及时兑现标志性成果的激励，也在很大程度上满足了教师的需求，增加了教师的满意度和获得感，使教师队伍整体活力明显增强。

(3) 分类考核,促进教师分类发展

学校将教师专业技术岗位分为教学为主型、教学科研并重型、科研和社会服务为主型三类岗位,分类设置了教学工作量、科研工作量和社会服务工作量考核标准。教学为主型侧重考评专业教学和人才培养,科研与社会服务为主型侧重考评科研工作和社会服务工作,教学科研并重型则两者兼顾。教学工作量每年考核,考核结果与每年绩效工资挂钩,科研与社会服务工作量实行聘期考核,考核结果与下一轮聘任和绩效工资挂钩。

3. 深圳职业技术大学"能力本位"人事聘任制度的创新实践

(1) 岗位分类管理与能力导向体系构建

深圳职业技术大学打破传统人事管理框架,建立"三维岗位体系",将教师岗位细化为教学型、科研型、实验工程型三大类别,形成差异化发展通道。教学岗侧重课程开发与教学效果;科研岗侧重技术研发与成果转化;实验工程岗注重设备管理与实践指导。每类岗位设置五级职级梯度,明确各职级准入标准:教学岗要求年均课时量不低于320课时,科研岗需主持横向课题并有经费要求,实验工程岗要求设备完好率保持98%以上。该体系通过精准规划教师专业发展方向,实现人力资源的优化配置。

(2) 评聘分离机制与动态调整策略

学校创新实施"职称评审与岗位聘任"双轨制,建立"评聘分离、能上能下"的用人机制。职称评审侧重历史贡献与专业资历,岗位聘任强调现时能力与绩效成果。聘任委员会采用"三三制"组成结构(校内专家、行业代表、校外专家各占三分之一),重点考察教师近三年的教学创新度、科研转化率、社会服务贡献值。学校采用"五维能力雷达图"评估模型,从课程建设、技术研发、团队管理、国际交流、职业道德五个维度进行量化测评,测评结果直接决定岗位职级。

(3) 弹性聘任制度与人才发展通道

学校构建"三类四阶"聘任体系,实施差异化聘期管理。常规聘任面向考核合格的教师,签订三年固定期合同,薪酬采用"基础工资+绩效奖励"的模式;跨级聘任针对考核优秀但职称未达标教师,设置15%的破格岗位,聘期两年,享受高一级岗位待遇;项目聘任对接重大科研攻关任务,实行年薪制与目标责任制,聘期与项目周期同步。学校实施"双线晋升"通道,教学型教师可沿"讲师-专业带头人-教学名师"路径发展,科研型教师按"助理研究员-技术总监-首席专家"序列晋升。

(4) 转岗适配机制与职业发展保障

学校建立"三阶过渡"转岗体系。能力评估阶段,组织专家委员会进行岗位胜任力诊断,提供3~6个月带薪培训期;双向选择阶段,开放校内三类岗位竞聘,允许跨序列申报,同等条件下优先考虑转岗教师;职称转评阶段,设置两年过渡期,保留原职称待遇,要求期内完成新岗位职称资格认证。配套建立"四维支持系统",开发岗位适配课程包提供培训支持,配备跨领域双导师提供导师支持,设立转岗教师专项科研启动基金提供资源支持,组建职业发展咨询团队提供心理支持。

该体系实现三大突破:在管理理念上,确立"能力本位"替代"职称本位";在运行机制上,形成"评聘分离+动态调整"的弹性模式;在保障体系上,构建"全过程支持+多维度激励"的生态。实践证明,改革后教师年均横向课题到账经费增长了250%,学生技能竞赛获奖数增长了180%,企业满意度达92%,为高职院校人事制度改革提供了可复制、可推广的实践样本。

4. 国内高职院校教师岗位聘任的特点

(1) 岗位设置科学合理:根据专业教学团队建设要求,按照学生数量和教学任务计算编制总数,并确定各级专业技术职务的结构比例,遵循精简高效、总量控制、保证重点、兼顾一般、优化配置、动态管理的原则,有利于建立竞争、激励的用人机制。

(2) 聘任过程规范有序:将岗位、任职条件和岗位职责向校内外公布,教师提出应聘申请,学校择优聘任,在双方平等、自愿的情况下签订聘任合同,明确聘期和双方的权利与义务。

(3) 聘期管理灵活多样:聘期分为短期、中长期和以完成一定工作为期限的聘期,灵活的聘期机制有利于增强教师的竞争意识和危机意识,促进教师资源的优化配置。

(4) 注重教师综合素养:任职条件涵盖思想政治素质、职业道德、学历、教育教学水平和科研业绩等方面,既考虑学校发展要求,又兼顾教师成长空间。

(5) 校企合作共同聘任:部分高职院校与企业合作,共同开展教师招聘,从企业引进高技能人才,同时选派教师到企业挂职锻炼,提升教师实践能力。

(6) 分类管理与评价:根据高职院校教师群体的能力特点,进行分类设岗分类评价,一般教师岗设置教学为主型、教学科研并重型、技术技能服务型等岗位,并设计相应的考核评价标准,充分发挥教师各自优势。

二、职称评审制度改革

(一) 我国高职院校教师职称评审制度的发展历程

我国高职院校教师职称评审制度的演变与高职教育的历史发展紧密相连,呈现出不断调整和优化的趋势。自1986年至1999年,高职院校教师职称评审与普通本科高校共享同一套标准,主要依据统一的准则进行,这体现了制度初期的特征。紧接着的2000年至2015年,各地区开始依据自己的特色,寻找适合的分类评审方法,多数省份都制定了针对高等职业学校的教师职称评审准则。从2016年开始,步入了"放管服"简政放权的发展阶段,政府将教师职称评审权下放给地方和高校,从而增强了制度的灵活性和针对性。对我国高职院校教师职称评审制度变迁的深入研究,不仅有助于全面把握其演变脉络和发展规律,更能为当前高职院校教师职称评审制度的深化改革提供有价值的指引,增强高职院校人事制度改革科学性和实效性,推动高职院校高质量稳健发展。

1. 高职院校教师职称评审与普通本科高校标准共用时期(1986年至1999年)

回溯到20世纪80年代中期,我国高等职业教育的发端与改革开放的推进紧密相连,逐步发展并构建了其特有的规模与体系。1985年,中共中央作出《关于教育体制改革的决定》,标志着政府对高等职业技术教育的大力支持,从而催生了我国专科层次的高等教育,高等职业学校、高等专科学校以及成人高等教育机构扮演了主要角色。在高职教育的起始阶段,教师职称评审主要沿用了普通本科院校的标准。1986年国务院发布的《高等学校教师职务试行条例》明确规定,该条例适用于包括普通高等学校在内的各类高等学校,该法规在法规层面上规定了高职院校在职称评审过程中必须遵循与普通本科院校相同的评价标准,并要求高职教师根据这一规定参与职称评审。显然这种做法并未考虑到高职教育与普通本科教育在培养目标上的根本区别。目前,这可以被视为我国高职教师职称评审与本科院校标准共享问题的起始阶段。

在高职院校教师职称评审的初始阶段,实行的是专业技术职务聘任制度。该制度的核心在于,依据既定的编制和人员结构,结合实际需求,设立具有固定任期的高级、中级、初级三个层级的专业技术岗位。在1986年,国务院相继发布了《高等学校教师职务试行条例》《关于〈高等学校教师职务试行条例〉的实施意见》《高等学校教师职务评审组织章程》等关键法规。这些法规详细规定了我国高校教师专业技术职务聘任制度的主要内容、实施方法和组织结构,从而初步形成了我国高职教师职称评审的制度框架。为了进一步推进高校教师职称评审制度的改革,中央职称改革领导小组在1987年和1988年分别审议并批准了《关于实行专业技术职务聘任制工作中若干问题的原则意见》和《关于完善专业技术职务聘任制度的原则意见》。这两份文件的批准,为高职院校进行教师职称评审工作提供了更明确的指导和原则。从那时起,我国高职院校开始严格依照国家人事部的相关规定,全面实施高校教师专业技术职务聘任制,该制度也逐渐成为高职院校教师职称评审的坚实基础。

2. 高职院校教师职称评审分类探索时期(2000年至2015年)

迈入21世纪,我国高职院校人事制度的持续改革与进步,使得高职教师职称评审体系呈现出内部差异性和多样性的特点。与此同时,传统的教师职位终身制开始受到广泛审视,实施教师岗位管理制度逐渐成为新一轮教师职称制度改革的核心焦点。

在这一阶段,高职教师职称评审制度逐渐演变为"共用型"、"内分型"和"单列型"三种不同的模式。"共用型"模式指的是高职院校与普通本科高校教师职称评审使用相同的制度和标准,该模式在河北、海南、贵州、甘肃、青海、湖南等地实施;"内分型"模式则在兼顾高职院校教师工作特性的基础上,区别于普通本科高校对部分评审标准和条件进行了适度调整,该模式主要在宁夏、内蒙古、河南、北京、天津、陕西、山西等地实施;"单列型"模式是高职院校拥有独立且具职业教育特色的教师职称评审制度,这一模式在江苏、湖北、浙江、福建、上海、辽宁、江西等地实施。这三种模式的形成,不仅揭示了高职教师职称评审制度的灵活性与多样性,也彰显了各地根据实际情况进行制度创新的尝试与努力。

在21世纪初期,高职教师职称评审的主要模式发生了显著变化,即转向了岗位管理制度。这一变化是对2000年党中央在《深化干部人事制度改革纲要》中提出的要求的回应,该纲要主张事业单位应实施职务聘任与岗位管理相结合的制度。接着,2002年国务院办公厅转发人事部《关于在事业单位试行人员聘用制度的意见》的通知中,重新定义了高校教师职务,明确高校与教师之间是基于聘用合同的关系,并强调高校应采用岗位聘任制。为了更精确地执行岗位管理,2006年国家人事部发布了《事业单位岗位设置管理试行办法》,决定尝试实行分级岗位管理,并对岗位的总数、比例结构和最高级别进行了严格控制。在这种背景下,尽管高校教师专业技术职务仍然包括教授、副教授、讲师和助教四个级别,但专业技术岗位已被明确划分为 13 个级别,一级至四级对应教授,五级至七级对应副教授,八级至十级对应讲师,而十一级至十三级则对应助教。各高校根据自身的实际情况,设立了不同级别的专业技术岗位、管理岗位及工勤岗位,并对各类岗位的比例结构进行了优化。专业技术岗位聘任制度逐渐成为高校人事管理的基础,为高职教师职称评审提供了更加科学、规范的管理基础。

3. 高职院校教师职称评审制度的放权发展时期(2016 年至今)

自 2016 年起,我国高职院校教师职称评审制度经历了深刻的改革。在 2016 年 8 月,教育部发布了《教育部关于深化高校教师考核评价制度改革的指导意见》,确立了考核评价的核心原则,即"师德为先、教学为要、科研为基、发展为本",为职称评审改革打下了基础。紧接着在同年 11 月,中共中央办公厅和国务院办公厅联合发布了《关于深化职称制度改革的意见》,其中第十六条明确了职称评审权限的下放范围,突出了用人主体在职称评审中的主导地位,并科学地界定了职称评审权限的下放,逐步将高级职称评审权下放到符合条件的市地级单位或社会组织。政府的角色也从微观管理转向宏观管理,加强了公共服务和事中事后监管,减少了不必要的审批和事务性工作。到了 2017 年 4 月,教育部等五部门发布了《教育部等五部门关于深化高等教育领域简政放权放管结合优化服务改革的若干意见》(简称"放管服"改革),第八条详细规定了职称评审权的下放措施,明确将高校教师职称评审权下放至高校,由高校自主进行评审、考核和聘用;对于条件不成熟的高校,可以通过联合评审的方式进行。2017 年 10 月,教育部与人力资源和社会保障部合作,发布了《高校教师职称评审监管暂行办法》,该办法在总则中指出,高校应承担职称评审的主体责任,而高校主管部门则负责监管和业务指导。对于暂不具备独立评审条件的高校,可以采取联合评审或委托评审的方式;教育行政部门和人力资源和社会保障部门将对高校教师职称评审工作进行全程监管,确保评审工作的公正性和有效性。

(二)我国高职院校教师职称评审制度的演变特点

回溯我国高职院校教师职称评审制度演变历程,我们可以发现有以下特点。

1. 高职院校教师职称评审制度在功能上正逐步实现从资源分配型向绩效管理型的转变

20 世纪 80 年代,职称评审制度主要扮演学术鉴定、职称晋升和资源分配的角色,有效激发了教师的工作积极性,并在资源统一调配的基础上实现了对教师的管理与控制。自21世纪以来,高职院校教师职称评审不再单纯以学历、论文数量等传统指标作为评价标准,而是更加注重教师在教学、科研、社会服务等方面的实际贡献和绩效,部分高职院校逐步将教师的绩效考核结果与职称评审挂钩,通过科学的绩效考核体系,激励教师提升教学质量和科研水平。

2. 政府对高职院校教师职称评审制度调控方式上正逐渐从政策主导型向法律规范型转变

在高职教育的发展历程中,政府长期依赖政策手段来处理高校教师职务的评聘问题。例如,在1986年至20世纪90年代中期,高职院校依据《高等学校教师职务试行条例》来开展教师职称评审工作,该条例属临时性法规性质,其法律约束力和执行力度相对有限。随着法治建设的持续完善,政府正逐步通过立法手段规范高职教师职称评审体系,确保其更加合理、公平和高效。在2000年,国家人事部发布的《关于进一步深化高校人事制度改革的实施意见》明确提出了政府应下放管理权限,促进高校自主用人的人事管理体系的建立。这一改革为高校在人事管理方面提供了更大的自主性。2017年,教育部等五部门发布的《教育部等五部门关于深化高等教育领域简政放权放管结合优化服务改革的若干意见》进一步明确将高校教师职称评审权下放至各学校,标志着高职院校人事自主管理体系的正式建立。

(三) 我国高职院校教师职称评审制度改革实践

教育评价对教育的发展方向具有决定性作用,评价标准的指向决定了办学方针。2020年,中共中央、国务院印发了《深化新时代教育评价改革总体方案》,强调了对教师评价体系的改革,推动教师更好地履行教书育人的职责,并对教师职称的评审和聘任流程提出了具体的规定和指导,为新时代高职院校教师职称评审和聘任的改革提供了明确的指导方针。

近年来,国家对高校教师职称评审体系的"放管服"改革不断深化,教育行政部门已将职称评审的权力下放至各高校,高职院校纷纷开始结合自身实际制定有针对性和特色的教师职称评审制度,自主进行教师职称评审。在这一过程中,许多高职院校仍面临一些显著问题。一是过分依赖"五唯"标准(即唯分数、唯升学、唯学历、唯论文、唯头衔)的情况并未彻底消除,普遍存在重视科研成果而轻视教学工作、重视知识传授而忽视育人责任、重视智力教育而轻视道德教育、重视分数而忽视素质培养的现象;二是对教师教学和教育成果的评价不够明确,忽略了那些能够反映高职教育特点的教师实践技能和专业教学能力；三是没有实施分类评价，教师职称评审标准单一，忽视了不同类型教师之间能力及业绩差异，不利于教师成长和发展。针对这些问题，部分高职院校提高政治站位，主动作为，深入推进教师职称评价改革，取得了显著成效，形成了一批示范成果。

1. 广东机电职业技术学院教师职称评审改革实践

针对上述问题，广东机电职业技术学院积极顺应改革需要，深化教师职称评价改革，以师德、能力、业绩和贡献为导向，创新评价方式，完善评价标准，改进结果评价，强化过程评价，健全综合评价，着力提高教师职称评价的科学性、专业性和客观性，充分发挥教师职称评价的指挥棒作用，探索出一套富有时代特征、彰显高职特色、体现机电水平的教师职称评价模式，能够更好地促进教师坚守育人初心，深耕专业教学，聚焦人才培养，专注科学研究，而非片面追求论文、科研项目等外在指标，改革成效初显。

（1）合理设置门槛分值，解决教师重科研轻教学、重教书轻育人、重智育轻德育、重分数轻素质等问题

切实破除"五唯"顽疾，摒弃唯论文、唯科研项目等相对单一的评价标准，从师德师风、教育教学、科研和社会服务等维度开展综合性评价，切实扭转不科学的评价导向，正确引导教师全面参与人才培养工作，确保立德树人根本任务落到实处。广东机电职业技术学院将教师的职称评审业绩成果按"师德风范"、"教育教学"和"科研和社会服务"进行分类量化计分，总分200分，其中"师德风范"30分、"教育教学"85分、"科研和社会服务"85分；设置各系列、各级别申报门槛分值，达到门槛才受理申报，比如申报教学研究系列正高级门槛分值为100分、副高级为80分；申报人员要达到门槛分值就需要在师德风范、教育教学、科研和社会服务等方面全面发展，符合职业教育教师发展要求。通过设置门槛分值，引导教师积极参与专业建设、课程建设、实训基地建设，参与校企合作和社会服务等各类工作，彰显职业教育本色。

（2）推行代表性成果评价，解决"破五唯"后教师专业技术水平评价问题

教师职称评审的关键是对教师专业技术水平进行科学的评价。论文数量质量、项目级别及经费等都是评价教师科研水平的重要指标，但如果仅以此作为职称评审的唯一依据，显然不科学。广东机电职业技术学院不断改进教师职称评审，坚持突出质量导向，推行代表性成果评价，重点评价教师的学术贡献、社会贡献以及支撑人才培养作用，全面科学评价教师的专业技术水平。申报职称时教师需提交

体现个人专业技术水平的代表性成果,申报中级职称须提交不少于3项代表性成果,申报副高级职称须提交不少于6项代表性成果,申报正高级职称须提交不少于10项代表性成果。实行代表性成果评价制度,增加体现职业教育特点的代表性成果,切实破除"唯论文""唯项目"的导向,评审中将科研成果取得的经济效益和社会效益作为重要考量,避免简单量化倾向。

(3)实行分类评价,打造教师分类发展通道,实现人人都有出彩机会

教师职称评审改革,重点在"破"(破除旧机制),难点在"立"(立新标准)。要实现评价机制创新,就必须遵循高职院校教师的职业特点和发展规律,其中关键在于实行分类评价,避免"一刀切"。广东机电职业技术学院根据教师能力特点,分类设置教学为主型、教学科研并重型、科研及社会服务为主型职称评审标准,有针对性地实施分类评价。通过实行分类评价,能够引导和激励教师扬长避短,充分调动工作积极性,发挥各自的专业特长,实现特色发展,为每位教师提供出彩的机会。

在深化教师职称评价改革中,广东机电职业技术学院充分利用评审自主权,以师德、能力、业绩和贡献为评价导向,坚持立德树人,形成了高职院校教师职称评价改革的机电范式。改革有效地破除了"五唯",激发了教师内生动力与创新活力,极大释放了教师参与学校教育教学、人才培养、校企合作、科研与社会服务等工作的主动性及积极性。

2. 南京工业职业技术大学教师职称评价改革实践

南京工业职业技术大学作为国家"双高计划"高水平学校建设单位,为适应职业教育发展的新要求,积极探索职称评价改革,激发教师干事创业动力,构建高质量"双师型"教师队伍。

(1)开辟职称晋升"绿色通道"

学校为有突出标志性成果的教师开辟"绿色通道":不受论文等量化指标限制,直接由教学委员会提交高级职称评审委员会评审。例如,杨梦娜老师凭借在全国职业院校技能大赛教师教学能力比赛、第三届全国高校教师教学创新大赛中获得一等奖,以及指导学生在全国性比赛中多次获奖的突出成果,顺利评聘为副教授。

(2)坚持分类评价原则

学校坚持"师德第一标准、分类第一原则、实绩第一标尺",积极探索教师岗位分类设岗,教师职称分类评价,引导教师根据自身特长、特点和潜能选择职业通道。学校设立了教学主体型、教学科研型、科研主体型、实践教学型、社会服务型五类岗

位,分类制定差异化的职称晋升条件,使教师聚焦自己的岗位发挥作用。

(3) 弱化论文数量要求

为纠正"重数量、轻质量"倾向,学校弱化论文数量要求,鼓励教师发表高水平论文。课程建设、教材编写、社会服务等成果都可以作为职称评审的代表性成果。

(4) 强化"双师型"教师队伍建设

学校规定,专业课教师申报中、高级职称时,需在企业或生产一线实践累计6个月以上,或具有本专业累计两年以上企业工作经历。新入职的博士,第一年不安排授课,需到企业顶岗实习半年,考核合格后才能上岗。

3. 重庆三峡学院教师职称评审改革实践

重庆三峡学院在教师职称评审改革中积极探索和实践,其改革举措主要包括以下几个方面。

(1) 提高教学业绩和教学研究在评审中的比重

突出教书育人实绩,注重对教师履职绩效、创新成果及人才培养实际贡献的评价。

(2) 纠正"五唯"评价倾向

纠正唯论文、唯帽子、唯学历、唯奖项、唯项目等评价倾向,规范学术论文指标,不将论文相关指标作为职称申报前置条件或直接评价依据。

(3) 推行代表性成果评价

结合学校实际和学科/专业特点,建立健全代表性成果评价制度。

(4) 创新评价方式

采取个人述职、面试答辩、同行评议、实践操作、业绩展示等灵活评价方式。通过代表性成果外审制、专家主审制,外聘专家参与学科评议组和评审委员会,完善同行专家评议机制,健全完善内外部专家评审制度。

(5) 建立重点人才绿色通道

对取得重大基础研究和前沿技术突破、解决重大工程技术难题、在经济社会事业发展中做出重大贡献、在教育教学改革中取得突破性成果的教师以及招聘引进的高层次人才和急需紧缺人才等,在坚持评审标准与程序公正的前提下,制定灵活的评价标准,直接申报高级职称。

(6) 完善信用和惩戒机制

建立申报教师、评审专家、工作人员及相关人员诚信承诺和诚信信息共享机制,对弄虚作假、学术不端等行为严肃处理。

(7) 健全聘期考核机制

结合国家战略需求、经济社会发展和学校事业发展等因素,科学设置岗位职责、考核要求和考核评价周期。聘期考核与年度考核、日常考核相结合,并适当延长基础研究人才、青年人才的考核周期,把考核结果作为调整岗位、工资及续聘的依据。

三、薪酬制度改革

(一) 我国高校教师薪酬制度的历史演进与体系重构

1. 制度变迁的历史脉络

新中国高校教师薪酬体系的演变,本质上是国家治理体系与教育发展战略动态调适的过程。这一制度变迁历经计划经济时期的统一管控、改革开放初期的探索突破、市场经济时期的系统重构等阶段,形成具有中国特色的高校薪酬管理范式。制度演进既反映不同时期经济社会发展需求,也体现国家教育治理能力的持续提升,为新时代教育强国建设奠定制度基础。

2. 制度发展的阶段特征

(1) 多元并存的初创期(1949 年至 1956 年)

社会主义改造时期的薪酬体系呈现过渡性特征:保留革命战争时期供给制传统,兼容新旧分配模式。制度设计兼顾革命干部与旧知识分子待遇,形成工资分制、实物供给、货币工资并行的复合体系。此阶段重在稳定教师队伍,保障高等教育体系重建,但缺乏统一的薪酬标准和管理规范。

(2) 等级固化的稳定期(1957 年至 1982 年)

在全面学习苏联模式背景下,建立全国统一的职务等级工资制。其制度特点表现为:行政级别决定薪酬等级,资历成为晋升主要依据,薪酬结构单一且缺乏弹性。这种高度计划性的分配模式虽保障了教师基本待遇,但抑制了人才流动与创新活力,难以适应改革开放后的人才竞争需求。

(3) 结构分化的探索期(1983 年至 1992 年)

社会主义市场经济萌芽推动分配制度改革,1985 年工资改革确立"结构工资制"框架。薪酬体系分化为基础工资、职务工资、工龄津贴、奖励工资四个模块,初步体现岗位价值差异。此阶段突破平均主义桎梏,但受制于计划经济惯性,绩效激励作用有限,仍存在职级晋升通道单一等问题。

(4) 市场导向的转型期(1993年至1999年)

党的十四届三中全会确立"效率优先、兼顾公平"原则,推动薪酬制度深度变革。1993年工资改革引入绩效工资概念,建立专业技术职务等级工资制度。薪酬构成中浮动部分比例提升至30%,部分高校试点年薪制、项目工资等创新模式。此阶段形成"国家保基本、学校搞活分配"的双层架构,为后续改革积累实践经验。

(5) 自主创新的深化期(2000年至2005年)

《高等教育法》实施赋予高校分配自主权,催生岗位津贴制度改革浪潮。薪酬体系形成"国家工资＋校内津贴"双轨结构,部分重点院校校内津贴占比超过基本工资。制度创新呈现三大突破:建立关键岗位特殊津贴制度,试点协议工资制引进高端人才,探索生产要素参与分配路径。此阶段有效激发教师创新活力,但存在区域间、院校间待遇差距扩大等问题。

(6) 系统重构的成熟期(2006年至今)

事业单位分类改革推动薪酬制度体系化建设,2006年岗位绩效工资制度确立"四元结构":岗位工资体现职责任务,薪级工资反映资历贡献,绩效工资强化激励功能,津贴补贴保障特殊需求。改革突出三大创新:建立正常调整机制,规范绩效工资总量管理,扩大高校二次分配自主权。新时代薪酬体系更加强调分类考核、优劳优酬,为教育高质量发展提供制度支撑。

3. 制度演进的内在逻辑

(1) 价值取向的转型轨迹

经历"绝对平均-效率优先-均衡发展"的螺旋式演进。改革开放前侧重保障基本待遇,市场经济时期强调激发活力,新时代注重公平与效率的动态平衡。这种转变折射出国家从生存型保障向发展型激励的战略升级。

(2) 制度设计的范式转换

实现从"身份管理"到"岗位管理"的根本转变。早期制度以行政级别定薪酬,改革后建立岗位价值评估体系,当前更加强调绩效贡献度。管理重心从资历累积转向能力证明,形成"以岗定薪、按绩取酬"的现代薪酬理念。

(3) 主体关系的动态调适

国家、高校、教师三方权责持续优化。计划经济时期国家全面主导,改革开放后高校获得自主空间,新时代构建"国家定框架、高校抓执行、教师共参与"的治理格局。这种调适体现政府职能转变与高校法人地位强化的协同演进。

（4）要素配置的市场接轨

薪酬决定机制逐步引入市场要素。从完全行政定价到部分参照劳动力市场价格，特殊人才实行协议工资，科技成果转化收益分配突破体制障碍。这种接轨增强高校在人才竞争中的适应性，推动教育资源配置效率提升。

我国高校教师薪酬制度的演进历程，既是国家治理现代化的微观缩影，也是高等教育发展规律的具体展现。新时代改革需在坚守教育公益属性的前提下，构建更具竞争力、激励性和可持续性的薪酬制度体系，为教育强国建设提供坚实的人才保障和制度支撑。

（二）高职院校薪酬制度改革特点

高职院校薪酬制度改革是新时代职业教育类型化发展的必然产物，其变革轨迹深刻反映国家治理体系与教育现代化进程的协同演进。在产业转型升级与教育供给侧改革的双重驱动下，薪酬体系突破传统事业单位管理模式，构建起"岗位价值为基础、绩效贡献为导向、动态调节为保障"的新型分配机制。改革聚焦产教融合特质，着力破解"重理论轻实践""重科研轻教学"的结构性矛盾，形成具有职教特色的薪酬管理范式。

1. 绩效导向

薪酬改革以岗位职责为基础，将教职工的工资收入与岗位职责、工作业绩、实际贡献直接挂钩，体现"以岗定薪、按劳取酬、优绩优酬"的原则，通过绩效工资激励教师提高教学质量和科研水平。这种绩效导向的薪酬体系，旨在激发教师的工作热情，鼓励他们不断提升自身的教学和研究能力，从而为学校的发展做出更大的贡献。

2. 薪酬结构优化

改革注重薪酬结构的优化，降低基本工资占比，提高绩效工资的激励功能，突出薪酬的激励作用，同时兼顾薪酬的保障性和公平性。通过优化薪酬结构，可以更好地激发教职工的工作积极性，同时确保他们的基本生活需求得到满足，实现激励与保障的平衡。

3. 公平性保障

在薪酬分配中强调公平性原则，需处理好外部公平、内部公平和个人公平问题，特别是教学人员与管理人员、教辅人员之间的薪酬平衡，避免收入差距过大。公平的薪酬分配机制有助于维护教职工的权益，促进校园内部的和谐稳定。

4. 薪酬与市场接轨

部分高职院校尝试引入市场化的薪酬机制,如年薪制、协议工资、项目工资等灵活多样的分配形式,以提高薪酬的竞争力,吸引和留住优秀人才。与市场接轨的薪酬体系,有助于高职院校在人才市场中保持竞争力,吸引更多的优秀人才加入。

5. 多元化激励

改革注重多元化激励,通过设立专项奖励、提供职业发展机会、完善福利制度等方式,激发教师的工作积极性和创造力。多元化的激励机制,不仅能够提高教师的工作满意度,还能促进他们的职业成长,为学校培养更多的人才。

6. 岗位绩效突出

高职院校普遍采用以基本工资为保障、突出岗位绩效的激励型薪酬结构,通过量化公式将绩效与教学工作的数量与质量挂钩。这种薪酬结构能够更好地反映教师的工作表现,激励他们不断提高教学质量。

7. 动态调整机制

薪酬改革强调动态调整,根据物价指数、经济发展水平以及教师的工作表现等因素,适时调整薪酬水平,确保薪酬制度的适应性和激励性。动态调整机制有助于保持薪酬制度的活力,适应社会经济发展的需要,同时激励教职工不断进步。

8. 纠正"五唯"倾向

改革注重纠正"唯文凭、唯论文、唯帽子、唯身份、唯奖项"的倾向,更加关注教师的实际贡献和工作绩效。这种改革有助于建立更加公正、合理的评价体系,促进教师队伍的健康发展。

(三)岗位绩效工资——高职院校薪酬制度改革发展方向

我国事业单位薪酬体系改革的关键趋势和重要方向是全面实施岗位绩效工资制度,高职院校亦包括在内。深入剖析高职院校岗位绩效工资制度的本质、特点及其执行优势,进一步分析其实施的可行性,有效规避制度设计和执行层面可能遇到的问题,以充分发挥绩效工资的积极作用,从而优化薪酬体系,激发员工的工作热情和创造性,促进事业单位的可持续发展。

1. 岗位绩效工资的内涵与特征

学校绩效是指个体或团队在特定时间内对学校发展的贡献度,是效率与效果的综合体现,即通过正确的方法达成目标。绩效工资作为现代人力资源管理的重要工具,是与绩效表现直接挂钩的薪酬制度。从宏观层面看,学校绩效工资体系是根据个人、团队和学校整体业绩的变动而调整的灵活薪酬制度;具体而言,它指的是将教师薪酬与其个人行为和业绩成果紧密关联的薪酬决定方式。绩效工资制度具有双重属性:在薪酬数额方面,通常表现为一次性、高额度、短期激励的特征;在薪酬调整方面,展现出持续性、小幅增长和长期激励的特征。该体系由三个核心要素构成:确立各类工作绩效的关键要素并建立相应的绩效评估标准;构建科学的绩效评估体系并实施有效评估;设计绩效与薪酬之间的对应关系模型。

岗位绩效工资制度具有以下显著特征。

(1) 具备强化激励功能,体现分配公平性

通过将教职工薪酬与可量化的业绩指标相挂钩,有效强化了激励功能。由于个体绩效差异直接决定薪酬水平,充分体现了按劳分配的公平原则。

(2) 突出激励重点,优化人力资源配置效率

在同等人工成本下,绩效工资能够产生差异化的激励效果。通常,绩效工资占总薪酬的比例维持在30%～50%区间,具有较大的浮动空间,这种向高绩效者倾斜的分配机制有利于提升办学效率并优化工资成本结构。

(3) 促进优秀团队建设,增强组织凝聚力

绩效工资制度将激励机制有机融入学校发展战略目标、团队建设目标与个人发展目标之中,通过强化团队协作和学校文化建设,提升了激励效能和组织凝聚。

2. 岗位绩效工资的主要内容和特点

根据人事部、财政部联合颁布的《事业单位工作人员收入分配制度改革方案》(国人部发〔2006〕56号),我国高职院校建立了新型的收入分配制度框架,该制度由岗位工资、薪级工资、绩效工资和津补贴四个结构性部分组成。基本工资体系由岗位工资和薪级工资组成,而绩效工资与津补贴则作为补充性薪酬的组成部分。设计岗位薪酬结构时,主要参考岗位的职责与需求,坚持"一岗一薪、岗变薪变"的原则。高职院校按专业技术岗、管理岗和工勤技能岗进行岗位分类设置,按教职工所聘任的具体岗位执行相应的岗位工资标准;薪级工资制度则着重体现教职工的工作表现和职业资历积累,针对不同岗位类别设置了差异化的薪级体系,专业技术人员和管理人员实行65级薪级制,工勤技能人员采用40级薪级制,每个薪级对应特定的工资标准,各岗位类别设有不同的起薪点,工作人员的具体薪级根据其工作表现、任职资历及所聘岗位等因素综合确定;绩效工资制度作为改革的重要创新点,旨在强化对工作人员实际工作业绩和贡献度的激励,该制度的实施标志着事业

单位薪酬体系的重大变革,将原有的年终一次性奖金制度整合纳入绩效工资范畴,实现了激励机制的体系化和规范化。这种结构性改革优化了高校薪酬结构,并为构建科学合理的薪酬分配制度打下了基础。

高职院校岗位绩效工资制度有以下特点。

(1)薪酬分配机制改革通过精简工资单元、优化工资结构,显著提升了工资体系的调节效能

在维持工资总量不变的前提下,通过科学设置和划分工资单元,重点提高岗位工资的比重,有效解决了原有体系中岗位工资占比偏低、激励力度不足、岗位流动导向作用弱化等问题,这一改革举措也缓解了岗位职责与技能要求相脱节的矛盾,进一步强化了薪酬体系的激励功能和调节作用,为建立科学合理的收入分配机制奠定了基础。

(2)改革引入市场化机制,确立以劳动力市场价位为导向的薪酬分配原则,强化了市场机制在资源配置中的基础性作用

通过科学构建岗位评价体系,合理设定各报酬要素及其权重系数,实现了薪酬分配向技术岗位和管理岗位等关键岗位的适度倾斜。通过调整一般性、重复性劳动岗位的等级设置,在岗位职级体系中形成了合理的薪酬梯度。高职院校实施具有差异性的薪酬体系,不仅有助于保持技术精英和管理团队的稳定性,还能促进人力资源的高效配置。通过构建一个有效的激励体系,可以激励教职工不断提高他们的专业技能和工作效率。

(3)绩效工资制度建立了教职工薪酬增长与学校事业发展效益的联动机制,形成了紧密的利益共同体

高职院校的办学效益与教学质量、社会声誉等核心指标密切相关,优质的教学质量能够提升学校声誉,保障生源稳定并拓展创收渠道,进而为教职工薪酬增长提供物质基础。这种制度设计将个人利益与组织发展有机结合,有效激发了教职工的工作积极性和主动性,促使其最大限度地发挥专业潜能,提升工作绩效。

(4)改革建立了分级管理的工资管理体制,赋予事业单位更大的薪酬分配自主权

在上级主管部门核定的绩效工资总量范围内,高职院校可根据自身特点和实际需求,灵活采用多样化的分配形式和实施方案,自主确定绩效工资的具体分配方案。这种弹性化的管理机制不仅增强了高职院校的办学活力,也为建立符合高等职业教育特点的薪酬体系提供了制度保障,有利于推动高职院校人事管理制度改革的深化发展。

(四)高职院校薪酬制度改革实例

1. 浙江经济职业技术学院"1+3"绩效工资改革实践

随着国家对职业教育的重视程度不断提高,职业教育迎来了新的发展机遇,对高职院校的办学质量和人才培养水平提出了更高要求。在此背景下,浙江经济职业技术学院为了进一步深化人事制度改革,推进岗位绩效工资制度改革探索,出台了"1+3"绩效工资改革方案。该方案旨在建立以岗位绩效和实际贡献为导向的校院两级分配制度,通过完善绩效工资分配机制,充分调动广大教职工的积极性、主动性和创造性,激发教师团队的发展内生动力,从而提高学校的整体办学水平和人才培养质量,更好地适应职业教育发展的新形势和新要求。

"1+3"绩效工资改革方案中的"1"是指"工资分配改革实施办法",是整个改革的总纲,明确了绩效工资改革的总体方向和基本框架;"3"则包括"非教学部门绩效工资分配办法""教学部门绩效工资分配指导意见""特殊情形工资分配处置办法"三个具体实施办法。具体来说改革内容涵盖了以下几个方面。

(1)完善绩效工资结构

将绩效工资分为基础性绩效工资和奖励性绩效工资两部分,基础性绩效工资主要体现地区经济发展、物价水平、岗位职责等因素,由基本生活补贴、岗位津贴、工龄补贴等组成;奖励性绩效工资则根据教职工的工作业绩、贡献大小进行分配,与教职工的工作表现紧密挂钩。

(2)明确分配权限和方式

学校层面制定统一的分配原则和标准,各二级单位根据自身实际情况,在学校规定的框架内制定具体的分配细则,实现校院两级分配管理。对于非教学部门,重点考核其管理服务绩效;对于教学部门,重点考核其教学成果、科研业绩等方面的业绩。

(3)建立考核评价机制

构建科学合理的绩效考核评价体系,将师德师风、教育教学实绩作为教师考核的主要依据,采用"定量+定性"考核评价机制,坚持过程考核和成果考核相结合,定期开展评估诊断,实行动态预警机制,强化考评结果运用,发挥激励作用。

(4)处理特殊情形

针对访学、脱产读博、下企业实践锻炼、公派出国(出境)留学人员等特殊情形的人员,学校制定了相应的绩效工资分配办法,确保绩效工资分配的公平性和合理性。

浙江经济职业技术学院通过建立以岗位绩效和实际贡献为导向的分配机制，有效激发了教职工的工作积极性和创造性，使广大教师更加注重自身业务能力的提升和工作业绩的创造，促进了教学质量的提升，教师们更加积极地投入教学改革和课程建设中，学校的教学成果在数量和质量上都有了明显提高。改革还增强了学校的凝聚力和向心力，教职工对学校的认同感和归属感进一步增强，学校的整体发展氛围更加和谐，为学校的可持续发展奠定了坚实基础。

2. 广东机电职业技术学院薪酬制度改革实践

广东机电职业技术学院始终坚持全面贯彻党的教育方针，落实立德树人根本任务，进一步深化校内人事分配制度改革，逐步建立与岗位聘任制相适应的薪酬分配制度，以调动广大教职工的积极性和创造性，不断提高教育教学质量、科研水平和管理水平，充分激活教师队伍活力，努力打造一支师德高尚、技艺精湛、专兼结合、充满活力的高素质、高水平"双师"教师队伍。

（1）做好顶层总量控制，完善配套制度建设

在上级核定的绩效总量空间内，严格执行政治纪律和薪酬分配纪律，建立相对扁平化的绩效分配体系。绩效分配向一线教师倾斜，用较好薪酬激励一流业绩，着力打造"重绩效、促成长"为导向的绩效工资分配制度，2019年出台了《广东机电职业技术学院事业编制人员校内绩效工资分配方案》，通过绩效分配政策改革激励引导教师更加关注工作绩效和实际贡献。2021年出台了《广东机电职业技术学院"双高计划"建设绩效发放办法》《广东机电职业技术学院国家级高水平业绩成果激励措施》，2022年修订了《广东机电职业技术学院培训工作管理规定》《广东机电职业技术学院教科研成果奖励办法》，不断加大对重大建设项目、竞赛、培训、高水平教科研成果和省级及以上教育教学改革项目等突出业绩的激励力度，让教师通过参与学校的重点工作，创造业绩，提升绩效，实现成长。

（2）激励优先保障基础，重点向一线教师倾斜

学校薪酬改革立足基础保障层面，确保薪酬体系的公平性与合理性。一是经费保障。学校每年年度预算统筹发展需要和保障人员经费支出，通过合理的预算编制和严格的预算执行，确保教职工的收入相对稳定，增强教职工归属感和信任感。二是完善校内绩效工资分配制度，重点向一线教师倾斜。设立由月绩效考核工资、年终绩效考核工资、安全责任绩效、特殊岗位绩效构成的工资体系，绩效分配时向业绩突出的一线教师倾斜，确保教师的付出得到充分的回报，一线教师收入水

平比其他同级别人员总体高出10%,增强教师的获得感和满意度,学校薪酬改革亦充分发挥了薪酬绩效引导激励功能。三是设立专项绩效、加大二次分配力度。学校设立"双高计划"建设、国家级高水平业绩成果激励等专项工作绩效,并不断加大二级部门二次分配力度,以成果和工作过程为导向,激励引导教师将精力转移到学校中心工作和人才培养上,不断提高教师的积极性和创造性,对教师的成长发挥明确的指引和导向作用,给二级部门赋权赋能,推动各二级部门主动作为,促进学校整体办学水平的提升。四是实施绩效奖金改革。2022年学校出台《广东机电职业技术学院绩效奖金发放办法》,按政策将基础绩效奖的60%按月发放,其余40%分别由学校统筹10%、二级部门统筹30%。学院统筹部分主要用于专项工作激励和教科研奖励,重点考虑"国家级高水平成果激励""创新强校考核""教科研奖励"等方面取得突出成果的一线教师;二级部门统筹部分由各二级部门以绩效优先为导向的原则制定内部分配方案,分配时向二级部门各项重点项目、重点工作、重点专业建设、团队建设、"双高计划"及省级标志性成果等倾斜。五是人才激励。2022年学校出台《广东机电职业技术学院"机电英才百人计划"实施方案》,对引进的青年博士给予享受三年副高待遇,设立科研启动费、安家补助费、特殊岗位绩效等一系列机电英才引培优惠政策,着力打造一支具有国际视野、行业影响力和工匠精神的一流师资队伍。

绩效工资改革后,教职工的工作积极性和创造性得到了极大提升,促进了教学质量的提高和科研成果的增加。教职工更加注重个人业绩和贡献,形成了良好的竞争氛围,有利于学校吸引和留住优秀人才,稳定教师队伍。绩效工资改革还增强了学校的整体办学实力,推动了学校在教育教学、科研创新和社会服务等方面的发展,为实现学校的长远发展目标奠定了坚实基础。

四、准入制度改革

(一) 高职院校教师资格制度

在我国,教师资格制度按照教育阶段的不同,细分为幼儿教师资格、中小学教师资格、中等职业学校教师资格以及高校教师资格。各类资格的主管部门存在差异,其中幼儿教师、中小学教师及中等职业学校教师资格由全国统一组织认证,而高等学校教师资格的认定则由省、自治区、直辖市教育行政部门或由其委托高校负责。高职院校作为高等学校的重要组成部分,其教师资格认定执行高校教师资格认定管理制度。

1. 申请主体

现行高职院校教师资格认定遵循"先入职后认证"的逆向准入模式,申请主体限定为已在岗教师群体,暂不向社会大众广泛开放。要求申请者与高职院校签订正式聘用合同,并在教学岗位履职满12个月后方具备申报资格。

2. 认定标准

教师资格证是教师从事教育教学工作的基本要求,对于高职院校教师而言,其认定标准不仅关乎教学质量,也影响着师资队伍的专业化发展。

(1) 思想品德条件

申请人需拥护中国共产党的领导,热爱社会主义祖国,坚持党的基本路线,具备良好的政治素质和道德品质,遵守宪法和法律,热爱教育事业,履行《中华人民共和国教师法》规定的义务,遵守教师职业道德。

(2) 学历条件

申请人应具备研究生或大学本科毕业学历,所持学历需为教育部认可的学历,包括自学考试、业余大学、夜大、成人高校(含全日制)、网络学校(函授)等,以及经国家相关部门认定的港澳台学历和国外同等学历。

(3) 身体条件

申请人需有良好的身体素质和心理素质,无传染病,无精神病史,能适应教育教学工作。

(4) 普通话水平

普通话水平应达到国家语言文字工作委员会颁布的《普通话水平测试等级标准(试行)》二级乙等及以上标准。

(5) 教育学、心理学及教育教学能力测试要求

非师范教育类专业本科及以上毕业人员申请认定高职院校教师资格,须提供与师范教育类专业本科同等要求的教育学、心理学课程补修合格证书,并参加学校组织的教育教学能力测试且成绩合格。高职院校岗前培训的高等教育学、高等教育心理学和教研实习成绩在教师资格认定中的使用按相关规定执行。高职院校拟聘任教授、副教授或有博士学位的人员申请认定高职院校教师资格,对普通话测试和教育教学能力测试不作要求。

3. 考核内容

目前,高职院校教师申请教师资格认定按照"笔试+试讲+体检"三维考核模

式执行。笔试环节主要考查申请者是否掌握教育学和心理学基础知识,考查内容包括《高等教育学》《高等教育心理学》《高等学校教师职业道德规范》及与教师相关的法律法规课程(师范教育类专业毕业生可以免去该笔试环节);试讲环节主要考查申请者的教学构思和表达能力,主要通过讲课形式进行(师范教育类专业毕业生可以免去试讲环节);体检环节主要考查申请者是否身体健康,是否满足教师岗位对从业者身体的要求。

4. 有效期限

目前我国高职院校教师资格未明确规定有效期限,实际实行终身制,这种管理方式在一定程度上有助于保持高职院校教师队伍的稳定性,为教师提供了长期从教的制度保障。但其弊端亦不容忽视,教师资格终身制可能在一定程度上削弱了教师自我学习和提升的动力,进而影响高校等部门举办的教师继续教育和在职培训的有效实施,不利于教师专业素养的持续提升和教育质量的保障。此外,这种制度还会造成不合格教师退出难度增加,使得及时吊销其教学资格的流程变得复杂。

5. 制度局限性及改进方向

这种制度设计具有双重特性:一方面保障高职院校用人自主权,允许根据专业需求灵活引进企业技术人才;另一方面通过资格认证倒逼教师职业能力提升。但这种制度设计存在显著的结构性矛盾:其一,前置性能力评估缺失导致用人风险,部分非师范背景教师难以快速适应教学要求;其二,企业技术骨干因认证程序限制难以及时补充师资缺口;其三,认定制度无法体现职业教育特点。

根据以上局限性,现行高职院校教师资格认定政策应进行职教特色化改造,形成"四维一体"认证标准体系。

(1) 教育背景条件

除国家规定的本科及以上学历基准线,增设替代性准入条件:具有高级职业资格证书且具备5年以上企业技术岗位经历者,学历要求可放宽至专科层次。重点专业领域(如智能制造、数字技术)要求申请者持有行业权威认证证书,实现"学历证书+职业资格证书"双证互通。

(2) 专业能力标准

构建理论教学与实践指导的"双核能力"评估框架:理论维度要求掌握专业领域最新技术标准与行业规范;实践维度强调设备操作能力与技术创新能力。特殊专业增设应急处理与安全规范考核,将1+X证书标准体系纳入能力评价考核指标,确保教师能力与岗位标准精准对接。

(3) 教学素养标准

强化职业教育方法论要求,重点考核项目化课程开发能力、工学结合教学设计能力、技能竞赛指导能力。将产教融合项目实施成效纳入观测指标,要求教师具备将企业真实项目转化为教学案例的转化能力,以及校企协同开发教学资源的能力。

(4) 职业道德标准

在传统师德规范基础上,增加职业教育特质要求:将工匠精神培育纳入师德评价体系,强调技术保密意识与安全生产规范,建立包含技术泄密、违规操作等行为的负面清单制度。实施师德承诺与信用管理制度,将职业道德表现与资格复审直接挂钩。

(二) 高职院校教师准入条件

高职院校教师准入制度植根于国家职业教育政策框架,以《教师资格条例》为核心规范,形成"资格准入+岗位适配"的双层筛选机制。高职院校教师准入条件由基础性要求与发展性标准共同构成,形成四维评价体系。

1. 教育背景维度

高职院校执行国家统一规定的本科及以上学历基准,特殊专业(如传统工艺、非遗传承)可放宽至专科层次。高职院校引入"学历证书+职业资格证书"双证互通机制,对持有高级职业资格证书(如高级工程师、技师)且具备5年以上企业经历者实行学历破格政策。近年来,重点专业领域逐步要求教师持有行业权威认证(如华为HCIA、ABB认证),推动准入标准与产业技术发展同步。

2. 专业能力维度

构建理论教学与实践指导的"双核能力"评估框架:理论维度要求系统掌握专业领域知识体系,能够对接最新技术标准;实践维度强调设备操作、工艺改进等技术应用能力。在装备制造、信息技术等专业增设智能设备运维、数字技术应用等新兴能力指标,将"1+X"证书标准体系纳入准入考核内容,确保教师能力与岗位需求精准匹配。

3. 教学素养维度

强化职业教育方法论要求,重点考察项目化课程开发能力、工学结合教学设计能力、技能竞赛指导能力。准入评估设置"三个转化"观测点:将企业生产流程转化为教学流程的能力;将技术标准转化为课程标准的能力;将企业真实案例转化为教学项目的能力。要求教师具备开发活页式教材、工作手册式指南等新型教学资源的技术整合能力。

4. 职业道德维度

在传统师德规范基础上,增加职业教育特质要求:将工匠精神培育纳入准入评估体系,强调技术保密意识与安全生产规范。建立包含技术泄密、违规操作等行为的负面清单制度,实施师德承诺与信用管理制度,将职业道德表现与准入资格直接挂钩。

(三) 高职院校教师准入考核流程

高职院校教师准入考核流程遵循"资格审查-专业评估-综合认定"的三阶递进模式,形成覆盖资质审核、能力测评、健康适配的完整评估链条。现行流程具有三个制度特性:其一,实施"院校初审＋行政部门终审"的双层审核机制,保障程序规范性;其二,构建"笔试＋试讲＋实操"的复合评估体系,突出职教特色;其三,建立动态调整机制,通过五年周期复审保持考核标准时效性。这种流程设计在保障师资基本素质的同时,逐步强化产教融合导向,但在智能化转型背景下亟待优化升级。准入考核流程由六大核心环节构成,形成闭环管理体系。

1. 资格预审环节

高职院校人事部门依据《教师资格条例》进行形式审查,重点审核学历证书、职称证明、工作经历等基础要件。建立"三查三核"机制:一查学历真实性,二查职业资格有效性,三查无犯罪记录;一核专业对口度,二核年龄适配性,三核师德承诺书。

2. 专业知识笔试

笔试内容涵盖四大模块:①职业教育学基础(现代职教体系、课程开发理论);②专业技术标准(行业规范、工艺规程、安全操作);③教育政策法规(职教法、校企合作条例);④技术伦理规范(知识产权、数据安全)。一般采用标准化命题与机器阅卷相结合的方式,确保考核客观性。对持有行业权威认证者实行模块免试政策,推动学历证书与职业资格证书等效互认。

3. 教学能力测试

教学能力测试应实施"三阶五维"评估模型。三阶包括:①教学设计阶段,完成基于典型工作任务的课程开发方案;②课堂实施阶段,进行45分钟单元教学演示;③实践指导阶段,在实训基地开展设备操作指导。五维包括:目标定位准确性、内容适配性、方法创新性、技术规范性、育人成效性。

4. 技术实操考核

在产教融合实训平台开展情境化评估,完成指定工艺的加工制造,诊断并解决预设技术问题,将企业案例改造为教学项目。建立"过程录像＋成果展示"的双重评价方式,该方式重点考察技术应用能力与教学转化能力。

5. 职业适应性检测

实施分类体检标准:①常规岗位执行国家教师资格体检通用标准;②特殊岗位(如烹饪、护理)增设职业病筛查;③高龄申请者(45岁以上)增加岗位耐力测试,引入心理测评系统,评估压力应对能力、团队协作能力等职业素养。

6. 综合评审环节

组建由高职院校领导、专业带头人、企业专家构成的评审委员会,实施"三审三议"制度:一审教学能力档案,二审技术实操记录,三审师德承诺履行情况。建立量化评分矩阵,将笔试、教学测试、实操、体检加权计算,总分低于70分者不予准入。

(四)高职院校教师准入考核存在的问题

当前高职院校教师准入考核体系仍沿袭普通本科院校评价范式,与职业教育类型化发展需求存在结构性错位。

1. 考核标准模糊化

部分高职院校在准入考核中仍沿用传统高校的"学历＋论文"模式,未能充分量化"双师型"教师的核心能力指标。例如,部分岗位仅要求"具备中级职称或职业资格证书",却未明确区分行业技术等级证书与通用技能证书的权重差异,导致考核结果无法精准匹配岗位需求。

2. 实践能力验证缺失

现行考核流程中,实践能力评估多停留在材料审核阶段,缺乏真实场景的动态考核机制。兼职教师的行业经验验证存在"重履历轻实操"现象,部分申请者通过包装项目经历即可通过审核,却无法在实际教学中有效转化行业经验。

3. 多元评价主体缺位

多数院校仍以人事部门和学科带头人为主导,行业企业参与度不足15％。这种"校内闭环"考核模式导致评价视角单一,难以识别教师是否具备解决生产实际问题的能力。例如,机械制造类教师的数控加工能力考核,若无企业技术骨干参与,可能无法准确判断其技术规范性。

4. 动态跟踪机制薄弱

一次性考核通过后缺乏持续性评估,部分教师入职后出现"能力断崖"现象。据统计,约23%的新入职专任教师在首年教学中暴露出理论与实践脱节问题,但院校缺乏基于教学成果的反向优化机制。

(五)高职院校教师准入考核创新举措

1. 构建分层分类考核指标体系

针对专业教师、实训导师、产业教授等不同岗位,分别设置学术能力、技术技能、教学转化等差异化指标权重。在专任教师准入考核中建立"3+5+2"考核模型,即30%考察学术成果(核心论文、教材编写)、50%考核实践能力(企业项目经历、技术革新成果)、20%评估教学转化能力(课程设计、实训指导案例);面向产业教授准入考核推行"金三角"评价法,将行业影响力(技术专利、标准制定参与度)、教学转化力(案例库建设贡献)、学生获得感(实践课程满意度)作为核心指标,权重分别为40%、35%、25%。

2. 实施"双场景"考核模式

校内仿真考核,利用虚拟工厂/实训中心进行岗位技能实操测试,如护理专业教师需完成标准化病人护理全流程考核,成绩占比不低于40%;企业驻点评估,要求教师提供近3年参与企业真实项目的详细报告,考核小组实地核查其技术应用深度,建立"项目复盘"机制。

3. 建立"三方共建"评价机制

组建由院校教学督导、行业技术专家、企业人力资源代表构成的考核委员会,实行"背靠背打分+交叉复核"制度。例如,智能制造岗位教师考核中,企业代表对实践能力的评分权重提升至60%,确保考核结果与产业需求高度契合。

4. 构建全周期能力验证体系

入职前建立"试用期项目制",要求新教师在入职首月完成1个校企合作微课开发任务;入职后实施"教学成果积分制",将指导学生技能大赛获奖、横向课题到账经费等转化为量化积分,与岗位续聘挂钩;发展期推行"能力进阶地图",为教师规划从"基础型双师"到"创新型工匠之师"的成长路径,每两年进行能力复核。

5. 构建实施保障体系

高职院校教师准入考核的各项举措要想获得良好效果,需要学校构建一套完善的实施保障体系。一是技术赋能考核流程,建立教师准入数字化平台,嵌入 AI 课堂观察系统自动分析教学行为,利用区块链技术存证企业项目经历,确保考核数据不可篡改;二是建立申诉仲裁机制,设立教师准入争议处理委员会,对考核结果有异议者可在 3 个工作日内申请复核,复核流程引入第三方教育评估机构参与;三是强化结果应用导向,将准入考核数据与教师发展中心对接,形成"考核-诊断-培训-再考核"的闭环管理。对考核中暴露的共性问题,针对性设计年度师资培训项目。

(六)高职院校教师准入制度实践探索

当前,高职院校教师资格认定主要由各省市教育主管部门组织实施,仅考察教师教育教学能力,并未对实践动手能力进行考核,这与目前高职教育的人才培养工作需求有一定差距。基于此,广东机电职业技术学院紧跟职业教育发展步伐,开展高职教育教师资格认定,实施理论教学和实践动手能力双重考核,渗透企业实践锻炼任务和职教能力提升培训任务,全方位提升教师职业教育从教能力,学院要求全体任课教师必须"持证上岗",从制度上引导教师成长为"双师型"教师,服务于职业教育高质量人才培养需要。

1. 高职教育教师资格认定制度实施目的

(1)理实并举,打造高水平"双师型"队伍

当前高职院校教师队伍中,有两类教师存在能力素质无法满足高职教育的需要:一类是从学校应届毕业后进入职业院校的教师,普遍存在未接受过系统的师范教育、实践经历较少、教育教学能力和实践动手能力欠缺等问题;二类是从行业企业引进的教师,存在学历层次不高、专业理论水平不足、教育教学能力不强等问题。通过建立高职教育教师资格认定制度,要求上讲台的教师必须通过教育教学能力和实践动手能力双重考核,理实并举,提升教师的理论教学能力和实践动手能力,满足高水平"双师型"教师队伍建设的需要。

(2)激发热情,提升教师内生发展动力

长期以来,学校由于地位的特殊性,教师队伍各方面待遇保障相对较为完善,且鲜有辞退情况,因此部分教师在步入工作岗位后逐渐丧失"斗志",长期秉持着"不求有功,但求无过"的懈怠思想,工作上得过且过,仅满足于"按时上课、按时下课",且所教授的知识多年没有更新,严重与时代脱节,导致培养出的学生难以适应社会需求。基于以上问题,学院要求所有任课教师必须持有高职教育教师资格证,

获证后每 5 年必须完成半年的企业实践锻炼和不少于 10 天的职教能力提升专项培训,引导教师不断更新专业知识,提升专业技能水平。

(3) 奖惩结合,确保认证制度落地有效

以往出台的大部分文件中并未将高职教师资格证的获取与收入分配制度挂钩,存在制度漏洞,高职教育教师资格证书的出台在一定程度上弥补了这个漏洞,新制度规定在校内从事教育教学工作的教师必须要在规定的期限内取得高职教育教师资格证,逾期未取得的将相应扣减课时津贴或暂停授课资格,若教师希望在校内继续授课,必须获得高职教育教师资格证。取得高职教育教师资格认证后的教师基本符合"双师型"教师的认定标准,学院在薪酬分配制度上对"双师型"教师有增加课酬标准的激励政策,这也会激发教师的"拿证"热情。

2. 高职教育教师资格认定内容

高职教育教师资格认定的前提是教师并未违反师德师风制度,且须同时满足基本条件、教育教学能力条件以及实践能力条件。

(1) 基本条件

主要对申请者的学历、高等教育学和高等教育心理学课程学习以及教学经历等进行了规定。分类设置不同申请标准,基本条件必须符合,否则不予认定。

(2) 教育教学能力条件

设置了三项具体条件,满足其中一项即可。一是以高职教育教学经历认定;二是通过学院组织的教育教学能力测评认定(该测评主要分为两部分内容,分别为"课堂教学设计"与"课堂讲授");三是对已经在教学领域取得突出成果的教师(如教学名师、专业带头人、校级以上精品类课程负责人、教学能力比赛获奖人、教学成果奖获奖人等)直接认定。

(3) 实践能力条件

共设置了多项具体条件,申请者满足其中一项即可。例如:有 2 年以上企业工作经历;取得与本专业有关的技能等级证书、职业资格证书、行业职称证书;主持横向课题并取得相关经费;本人或指导学生获得与专业相关的技能大赛并取得奖项;取得相关专利或国家级、省级技能人才认定等。

3. 高职教育教师资格证管理

高职教育教师资格证有效期为 5 年,到期后需要通过考核方可续期 5 年;证书有效期内必须完成半年以上企业实践锻炼及不少于 10 天的职教培训;未按学院要求完成考核续期的,按 80% 核发课时津贴或者暂停授课资格;对违反师德行为,查实后立即吊销其高职教育教师资格证。

五、绩效考核制度改革

（一）当前高职院校教师绩效考核遵循的一般流程

绩效考核要遵循规范流程，我国高职院校教师绩效考核主要按照图 3-1 所示流程进行。

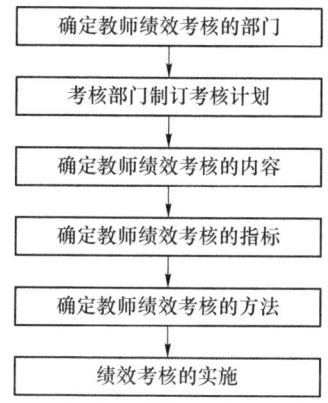

图 3-1　高职院校教师绩效考核流程图

1. 确定教师绩效考核的部门

有些高职院校是成立独立的绩效考核委员会，有些高职院校则是有非独立的绩效考核部门进行。教师绩效考核部门会对教师的工作岗位进行分析，进而制订考核指标，选取适当的考核方法并准备受理教师绩效考核中的有关申诉。当前大多数高职院校教师绩效考核是由学校组织人事部门安排实施。

2. 考核部门制订考核计划

确定了考核部门以后，由考核部门制订考核计划，绩效考核的计划主要包括将有关考核的信息予以公布，对考核方案及政策进行宣传动员，考核者与被考核者对考核做相关的准备工作，做好工作之间的衔接。

3. 确定教师绩效考核的内容

考核部门制订的绩效考核计划必须包括全面、详细的绩效考核内容。绩效考核内容的确定十分重要，这一步骤直接关系到确定哪些绩效考核的指标，只有确定了考核内容,才能将指标进行分解。从当前高职院校教师绩效考核实践来看,考核内容大致分为以下两类:按职能可划分为教学、人才培养、科研、社会服务等;按考核内容可划分为"德、能、勤、绩、廉"。

4. 确定教师绩效考核的指标

绩效考核的核心在于确定绩效考核的指标,只有确定了绩效考核的指标,才能将绩效考核落到实处,绩效考核指标的确立包括了指标的内容、指标的分级、各级指标的权重、关键指标的确定等方面。

5. 确定教师绩效考核的方法

绩效考核的内容与指标都确定了以后,选择什么样的考核方法最为适当就是最重要的问题了。在高职院校教师绩效考核中,常见的绩效考核方法包括:关键指标法和强制分布法。而对于管理人员的评估,通常采用360度考核和目标管理法。平衡计分卡和360度考核也是广泛使用的绩效评估工具。

6. 绩效考核的实施

绩效考核的实施是在考核计划、考核指标、考核方法确定以后,考核者对被考核者目标的完成情况进行的评价和分析。绩效考核的实施是一个广泛的信息收集与反馈的过程,考核主体在此过程中应该广泛、客观全面地收集信息。在切实了解本单位的实情后,考核部门可以开展月度、季度、半年和年度考核。

(二)当前高职院校教师绩效考核内容分析

"德、能、勤、绩、廉"是现阶段高职院校绩效考核的主要内容,各高职院校根据定位与发展阶段的差异调整侧重点。

1. "德"的考核维度

(1) 政治表现

坚持正确的政治方向是对高职院校教师的首要要求,高职院校对教师政治表现方面的考核,实行一票否决制,即只要政治表现被评定为不合格,教师本人在该考核周期内就被评定为不合格。此处提及的政治表现,指的是高职院校教师是否坚持党的路线方针政策,职业活动中是否保持正确政治立场。

(2) 思想道德表现

高职院校教师承担着为国家、社会培养高素质技术技能型人才的任务,高职院校教师自身必须具有良好的思想道德品质。这些道德素质集中体现在:是否热爱教师工作;对学生是否做了良好的指导;是否具有高尚的道德情操。

(3) 职业道德表现

高职院校作为高素质技术技能人才培养的重要载体,必然对教师职业道德有比较高的要求,高职院校教师职业道德包括:终身学习、为人师表、爱岗敬业、关爱学生等。

2. "能"的考核维度

"能"主要是指做好本职工作的能力,包括专业水平、工作能力和身体素质等。

(1) 专业水平

高职院校教师都具有很强的专业技能,专业水平的高低显示着教师在本专业领域内的能力和水平。

(2) 工作能力

重点考核高职院校教师在实际工作中的教学、科研和社会服务能力。

(3) 身体素质

高职院校教师应具备符合岗位要求的身体条件。

3. "勤"的考核维度

"勤"就是工作的勤奋程度,体现教师的工作态度和敬业精神,通过出勤率、教学准备和工作投入程度进行评估。教师应严格遵守学校作息,按时完成备课、授课、批改作业及指导实习等任务,杜绝迟到、早退或擅自调课现象。高职院校鼓励教师积极参与课程建设、专业认证及社会服务等工作,对主动承担额外教学任务或指导学生竞赛的行为给予加分。考核小组会通过教学日志和同行评价,判断教师是否在教学过程中保持足够的耐心和责任心。

4. "绩"的考核维度

"绩"就是高职院校教师完成工作的成果和实际业绩,是衡量教师工作成果的核心指标,包括教学效果、科研成果及社会服务成效。教学方面教师需维持较高的课堂满意度,所教班级的考证通过率应超过同类院校平均水平,且能指导学生在省级及以上技能竞赛中获奖。科研上教师需完成学校规定的论文发表、课题立项或专利申请任务,横向课题到账经费可作为重要加分项。社会服务成果则体现在参与校企合作项目、行业培训或技术推广的频次与质量,要求教师每年至少完成1项服务地方经济的实绩。

5. "廉"的考核维度

"廉"就是高职院校教师廉洁从教要求,考察教师是否廉洁自律,严格遵守教育收费规定和经费使用规范。教师不得以任何形式收受学生或家长礼品礼金,禁止利用教学资源谋取私利。在经费管理中,教师需如实报销教学用品、实训耗材等费用,杜绝虚报冒领行为。考核时会抽查教师的财务报销记录,并通过学生评教和同行监督,判断教师在实习安排、成绩评定等环节是否存在不廉洁行为。对于违反廉洁规定的教师,实行"一票否决制",取消当年评优资格并依规处理。

(三) 我国高职院校教师绩效考核遵循的周期

高职院校教师绩效考核周期遵循"短期监控与长期发展"相结合的原则,形成自然年、学年、聘期三维联动的评估体系。自然年周期以公历年度为基准,侧重财务预算与行政管理的协同;学年周期对接教学运行规律,聚焦教学任务完成质量;聘期周期匹配岗位聘任制度,关注教师职业发展持续性。三种周期模式构成"点-线-面"结合的评估网络,既满足即时管理需求,又保障师资队伍建设的战略导向。

1. 自然年周期的制度逻辑

自然年考核以财政年度为基准,便于院校统筹资源配置与绩效分配。其优势体现在三方面:与国家事业单位考核体系无缝对接;与职称评审、岗位聘任等管理节点同步;便于开展横向校际比较。但存在与教学周期错位的结构性矛盾:学期跨越年度导致教学成果割裂;科研项目周期与考核时段不匹配;技能竞赛指导等长期性工作难以完整评估。

2. 学年周期的教学适配性

学年考核契合教育规律,形成"9月规划-12月中期检查-6月总结"的闭环管理。其核心价值在于:完整覆盖人才培养全过程,精准评估课程建设成效;有效对接学生学业评价体系,实现教与学的双向反馈;合理规避假期对考核连续性的干扰。但面临三大挑战:跨年度科研项目的中期评估标准模糊;暑期企业实践成果的计量困难;考核结果应用与人事调整的时序冲突。

3. 聘期周期的战略导向

聘期考核周期通常设定为3～5年,对应院校发展规划的关键阶段。其制度优势在于:支持教师制订中长期发展计划,鼓励重大成果攻关;促进师资队伍结构优化,保持岗位流动性;衔接人才引进与培养的战略目标。实践中的主要矛盾体现在:考核指标动态调整机制缺失,难以适应产业技术快速变革;长期激励与短期约束不平衡;跨聘期成果的追溯认定标准不清。

4. 年度考核与聘期考核的协同策略

建立"年度考核保基本、聘期考核促发展"的双层架构。年度考核侧重过程管理,决定绩效工资分配;聘期考核聚焦战略目标,影响岗位续聘与职级晋升;设置30%的交叉权重,实现短期成果与长期贡献的均衡评估。开发"四维映射"模型:将聘期目标分解为年度里程碑节点,年度重点任务对接聘期发展方向,建立未达标指标的滚动累积机制,设置聘期中期诊断性评估环节。实施"三挂钩"政策:年度优秀等次作为聘期晋升的必要条件,连续两年基本合格启动聘期预警程序,聘期考核优秀享受下周期弹性考核待遇。

(四)我国高职院校教师绩效考核遵循的原则

1. 德能并重的价值导向原则

高职院校教师绩效考核体系应确立"德为魂、能为骨"的核心理念,构建思想政治素养与专业能力协同发展的评价框架。在能力维度,重点考核教学实施能力、技术转化能力与科研创新能力,形成包含课程开发质量、企业服务实效、技术专利产出的三级指标。通过同行评议、学生评教、行业认证等多元评估方式,客观衡量教师对职业教育发展的实质贡献。在品德维度,建立包含政治立场、师德规范、职业操守的三维评价模型,将课程思政实施成效、学生成长指导记录、廉洁从教表现纳入关键观测点。

高职院校需建立动态平衡机制:在考核权重分配上,师德评价实行一票否决制,专业能力指标占比不低于70%;在结果应用上,设置师德表现与职称晋升的强关联机制;在发展导向上,将师德培训纳入教师继续教育必修模块。通过构建"能力发展促进师德提升,师德建设引领能力进步"的共生机制,实现职业素养的螺旋式上升。

2. 统一规范与分类指导的协同原则

教师绩效考核需贯彻"国家标准保底线,院校特色促发展"的实施策略。在国家层面,严格执行《中华人民共和国职业教育法》《事业单位人事管理条例》等确立的考核基准框架,确保教学工作量、科研成果、社会服务等核心指标的规范统一。在院校层面,依据专业群特征制定差异化实施细则:工程技术类专业侧重技术研发能力考核,现代服务类专业强化实践教学成效评价,文化艺术类专业注重非遗传承创新贡献。建立"三维分类"管理体系:按岗位性质划分教学为主型、科研为主型、教学科研并重型发展通道;按职业阶段设定新教师、骨干教师、专家教师的进阶标准;按专业特征制定装备制造类、信息技术类、民生服务类等考核指标。通过构建"国家有规范、区域有特色、院校有创新"的分级管理体系,实现统一性与灵活性的动态平衡。

3. 定量与定性的融合评价原则

构建"数据支撑、质性补充"的复合评价模型。定量评估聚焦可观测、可量化的显性指标:教学维度设置标准课时当量、学生技能竞赛获奖系数;科研维度测算横向课题经费贡献值、技术专利转化率;服务维度统计企业培训人次、技术攻关项目数。定性评估关注过程性、发展性要素:通过教学督导的课堂观察记录分析教学设计创新度;借助行业专家的技术评估报告衡量实践指导有效性;依托教师发展档案追踪专业成长轨迹。实施"双轨并行"的权重分配机制:基础性工作(教学常规、科研基本产出)采用定量考核(占比60%);发展性工作(课程改革、技术研发)侧重质性评估(占比40%)。建立智能评价系统,运用自然语言处理技术分析教学反思日志,通过大数据挖掘识别隐性贡献,实现量化数据与质性评价的深度融合。

4. 程序正义与结果公正的保障原则

构建"阳光考核"的透明化运行机制。在制度设计层面,制定包含核心要素的《考核规程白皮书》,明确指标构成、流程节点、申诉渠道。在过程实施层面,推行"三公示"制度:考核方案需经教代会审议公示,评估数据通过数字平台实时公示,最终结果在全校范围集中公示。在监督机制层面,组建由教师代表、法律顾问、行业专家构成的独立监审委员会,对考核全过程进行合规性审查。

建立"三维公平"保障体系:机会公平方面,确保各类岗位教师享有同等发展资源;程序公平方面,统一数据采集标准与评估方法;结果公平方面,实行同类岗位教师横向可比、不同岗位教师纵向可溯的校准机制。通过构建申诉复议、结果追溯、偏差修正的闭环管理系统,最大程度保障考核公信力。

5. 激励发展与约束规范的双向原则

设计"激励+约束"的复合驱动机制。正向激励系统包含:设置教学卓越奖、技术能手奖等专项荣誉;实行"基本薪酬+绩效奖励+项目奖金"的弹性薪酬结构;提供破格晋升、学术休假等发展通道。反向约束机制包括:实施师德失范负面清单管理;建立连续两年考核末位诫勉谈话制度;推行未达标项目限期整改制度。重点构建发展性激励体系:将考核结果与个性化培养方案挂钩,为教师提供海外研修、企业挂职等提升机会;建立技术成果转化收益共享机制,允许教师获取不超过50%的专利收益;实施"青蓝工程"导师制,将人才培养成效纳入考核加分项。通过正向牵引与负向约束的协同作用,实现教师自主发展与院校战略目标的有机统一。

6. 信度效度协同的精准原则

构建"科学测量与价值导向"相统一的评价体系。在信度保障方面,实施"三个标准化":开发统一的考核指标词典,明确核心指标的操作定义;制定《考核实施手册》,规范数据采集流程与评估方法;建立 AI 辅助的智能评分系统,减少主观判断偏差。在效度提升方面,重点增强"三个关联性":考核指标与岗位职责的匹配度不低于 90%;评估方法与职业教育类型特征的契合度;考核结果与教师实际贡献的相关性。

创新"双效验证"机制:每年抽取 20% 的考核案例进行效度检验,运用德尔菲法优化指标权重;每三年开展全样本信度检测,采用克朗巴哈系数分析评估一致性。建立动态调整模型,根据产业技术变革速度,每年更新 15% 的考核要素,确保评价体系的时效性与前瞻性。

7. 人本关怀与个性发展的包容原则

践行"尊重差异、激发潜能"的柔性管理理念。在制度设计环节,建立教师代表参与机制,通过问卷调查、焦点访谈等方式收集改进建议,确保考核方案体现教师发展诉求。在实施过程中,提供个性化选择空间:允许教师在限定范围内自主分配教学、科研、服务工作的权重;开放考核周期弹性选择,长周期项目可申请跨年度评估。

构建"分类发展"支持体系:为教学为主型教师设计"课程建设专家"成长路径;为科研为主型教师搭建"技术研发总监"晋升通道;为教学科研并重型教师开辟"教科研能手"发展平台。建立"一人一策"的反馈机制,根据考核结果生成包含优势分析、短板诊断、提升建议的个性化发展报告,配套提供专项培训资源包。通过制度弹性与人文关怀的有机结合,激发教师内生发展动力。

这七大原则共同构筑起现代高职院校教师绩效考核的四维价值体系:在目标维度实现个体发展与组织战略的协同,在方法维度达成科学测量与人义关怀的平衡,在过程维度保障程序规范与结果公正的统一,在效能维度促进职业教育类型特征的彰显。这种系统化的原则体系,为破解传统考核中的"五唯"倾向、推动师资队伍高质量发展提供了理论支撑与实践路径。

(五)现阶段高职院校教师绩效考核制度体现出的特点

高职院校教师作为高级知识分子,其职业和工作特点明显区别于其他职业。所以高职院校教师绩效考核与其他组织对员工的绩效考核有着明显的不同特征,这些特征主要表现在以下方面。

1. 绩效考核呈现出明显的组织计划性

公立高职院校作为事业单位的重要成员,具有非营利性、公益性特征,所以高职院校在实际管理过程中难免带有计划管理的时代特征,高职院校组织考核高职院校教师也不同程度地受组织计划性的影响。由于我国高职院校管理体制的原因,高职院校教师绩效考核具有明显的组织计划性。高职院校要对教师进行绩效考核,首要是要确定考核部门,由考核部门制定考核计划。按照海因茨·韦里克在其《管理学》中的观点,计划的制订可划分为寻找机会、确定目标等步骤。现阶段的高职院校教师绩效考核呈现出的特点大多是以高职院校组织的目标为中心的,而不是以促进高职院校教师发展为目的的。虽然很多高职院校提出了绩效考核要以促进教师提升和发展为目标,但现阶段的高职院校教师绩效考核制度总体而言,还是基于组织目标的完成情况。

2. 绩效的结果导向性

关于绩效,学者们有不同的定义。现阶段对绩效的定义有三方面的认识:结果的绩效、行为的绩效、能力的绩效。这种对于绩效的不同的理解,会使绩效考核部门制订绩效考核计划时具有不同的侧重。当前的我国高职院校教师评估是侧重于结果导向的评估,特别是对科研的考核,单纯地看重结果,如论文发表数量、专著发表数量等,这种结果导向性的绩效考核不可避免地将关注点放在教师实现高职院校组织目标上,而不是提升和发展教师本人身上。毫无疑问,这种做法对于实现组织目标、提高高职院校组织运行效率效果是非常明显的,将评价结果运用到教师的奖惩、晋升、津贴上来,也可以保证教师满足自己的物质需求。但是这种单纯追求结果,以指标为指挥棒的做法,不可避免地使教师盲目追求结果,甚至为了追求结果不惜进行学术造假,使那些在教学、科研、社会服务方面积极追求、不断进取,却暂时没有产生良好结果的教师得不到公正的评价,这样无疑对教师的工作积极性是非常大的挫伤,教师会产生相当大的被剥夺感,进一步加重教师的功利思想。

3. 绩效考核自上而下单向进行

教师绩效考核通常是自上而下单向进行的,最终考核结果也是由考核部门确定的。高职院校教师绩效考核的组织计划性,即教师考核的目标、标准、流程、结果的运用等,需要专门的绩效考核部门进行计划,由此也可以看出高职院校教师绩效考核的自上而下单向性。高职院校教师在绩效考核中发挥的作用是十分有限的,除了指标制定的过程中需要征求专业教师的意见,在一些关键的步骤及核心的流程方面,如绩效考核的组织实施、绩效考核结果的运用、绩效考核方法的选取等,教师发挥的作用非常有限。高职院校组织管理确实有其复杂性,这种方式的教师绩效考核,确实在保证绩效考核顺利进行、最大程度保障考核公平性方面有巨大作用。在坚持这种制度的前提下,更要进行完善与修正,在考核时应将教师的意见和建议充分吸收进来,探索将自上而下和自下而上充分结合起来。目前,很多高职院校在不断进行这方面的改革和探索,这种探索将有助于高职院校教师绩效考核制度的改善。

4. 绩效考核指标确定的复杂多变性

高职院校对教师的绩效考核要想做到科学、有效,构建一套合理完善的绩效指标十分关键。高职院校教师绩效考核的指标是多维的,即教师绩效考核需要进行多种维度的剖析。例如:在对教师科研进行考核的过程中,不但要考核科研成果的完成情况,对科研成果的过程和质量进行考核,还应该综合考核教学、社会服务等多方面的内容。在选择确定绩效考核指标时,必须要求每一个考核指标定义清晰、内容明确、释义清楚、权重合理,如果指标有歧义,考核者可以随意解释和释义考核指标,那么考核结果会有很大的偏差,考核结果是不可信的。所以高职院校教师绩效考核指标的确定不是单一维度的,必须设计出多方面的考核指标,从不同的侧面、不同的角度分别评价,才能做到科学有效,这就使得教师考核指标确定起来变得十分复杂,究竟哪些指标应该被纳入到考核范围,为什么这些指标应该被纳入到考核之中,这些被纳入到考核指标的每一项应该占多大的权重,如何使权重的确定更具有科学性,这些都是需要考虑的问题,这就使得考核指标的确定显得复杂多变。

5. 绩效考核的方法和形式多样

我国高职院校组织定位不同,办学水平也是各有特点,显然这些会对教师考核的实施有重要的影响。我国高职院校教师考核是统一指导和分类指导的结合,国家并没有统一制定高职院校教师考核的标准和流程,更没有一部统一系统的、专门针对高职院校教师考核的法律、法规和文件,不同高职院校的层级也是不同的,所以各高职院校只能在最基本的法律和政策的框架下,自主的选择和确定考核形式,这便形成了当前我国高职院校教师绩效考核方法多样、形式各异的状态。这种教师绩效考核形式和方法的多样性对于各高职院校结合本组织实际、因地制宜、具体问题具体分析、扩大高职院校办学自主权、各高职院校保持办学特色是有利的,这种方式对于教师绩效考核制度的完善是十分有利的。

(六)我国高职院校教师绩效考核制度中主要采用的方法

绩效考核方法多种多样,主要可以划分为三类:一是结果导向型,包括目标管理法、关键绩效指标法、业绩评定表法等;二是行为导向型,涵盖了360度绩效评估、行为锚定法、关键事件法、行为观察比较法等;三是硬性分布法。

1. 结果导向的绩效考核方法

(1) 目标管理法

在《管理的实践》一书中,著名管理学者彼得·德鲁克提出了目标管理的概念。该理念涉及上下级共同确定应达成的目标,并以此目标作为评估标准,在特定的评估周期内对员工完成既定目标的表现进行评价。这种评估方式的核心在于员工的积极参与,它强调通过员工的参与来激发他们的工作热情,主动为实现组织目标而努力。高职院校实施目标管理法考核,目标的制定是一个层层分解的过程,学校领导经过广泛征求意见制定整体的发展目标,各二级部门根据总目标的要求,结合本部门的实际情况,征求部门教职工的意见后,制定本部门的目标;部门教职工在本部门目标的基础上,制定符合自身实际情况的个人目标。这样,将学校制定的战略目标从上到下经过层层分解给每一个具体的部门及教职工,以目标是否达成作为依据对具体部门及个人进行绩效考核。实施目标管理有以下几个事项需要注意。

① 制定的目标要具体明确。制定的目标要含义清楚、界定明晰、没有歧义,管理者及员工都能够比较容易地理解。语言和术语的表达内涵和外延要清晰具体。明确具体的目标会使组织和员工更便于执行。

② 制定的目标应具备可评估性。设定的目标应易于评估,采用可量化的指标。制定目标的可评估性强会使得绩效考核的客观性更强,减少考核中存在的主观成分。

③ 目标的制定要充分考虑相容性。首先员工个人目标要相容于本部门的目标,本部门目标要相容于组织整体目标;其次要确保指定的个人目标、部门目标、组织目标能够很好地衔接,一层目标的实现要有助于更高一层目标的实现。

④ 制定的目标应具备一定的难度,不宜过于简单,须具有挑战性。制定目标的时候要注意目标的挑战性,这样能够充分发挥员工工作的积极性,但是这些目标经过努力以后是能够得以实现的。

⑤ 制定目标的主次与先后顺序要明确。制定的目标有主次顺序和优先级这样才能确定目标实现的先后顺序。

(2) KPI 法

KPI（关键绩效指标）法是一种通过挑选出反映业绩的关键量化指标，并以此作为评估绩效的标准的考核方式。KPI 法体现了组织战略目标的细化，它专注于衡量可控的关键经营活动，并且要求组织内部成员对这些指标达成共识。KPI 法的步骤如图 3-2 所示。

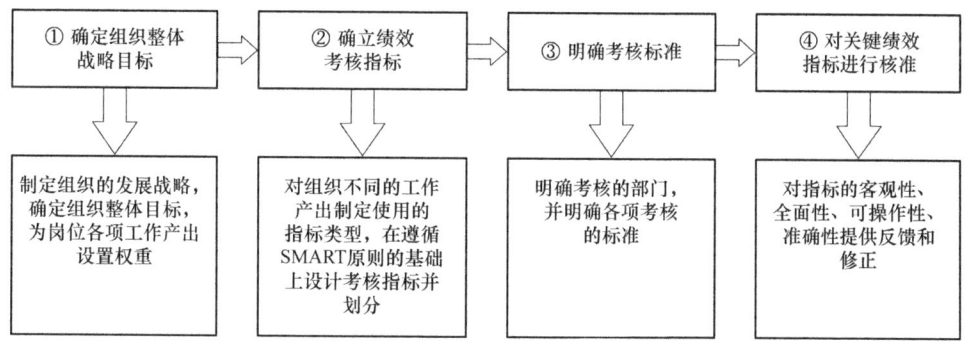

图 3-2　KPI 法的步骤图

在 KPI 法的 4 个步骤中，明确考核标准是最为重要的环节，绩效评估标准主要可以分为数量、质量、成本和时限 4 种类别。

考核指标类型如表 3-1 所示。

表 3-1　KPI 法的考核指标

指标类型	例子	确认指标的证据
数量	论文发表数量； 专著数量； 科研项目数量； 课时数量	发表的期刊； 授课时数记录
质量	文章发表的期刊等级； 验收质量	学术论文期刊评价标准
成本	花费费用	报销凭证
时限	花费时间	科研立项到结束的期间

(3) BSC 法

20 世纪 90 年代，哈佛商学院的教授 Robert Kaplan 运用一种"未来组织绩效衡量的方法"进行绩效考核，当时传统的绩效考核方式主要以财务度量为主，平衡计分卡的运用打破了传统上以财务指标为主的单一考核模式。如图 3-3 所示，BSC

（平衡计分卡）法以财务、客户、业务、学习与成长4个指标进行设计，最终使组织目标落实到可操作化和具体化的阶段，以实现对组织或员工的绩效考核，进而提升组织绩效并不断修正组织战略目标的目的。

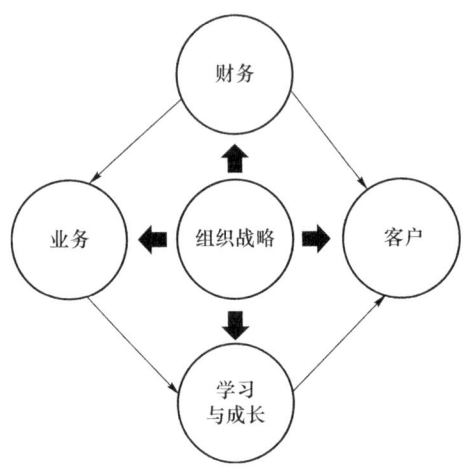

图3-3　BSC绩效考核的指标图

在高职院校教师绩效考核中，相较于单纯从财务角度考核，平衡计分卡四维度绩效考核方法作用显著：一是将院校战略目标细化为教师绩效指标，为绩效管理提供战略指导，确保教师工作与院校发展方向一致；二是涵盖学习与成长维度，关注教师培训、专业发展及学生学习效果，促进院校知识更新与创新能力提升；三是帮助教师理解院校战略目标，通过沟通培训使教师明确自身职责，增强团队协作与凝聚力；四是绩效考核结果反馈教师教学、科研、社会服务情况，为教师自我完善提供依据，推动院校整体发展与变革。

2. 行为导向的绩效考核方法

（1）360度绩效考核法

360度绩效考核又被称为多源绩效考核，是基于组织行为学原理设计的复合型评估机制，通过集成多元主体的评价视角，构建教师专业能力的立体化诊断模型。该体系突破传统单向度考核的局限性，形成"上级诊断管理效能、同行评估专业水平、学生反馈教学质量、自我反思职业发展、企业评估实践能力"的五维评价架构。每个评价维度设置差异化的观测指标：上级侧重战略目标达成度，同行聚焦技术应用创新性，学生关注知识转化有效性，自我审视专业成长轨迹，企业考核产教融合贡献度。

如图3-4所示,360度绩效考核方法相比于传统绩效考核方法,具有比较明显且众多不可比拟的优越性。传统上的绩效考核信息来源的主体仅限于上级,信息来源单一且可能由于上级的偏见造成考核结果的不公。360度绩效考核法由于考核主体多源,考核信息的收集较为全面,所以能够最大限度地保证绩效考核的公平和公正,这样就会使得考核对象对于考核结果更易于接受。这种考核方法相对重视考核的反馈,能够使高职院校教师更全面、更客观的认识自己的工作,以更好的状态投入自己工作。运用这种方法进行绩效考核局限同样显著:第一信息来源多样,使得收集信息所需的成本比较高,信息处理也更为复杂;第二信息来源多样,多方面的信息会发生冲突,如何对这些发生冲突的信息进行甄别、遴选、去伪存真是一个很大的挑战;第三作为重要考核主体的同事,由于大家相处时间比较长或者比较熟悉,对被考核者非常熟悉,从一定程度上看,这有利于对被考核者做出全面翔实的评价,但由于同事之间感情因素的存在,使得评分偏倚成为可能。

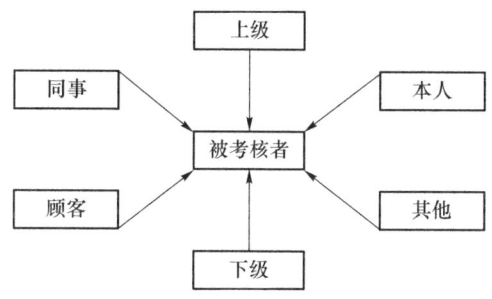

图 3-4 360 度绩效考核方法图

(2)行为锚定考核法

这种考核方法是以工作行为中的典型情况作为考核的依据,考核思路是通过发现岗位工作中发生的典型行为,对不同情况的行为量度评分,以此作为绩效考核的根据,对员工实际中的工作表现给予分数。行为锚定考核法包括如图3-5所示几个基本的步骤。

图 3-5 行为锚定考核法步骤图

(3)关键事件考核法

关键事件考核法运用了STAR原则来记录重要事件,目的是深入理解事件的核心和本质。STAR代表的是情境、目标、行动和结果四个单词的首字母缩写,如

图 3-6 所示。情境指的是事件发生时的背景;目标是指行动所要达成的最终目的;行动是指被评估者所采取的具体措施;结果则是指行动所带来的成效。

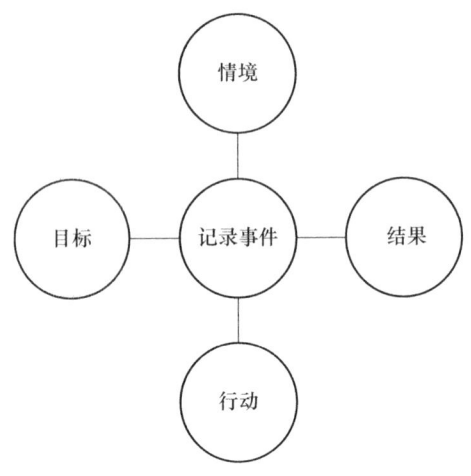

图 3-6　关键事件考核法结构图

关键事件考核法作为高职院校教师绩效管理的重要工具,通过系统采集、分析与应用教学过程中的典型行为样本,构建起动态化、精细化的教师能力诊断体系。该方法的实施遵循"事件采集-分类编码-多维评价-反馈应用"的闭环管理流程:首先建立标准化的事件记录规范,要求教师本人、学生群体、教学督导等多元主体实时记录教学活动中具有显著影响的关键事件,详细载明事件发生场景、参与主体、行为表现及实际成效等要素,形成涵盖课堂教学、实践指导、科研创新、师德表现等维度的原始数据库;其次采用德尔菲法对事件样本进行聚类分析,依据职业教育类型特征构建包含教学效能、技术应用、育人成效、职业态度四大核心维度的评价框架,每个维度下设 3~5 个二级观测指标,形成具有职教特色的评估指标体系;再次引入层次分析法确定指标权重,通过专家论证与实证检验相结合的方式,建立差异化赋权模型——教学为主型岗位侧重教学设计与实施能力,教学科研并重型岗位强化教学科研综合能力,科研为主型岗位突出创新成果与团队建设能力,评估结果经由数据清洗、归一化处理后生成教师专业能力雷达图,直观呈现个体优势领域与发展短板;最后构建"双向反馈-靶向改进"的应用机制:一方面将评估结果与薪酬体系、职称晋升、岗位聘任等管理制度深度耦合,设置教学卓越津贴、技术能手奖励等专项激励;另一方面依托教师发展中心设计个性化提升方案,针对技术应用薄弱教师安排企业轮岗,面向教学创新不足教师开展专项工作坊,形成"评估-诊断-发展"的良性循环。该体系的运行需把握三个关键原则:全过程记录确保事件样本的完整性,多维度分析保障评估结论的客观性,动态化调整维持指标体系的适应性,从而有效促进教师专业能力与职业教育高质量发展需求的精准对接。

3. 硬性分布考核法

硬性分布考核法预先确定了每个考核等级在被考核群体中所占的比例,依据正态分布原则对考核结果进行分配,从而将考核对象的绩效成绩强制性地归入特定的等级。硬性分布考核法又被称作正态分布法。这种方法的核心在于,如何将评估对象按照特定比例分配到各个工作表现等级。正态分布法的实际操作流程如下:在卡片上将每一位员工的名字写下,根据指定的考核标准进行考核,将被考核者的考核结果放在预先设定的考核等级中去。

在高职院校教师评估过程中,硬性分布考核法的运用基于正态分布的理论,事先设定好各绩效水平在教师队伍中的占比,例如将20%定为优秀、70%为合格、10%为较差。具体操作步骤如下:各二级学院根据学年的任课教师信息,确定参加考核的教师名单及各等级比例;教师填写《考核登记表》,记录考核周期内的工作表现和成果,如教学工作量、教学效果、科研成果等;结合学生评教、教师互评、二级学院评议、督导评教等方式,对教师的绩效进行综合评价,根据各项评价结果,计算每位教师的绩效得分;将教师的绩效得分按照预先设定的比例,强制分配到各个绩效等级中;将考核结果公示,接受教师的查询和监督;将考核结果作为教师岗位聘任、薪酬调整、奖惩、职称评定、评先评优、干部选拔等的重要依据。

(七)现阶段高职院校教师绩效考核的主要指标

高职院校承担着教学、科研和社会服务三大主要职能,这些职能的实现质量取决于教师的执行情况。我国高职院校教师绩效考核关键指标是围绕教师师德、政治素质、教学、科研、社会服务等方面而设定的。大多数高职院校围绕教学、科研、社会服务设置教师绩效考核指标,并分出若干二级指标。

1. 高职院校教师教学绩效考核

高职院校的核心职责是教学,而教学的质量直接决定了所培养人才的质量。所以在高职院校教师绩效考核指标体系中,教学绩效的评估占据了关键位置。在教学绩效考核这个一级指标下有5个二级指标:教师职业道德、教学工作量、教学质量、教学工作的改进与提高、教学获奖情况。

(1)教师职业道德

高职院校教师的思想道德素质,不仅直接影响教师的教学态度(教师的教学态度会关系到教学质量的高低),而且直接影响学生的世界观、人生观、价值观的形成和发展,是学校持续进步的思想保障。提升高职院校教师的师德建设,全面提高教师思想、学术、职业道德是以德治校的重要组成部分,必须高度重视,在教师的绩效考核体系中将师德纳入考核指标,对教师的行为进行引导,具有重要的导向作用。

高职院校教师职业道德考核的主要内容如下。

① 思想素质与政治立场

- 政治素养:是否坚定拥护党的教育方针,践行社会主义核心价值观(如参与政治学习、课程思政融入情况)。
- 职业信念:是否具备教育使命感,恪守教师职责(如工作投入度、职业认同感)。

② 教学态度与职业操守

- 课堂教学投入度:是否备课充分性、课堂互动且有质量、教学有创新性(如使用数字孪生技术等)。
- 廉洁从教:是否存在过度物质化倾向(如教学态度与物质奖励挂钩情况)。
- 学术诚信:是否遵守学术规范,杜绝抄袭、剽窃等行为。

③ 学生全面发展的关注

- 育人成效:是否注重学生"三观"引导(如通过课程思政、课外活动影响学生)。
- 个性化教育:是否关注学生技能与素质的均衡发展(如指导实践、课外辅导频率)。

④ 团队合作与社会责任

- 协作意识:是否积极参与集体教研活动,跨学科合作(如工作坊参与度、资源共享情况)。
- 社会服务:是否承担校企合作、技能竞赛指导等社会职责。

⑤ 负面行为反向指标

- 师德失范:是否存在知识陈旧、方法落后等问题。
- 市场化倾向:是否因物质利益影响教学质量(如"身在讲台心在外"现象)。

⑥ 社会评价与改进成效

- 学生及家长满意度:通过评教、问卷调查量化师德认可度。
- 社会认可度:职业教育口碑、毕业生就业质量追踪反馈。

(2) 教学工作量

不同高职院校对教学工作量的考核内容有所差异,但总体上讲,授课课时量、指导学生毕业论文的数量、指导学生其他实践的数量是其主要指标。教学课时不仅涵盖理论授课，也包括实践操作指导。在评估高职院校教师的授课课时完成度时，仅核实教师是否达到教学任务的基本要求是不够的，还应考虑是否超出基本要求，但并非超额越多越好。教师的工作量完成情况受到专业领域、个人能力、健康状况、工作热情以及教学计划等多种因素的限制。所以在高职院校对教师进行教学工作量考核时，必须考虑到工作量分配的均衡性，并且要将指导学生毕业设计、参与各级技能竞赛等活动的工作量纳入整体考量。

（3）教学质量

高职院校教学质量考核体系以"四维驱动"为核心框架，涵盖师德素养、课程内容、教学方法与育人成效四大维度，形成全流程、立体化的质量监测机制。在师德素养维度，重点考察教师的教学热忱与职业操守，通过课堂投入度、师生互动质量、课程思政融入效果等指标，评估教师的价值引领能力。课程内容维度聚焦产教融合深度，设置课程标准对接行业规范、教学资源反映技术前沿、实训项目还原生产场景等观测点，确保教学内容与产业需求的精准匹配。教学方法维度强调创新性与实效性，采用课堂观察法评估项目教学、情境模拟、数字孪生等新型教学模式的应用效果，重点检验学生技术应用与问题解决能力的培养路径。育人成效维度构建增值评价模型，通过技能达标率、职业素养成长值、就业质量追踪等指标，系统监测人才培养质量的变化轨迹。

该体系实施"四元协同"评价机制：学生作为直接受益者，通过定期评教反馈知识习得体验；专业同行基于技术标准评估教学设计的科学性；教学督导运用课堂实录分析工具诊断教学实施质量；行业专家立足岗位需求检验实践教学的有效性。四类评价数据经标准化处理后，按照30%、25%、25%、20%的权重生成教学能力指数。评估结果通过智能系统实现可视化呈现，为教师提供包含优势领域、改进方向的诊断报告，并与职称晋升、绩效分配形成强关联，构建"以评促改"的质量提升闭环。

（4）教学工作的改进与提高

高职院校教师专业发展需建立"监测-诊断-提升"的螺旋式改进机制。高职院校应构建包含三个层级的提升体系：基础层实施全员轮训计划，每年开展120学时混合式研修，重点强化课程开发与信息化教学能力；进阶层设立教学创新工作坊，针对教学方法僵化、技术转化不足等问题，组织企业技术骨干与教学专家联合指导；卓越层打造教学改革攻坚团队，支持教师牵头省级以上教改项目，培育具有职教特色的教学模式。改进成效评估采用双轨制：过程性评估关注教学日志更新频率、教研活动参与度等动态指标；结果性评估侧重教学竞赛获奖、学生技能达标率等产出指标。建立"双导师"指导制度,为每位教师配备院校教学专家与企业技术顾问,实施月度交流、季度诊断、年度评估的跟踪培养。通过将改进成效与岗位聘任、绩效奖励直接挂钩,形成"发现问题-解决问题-提升能力"的良性循环,确保教学质量持续优化。

(5) 教学获奖情况

教学成果评价体系实施分类分级管理,构建三位一体的成果认定框架:教师个人层面设置教学名师、技术能手等荣誉序列;课程建设层面评估活页式教材、虚拟仿真资源等开发质量;育人成效层面考核技能竞赛指导、创新创业孵化等实践成果。评价标准对接国家教学成果奖评审体系,设立校级、省级、国家级三级梯度,重点观测产教融合创新度、技术应用推广度、人才培养适配度等核心指标。激励机制设计突出三个导向:发展导向设置教学成果培育基金,支持教师开展教改实验;质量导向将教材获奖、竞赛指导等纳入职称评审核心条件;共享导向建立优秀教学案例库,促进优质资源跨校流动。针对技术研发型成果,完善知识产权共享机制,允许教师获取不超过50%的技术转化收益;对于教学创新成果,实施"一课多师"制,推动优秀教学模式辐射应用。通过构建物质奖励、精神激励、发展机会三位一体的激励体系,有效激发教师的教学创新活力。

2. 高职院校教师科研绩效考核

高职院校教师的主要任务之一是从事科研工作,这一过程也涉及将理论知识应用于实际情境。科研工作的评价标准通常包括4个二级指标:科研项目评价体系、学术成果质量评价、教材著作评价以及专利价值评估与转化等。

(1) 科研项目评价体系

高职院校科研项目评价遵循"分类管理、多维评估"原则,构建包含项目层次、经费效能、成果产出的三维评价模型。在项目层次维度,建立国家级、省部级、市厅级、校级四级梯度评价体系,其中国家级重点研发计划、国家自然科学基金等纵向项目侧重理论创新价值,校企横向课题强调技术转化实效。经费管理实施"规模-效率"双轨评估:既考核经费总额体现科研承载力,更关注经费到账率与使用合规性,建立科研经费绩效审计制度。项目过程管理引入里程碑节点考核机制,设置开题论证、中期检查、结题验收三阶段评价标准,重点监测技术攻关进度与成果产出质量。为平衡学科差异,建立自然科学与人文社科分类评价标准,前者侧重实验数据与专利产出,后者关注理论创新与社会影响。

(2) 学术成果质量评价

构建"载体层次-学术影响-实践价值"三位一体的论文评价体系。载体层次维度对接国际通行的JCR分区与国内核心期刊目录,将论文分为SCI/SSCI一区、二区,EI/CSSCI核心,普通期刊三个等级,分别赋予差异化权重。学术影响维度采用复合指标评估体系,综合运用影响因子、被引频次、H指数等量化工具,引入Altmetric指标追踪社会媒体关注度。实践价值维度增设技术转化系数,对解决产业技术难题的实证研究给予专项加分。建立学术不端零容忍机制,运用查重系统与学术规范检测工具,实施发表前形式审查与发表后动态监测的双重质控。为鼓励交叉创新,设置学科融合研究成果认定通道,教师在跨学科期刊发表文章按1.5倍系数计算成果。

(3) 教材著作评价

教材建设评价实施"四维质量工程":内容质量维度考察知识体系的先进性,要求对接行业技术标准且更新周期不超过3年;教学适配维度评估教学设计合理性,重点检测项目化、模块化教学载体开发能力;应用效能维度追踪使用广度,通过院校采纳率、行业认证度、重印频次等指标衡量实践价值;创新特色维度关注数字资源融合度,考核AR/VR技术应用、在线课程配套等新形态教学资源建设水平。建立教材生命周期管理制度,实施"编写-使用-修订"全流程评价,将教师参与国家级规划教材、行业标准教材编写纳入职称晋升必要条件。针对专业群建设需求,设立团队协作加分项,对跨校联合开发、校企共建教材给予专项激励。

(4) 专利价值评估与转化

构建"质量-转化-效益"链式评价模型,实施专利分级管理制度。质量评价层面,建立发明专利、实用新型、外观设计三级价值梯度,重点考核技术创新度、权利要求保护范围、专利稳定性等核心要素。转化应用层面设置市场转化率、技术许可收益、产学研合作项目数量等指标,开发专利转化效能指数(PTEI),综合衡量技术转移的经济与社会效益。教学融合层面评估专利融入实践教学的深度,考核实训设备改造、教学案例开发、创新课程建设等教育转化成效。建立专利导航培育机制,组建知识产权运营中心,提供专利申请、维护、运营全流程服务,对产生重大经济效益的专利实施团队给予成果转化收益分成(最高可达70%)。为促进产教深度融合,将企业技术需求纳入专利研发导向,设置校企联合专利申请专项通道。

(5) 科研绩效考核体系的保障机制

构建"标准-实施-反馈"三位一体保障系统:标准层面制定《科研绩效评价实施规范》,明确核心指标的操作细则与权重系数;实施层面开发科研管理信息化平台,集成项目申报、过程监控、成果登记、数据分析等功能模块;反馈层面建立绩效改进闭环,通过年度科研白皮书发布趋势分析,针对弱势指标开展专项能力提升计划。配套建设三大支撑体系:学术伦理委员会负责科研诚信建设,技术转移中心推动成果转化应用,教师发展研究院提供科研方法论培训。实施弹性考核周期,基础研究类项目允许3~5年长周期评估,应用研发类项目实行年度动态调整,形成既尊重科研规律又保障管理效能的评价机制。通过构建分类评价、多维考核、动态管理的科研绩效管理模式,有效破解传统考核中重数量轻质量、重立项轻产出、重论文轻转化的结构性矛盾。其创新价值在于将科研评价与职业教育类型特征深度耦合,形成"基础研究支撑教学创新、应用研发驱动产业升级、成果转化反哺人才培养"的良性循环,为高职院校科技创新能力提升提供制度保障。

3. 高职院校教师社会服务绩效考核

高职院校教师社会服务体现专业知识的社会转化,是教学科研职能的延伸。其本质在于构建"产教融合、校地共生"的协同发展模式,通过技术赋能、智力支持、文化传播三大核心路径,实现教育价值的社会溢出。服务范畴涵盖技术革新、决策咨询、文化传承等几大领域,形成"技术服务创造经济价值、知识传播提升社会效益、文化浸润促进文明进步"的三维价值体系。这种服务形态不仅强化教师实践能力,更能通过社会需求反哺教学改革,形成"实践-教学-创新"的良性循环。

(1)服务形态的分类评估框架

① 技术赋能类服务

该类服务包含横向技术开发、设备改造升级、工艺优化创新等生产性服务。考核重点聚焦技术转化效能,设置技术合同金额、专利实施许可率、工艺改进效益值等核心指标。建立技术成熟度(TRL)评估模型,从技术可行性、市场适应性、产业推广度三个层级量化服务价值。针对装备制造、信息技术等专业领域,增设智能制造系统集成、工业互联网平台建设等新兴服务模块。

② 智力支持类服务

该类服务涵盖决策咨询、标准制定、项目评审等知识密集型服务。构建包含政策建议采纳率、规划方案实施效果、评审项目通过率的评价体系。重点考核服务成果的战略前瞻性与实践指导性,引入德尔菲法评估智力成果的行业影响力。建立政府购买服务目录,将智库报告、行业研究报告等产品纳入考核范畴。

③ 文化传播类服务

该类服务包含传统文化传承、科技知识普及、职业技能推广等公益性服务。设置文化辐射范围、科普活动频率、技能认证通过率等观测指标。开发文化传播效能指数(CPEI),综合评估讲座质量、媒体传播度、受众满意度等要素。针对非遗传承、乡村振兴等国家战略,设立专项服务加分项。

(2) 绩效考核指标的系统设计

① 经济转化维度

该维度构建"技术交易额+培训收益+服务创收"的复合经济指标。技术交易额考核横向课题到款金额及技术入股价值评估;培训收益评估企业定制化培训的市场价值;服务创收测算咨询报告、标准制定等智力产品的经济贡献。实施学科差异系数调整机制,平衡工科与文科专业的经济产出特征。

② 服务广度维度

该维度建立"项目数量×服务层级"的立体评估模型。基础层考核校级、市厅级常规服务项目;进阶层评估省部级重点合作项目;卓越层聚焦国家级战略服务工程。设置服务领域多样性系数,鼓励跨学科、跨行业服务创新。

③ 质量效能维度

该维度开发"三维质量评价体系":服务对象满意度(40%)通过李克特量表采集;同行专家评审(30%)侧重技术先进性与方案可行性;社会影响力评估(30%)采用媒体传播指数、政策引用频次等客观参数。建立服务案例库,实施年度十佳服务案例评选。

④ 可持续发展维度

该维度设置服务成果转化跟踪期(3~5年),考核技术推广持续效益、决策建议长效影响、文化传播深度渗透等滞后性指标。引入生态效益评估模块,重点观测节能减排、工艺优化等领域的环境贡献值。

(3) 评价机制的创新路径

① 多元主体协同评价

构建"服务对象+行业专家+第三方机构"的三元评价体系。服务对象侧重实效性评价,权重占40%;行业专家进行专业性诊断,权重占30%;第三方机构实施客观性评估,权重占30%。开发智能评价平台,实现数据自动采集与交叉验证。

② 过程与结果并重评估

建立"项目备案-中期检查-结题验收-成效追踪"的全周期管理流程。过程考核关注资源投入强度与服务响应速度;结果考核侧重经济效益创造与社会价值提升。

设置"过程质量系数"(0.8~1.2)对最终结果进行动态调节。

③ 分类分级考核制度

实施"四类三级"考核标准:按服务性质划分技术转化、决策咨询、文化传播、公益支持四大类别;按贡献程度分为基础服务、重点服务、战略服务三个层级。不同类别层级设置差异化指标阈值与权重分布。

④ 数字赋能评价创新

构建社会服务大数据中心,集成工商注册、专利转让、媒体报道等多源数据。运用自然语言处理技术分析服务报告质量,通过区块链存证确保评价数据真实性。开发服务价值测算模型,实现经济效益与社会效益的量化转换与评估。

通过构建多维度、全过程、智能化的考核机制,可以有效破解传统社会服务考核中存在的重形式轻实效、重经济轻社会、重短期轻长期等结构性问题。其创新价值在于将社会服务从辅助性工作升华为驱动型职能,促进高职院校真正成为区域经济发展的智慧引擎和技术创新的策源地,为现代职业教育体系建设注入持续动能。

(八) 高职院校教师绩效考核实践实例

广东机电职业技术学院一直注重对教师绩效的评估,通过多年的研究与实际操作,形成了包含三个层次的评估体系,并且完善了教师绩效评估的标准。

1. 基于目标管理建立三级考核机制

学校持续优化目标链与标准链,依据人才培养、专业建设、社会服务、师资队伍、校企合作及国际化六大方面,构建了考核指标体系;按照目标管理要求,将学校年度工作目标逐级分解到二级部门和教职工,签署年度工作目标责任书,依托大数据信息系统,对二级部门实施绩效考核,二级部门考核教职工,已建成"校-院-教职工"三级考核机制,考核结果与绩效工资分配、岗位聘任、评先评优、干部调整、职称评审挂钩,发挥考核工作导向作用。

2. 完善教师绩效考核指标体系

学校完善了教师绩效考核指标体系,围绕教学工作量、公共服务工作量、科研与社会服务工作量设立考核指标。年度考核时重点考核教师教学工作量和公共服务工作量完成情况,考核结果与绩效工资挂钩,聘期考核时重点考核科研与社会服务工作量完成情况,考核结果与下一轮岗位聘任和绩效工资挂钩。绩效考核体系的建立有效地引导教师集中精力投入专业建设、课程建设、人才培养、科研及社会服务等学校中心工作上来。

为加强和改进教师参与全员育人、全方位育人、全过程育人工作,学校将教师参与的专业建设、课程建设、校企合作、创新创业、指导学生第二课堂、社会培训、学校或行业企业兼职等工作量纳入公共服务工作量;专任教师每年必须完成一定的公共服务工作量,是教师基本职责的一部分,不与日常绩效工资挂钩,完成情况通常与年终绩效挂钩,还用于教师聘期考核和职称评审环节;为充分发挥二级教学部门主动性和积极性,学校给各二级教学部门赋权赋能,将专任教师公共服务工作量一部分给予二级教学部门统筹分配,由二级教学部门自行制定相关分配规则,使二级教学部门可以充分调动教师工作主动性和积极性;为强化公共服务工作量约束性,当年公共服务工作量未达标的,学校扣发一半年终岗位绩效工资和绩效考核奖,如次年继续未达标的,扣发全额年终岗位绩效工资和绩效考核奖,年度考核定为基本合格,考核的激励约束机制进一步完善。

第二节 高职院校人事制度改革的主要做法、特征及成效

近年来,高职院校的规模以前所未有的速度扩大,高职院校的发展经历了从"无"到"有",从"有"到"大"的过程。根据国家教育行政部门要求,采取"共建、调整、合作、合并"等方式,对高职院校管理体制进行了较大的改革,高职院校人事制度改革也做了大量的探索。高职院校在人事制度改革中,注重优化资源配置,提高管理效率,通过"共建"模式,加强与企业、行业、社会的紧密联系,实现资源共享、优势互补,为师生提供更多的实践机会和就业渠道;对原有管理体制进行"调整",精简机构,明确职责,提高管理效能;在"合作"方面,高职院校积极与企业、科研机构等开展产学研合作,共同培养人才,推动科技创新;通过"合并"等方式,整合资源,扩大规模,提升整体办学实力。这些改革措施的实施,为高职院校的人事制度改革奠定了坚实的基础,推动了高职院校的持续健康发展。

一、高职院校人事制度改革的主要做法

(一)科学设岗,定岗定编

高职院校科学设岗与定编改革的核心在于构建产教深度对接、动态优化的人

力资源配置体系。高职院校需建立产业需求驱动的岗位设置机制,通过多维度参数分析系统,综合评估专业招生趋势、技术革新速度、校企合作成效等关键要素,实施周期性岗位诊断与调整。重点专业群推行"基准岗+拓展岗"配置模式,基准岗保障常规教学运行,拓展岗对接现代学徒制、1+X证书等教育改革需求,对招生持续下滑的专业启动岗位重组程序,确保人力资源与产业动态适配。岗位管理体系实施职能、职级、专业三维分类策略,划分教学主导、技术研发、社会服务三类发展通道,设立初、中、高三级职级体系,制定差异化的专业标准,建立教学岗与企业技术岗双向流动机制,明确岗位职责、能力要求与考核指标。编制管理采用"基准+浮动"双轨模式,基准编制依师生比核定基础需求,浮动编制动态配置至重大建设项目,设立企业编制池吸纳行业骨干,实行校企共担薪酬的"双聘机制",并依据编制使用效能动态调整资源配置。在数字治理层面构建智能管理系统,集成教务、科研、校企合作数据,运用机器学习预测岗位需求,开发"人岗匹配指数"模型评估专业契合度与技术应用力,借助区块链技术实现编制调整全程追溯。质量保障体系涵盖标准化操作流程、跨部门管理委员会、第三方年度审计及ISO认证,建立申诉通道维护教职工权益。该体系通过需求响应机制破解岗位固化难题,以弹性流动促进产教融合,用数字赋能提升管理精度,为高职院校构建"教育链-人才链-产业链"协同生态提供制度支撑,推动人力资源配置从经验管理向科学治理转型。

(二)岗位竞聘、公开透明

选拔德才兼备的干部对事业发展至关重要。高职院校的中层干部选拔任用要根据"政校分开、管办分离、自主办学"的基本思路,建立符合学院特色的管理制度和配套政策,实行竞聘上岗,优化干部队伍年龄、知识结构,克服人浮于事,改变官僚主义和形式主义作风,调动干部工作积极性,以提高工作效率。高职院校的人事制度改革对岗位竞聘的合同管理模式做了有效的探索,特别是打破了以人作为岗位设置的前提,建立了竞聘上岗制度,实现了人才的合理流动。大部分高职院校打破了"事业编制就是铁饭碗"的陈规,大胆改革创新,全员推行岗位竞聘和合同管理,采用高级别、高职务教职员工三至五年一聘,普通教职员工一年一聘或三年一聘的制度,极大地激发了教职员工的积极性,实现了快速发展。大部分高职院校均通过建立健全专业技术人员专业技术职务考核聘任制度和工人岗位等级制度,形成评聘分开,能者上不能者下,在管理人员、专业技术人员、技术工人等不同岗位形成公平、合理的晋升考评体系。

根据国家相关文件的规定,高职院校在进行党政干部的晋升和职称评审时,必须将相关人员的信息通过网络和公告栏进行公示,以确保干部晋升和职称评审过程的公开性和公正性,实现信息透明化。在保障学校稳定发展的前提下,打破了传统模式,按岗定编,按岗聘任,逐步探索建立了"低职高聘"与"高职低聘"相结合,"能者上"与"不能者下"唯才是用的聘用体系。

(三)绩效分配、社会保障

高职院校绩效分配体系改革需构建"基础保障＋绩效激励＋长效发展"三位一体的薪酬结构,形成岗位价值、贡献度、发展潜力联动的分配机制。实施差异化薪酬策略,教学为主型岗位侧重课时质量与学生发展增值评价,科研为主型岗位强化技术转化与横向课题贡献值考核,教学科研并重型岗位突出育人与社会服务成效。建立"基本工资保底线、岗位津贴显价值、绩效工资强激励"的分配框架,基本工资对标区域事业单位标准,岗位津贴依据专业技术等级分级设置,绩效工资按年度考核结果动态浮动。创新专项激励制度,设立教学成果奖、技术能手奖、社会服务标兵等荣誉序列,配套专项奖金与职业发展资源。完善社会保障体系,在落实基本养老保险、医疗保险、失业保险等法定保障基础上,建立职业年金、补充医疗保险等多层次保障制度,针对实训教师等高风险岗位增设职业伤害保障计划,构建"基本保障兜底、补充保障提质、特殊保障定制"的全方位防护网络。推进跨区域社会保障衔接机制,解决校企双聘人员保险接续难题。强化绩效分配与保障制度的协同效应,将绩效考核结果与年金缴存比例、补充医疗保障等级挂钩,对连续三年考核优秀教师提高职业年金单位配比,对产教融合贡献突出人才提供商业保险套餐选择。建立薪酬调整与物价指数、行业薪酬联动的动态模型,确保教师收入增长与经济发展同步。通过构建公平高效的分配机制与温暖可靠的保障体系,形成"岗位能上能下、待遇能增能减、保障能升能调"的良性生态,既激发教师创新活力,又增强职业安全感,为高职教育高质量发展提供可持续的人力资源支撑。

二、高职院校人事制度改革的特征

高职院校的人事制度改革在进入 21 世纪后集中开展,这一阶段也刚好是中国高等职业教育的战略扩张期,一大批高职院校如雨后春笋般涌现,改革举措也带有鲜明的时代烙印。加入世界贸易组织(WTO)促使我们吸收国际管理理念,"以人为本"的管理理念被提升到前所未有的高度;这一时期也是中国经济社会转型的关键阶段,效益和公平并重,高职院校的改革呈现显著特征。

(一) 在改革观念上,向以人为本的转变

"以人为本"管理理念已经成为管理界的普遍共识。教师作为工人阶级中知识层次相对较高的群体,其职业特点和教育制度的地位决定了高职院校必须坚持"以人为本"的原则。各高职院校为解决人事管理中"机构臃肿"等问题,并没有采取一刀切的激进方式,而是更加注重"以人为本",通过合同聘用、缓聘、分流调整等渐进式改革逐步推进。尽管"以人为本"的方式可能延缓改革进度,但保障了改革的有序性。

我国高职院校在发展初期,多由职工大学或中等职业技术学校升格而成,也有部分高职院校是由多所中职学校合并组建。无论是独立升格还是合并组建,教师队伍与高职院校的资质要求仍存在差距,特别是多所中职学校合并组建后,将面临合并带来的人员冗余问题。基于此背景,高职院校一般会采用"和平式"的人事改革:对年轻、素质好的教职员工鼓励他们充实知识结构;对年龄相对较大,工作能力不强的老员工鼓励他们到成人教育或其他中等职业学校任教等办法,形成合理的梯次流动;对少数因身体等因素不适合工作的教职工,按规定办理退休手续或转聘到后勤管理等部门;对升格高职后新聘任的教职工,严格按照合同管理的规定,在聘期内双方履行规定的权利和义务,期满后依自愿原则决定续聘或不再续聘。

(二) 在改革举措上,重视教师队伍建设

在目标定位方面,高职院校教师队伍已从最初单纯追求规模、数量和效益,逐步转变为注重教师队伍结构的完善和素质的提升,青年教师的培养日益受到重视。高职院校教师资源呈现出校内提拔、校外调任的"多元组合"模式和高层次、高学历"人才引进"的趋势。近年来,高职院校人事制度的改革聚焦在如下两个方面:一是注重高层次、高水平人才的引进,重视学科团队和学术梯队建设;二是深化岗位聘任制与分配制改革,遵循按需设岗、公开招聘、竞争择优、严格考核、合同管理原则,全面推行聘任制度,持续优化教师队伍结构与梯队建设。

(三) 在改革实效上,注重效率与公平兼顾

高职院校人事制度改革的核心在于构建"效能驱动与公平保障"协同并进的制度体系,通过动态平衡市场竞争机制与教育公益属性,实现组织活力激发与教职工权益保护的双重目标。改革聚焦岗位配置、绩效分配、权益保障三大维度,形成"能上能下、多劳多得、优绩优酬"的运行机制。在岗位管理层面,建立"教学主导岗-技

术研发岗-社会服务岗"三维分类体系,依据专业群建设需求动态调整岗位结构,实施"红黄蓝"效能预警机制,对低效岗位进行重组或转设,确保人力资源与产业技术升级同频共振。绩效分配体系采用"基础保障＋核心激励＋长效发展"复合模型,基础工资对标区域事业单位标准,绩效薪酬实施差异化分配策略:教学岗侧重学生成长增值评价,科研岗强化技术转化分成比例,管理岗关注服务效能指标,同时设置薪酬差异调节系数,将收入差距控制在合理区间。权益保障系统构建"法定保障托底、补充保障提质、专项保障定制"三级防护网络,在落实五险一金基础上,增设企业年金、职业伤害保险等弹性福利,建立跨区域社保衔接通道破解校企流动壁垒。改革过程注重制度协同效应,开发包含岗位能效指数、薪酬公平系数、权益满意度等核心指标的监测模型,通过大数据分析实时评估改革成效,形成"岗位流动驱动效能提升-绩效差异反馈配置优化-权益保障促进生态稳定"的闭环运行机制。这种制度设计既遵循市场经济效率原则激发创新活力,又通过量化调控筑牢公平底线,有效破解传统人事管理中刚性约束与柔性需求的矛盾,为高职院校构建兼具竞争力和凝聚力的组织生态提供制度支撑,推动职业教育从规模扩张向内涵发展的战略转型。

三、高职院校人事制度改革的主要成效

高职院校人事制度的改革在摸索中逐步推进,经历了改革阵痛与误区(学院兼并式资源整合,剥离式的资源优化,学校吞并式的资源重组),重要成果是形成了管理岗、专业技术岗、工勤技能岗的分类管理机制。管理岗承担领导职责或管理任务,专业技术岗需具备相应技术水平和能力,工勤技能岗需满足操作维护与保障服务需求。同时也对三类岗位之间的转岗问题进行明确:需在岗位限额内,符合任职条件并通过竞聘程序调整,转岗后执行新岗位等级工资。当前高职院校人事制度改革主要取得了三方面的成效。

(一)精简机构,压缩编制,合理设置学校党政管理和教学人员的比例结构

导致高职院校机构膨胀的主因是,部分从中专升格上来的高职院校出现了按资排辈的问题,引发内部不协调和外部人才引进困难。通过推进人事制度的深化改革,高职院校正在逐步实现党政管理层与教学队伍之间的平衡。以山西职业技术学院为例,该校在"三定一聘"改革中,将21个部门人员缩减了18人,压缩编制

8％，有效减少了冗余人员，提高了管理效率，学校通过优化人员配置，将更多优秀教师充实到教学一线，使教学人员比例得到提升，增强了教学力量，为提高教学质量提供了有力保障。再如，内江职业技术学院是由原内江经济技术学校、内江农业学校、内江水电学校三校合并组建而成，学校也通过缩减9个行政机构、减少49名行政人员，充实了教学一线，使得学校治理能力与水平得到明显提升，教风、学风、校风明显改善。这些改革举措不仅提高了学校的管理效率和资源利用率，还为教师创造了更加稳定、和谐的工作环境，促进了学校的可持续发展。

（二）以岗定薪，考核分配，引入岗位绩效分配制度和动态薪酬调整管理

在高职院校人事制度改革的大潮中，"以岗定薪，考核分配，引入岗位绩效分配制度和动态薪酬调整管理"的举措，已成为提升院校竞争力与促进教师发展的重要举措。

高职院校绩效薪酬改革以岗位价值为核心导向，构建"基准保障-绩效激励-动态调整"三位一体的薪酬管理体系，实现人力资本价值与组织战略目标深度契合。基于岗位分析技术建立岗位价值评估模型，从教学复杂性、技术应用度、产教融合贡献等维度量化岗位差异，形成专业群首席岗、技术攻关特聘岗、教学创新骨干岗等梯度薪酬序列。绩效考核体系采用KPI关键指标法：教学岗侧重学生技能达标率与课程开发质量；科研岗强化横向课题转化效益与专利实施率；管理岗聚焦服务响应速度与师生满意度。通过360度评估法整合学生评教、同行互评、企业反馈等多源数据。动态调整机制实施"双轨联动"策略：内部建立薪酬能效指数模型，依据年度考核结果实施5％～15％的绩效浮动；外部对接区域重点产业薪资水平与CPI指数，每三年开展市场薪酬对标分析，确保薪酬竞争力与区域经济发展同步。创新"基础工资＋岗位津贴＋绩效奖励＋专项激励"的复合分配模式：基础工资保障基本生活需求；岗位津贴体现专业技术等级差异；绩效奖励强化目标达成导向；专项激励设置教学成果奖、技术能手奖、产教融合贡献奖等通道。配套构建薪酬差异调节机制，设置岗位薪酬带宽控制内部公平性，建立低收入教师托底保障基金，实施高层次人才协议工资制。通过智能薪酬管理系统实现预算控制、绩效关联、数据溯源的数字化治理，运用区块链技术确保考核数据不可篡改。该体系通过岗位价值显性化、绩效贡献可量化、薪酬调整动态化的制度设计，有效破解传统分配中的平均主义与激励失效问题，既激活教师创新动能又维护组织生态平衡，为高职院校建设高水平师资队伍提供可持续的激励机制。

(三)人事代理,规范流动,开展人事代理制度和人才合理流动创新探索

高职院校要提高办学效益,首先要在人力成本上开源节流。事业编制是"铁饭碗",经过漫长的计划经济时期,其弊病逐渐显现。一种新的雇佣关系——人事代理,应运而生。政府机构设立的人才服务中心,旨在承接事业单位的委托任务,主要提供包括人事档案管理、职称评定、社会养老保险金收缴等在内的一系列全面服务。通过实施人事代理制度,高职院校成功缓解了教师短缺与招生规模快速扩张之间的矛盾,这对于激发人才使用机制、提升师资力量、推动学校进步具有重大意义。"引入竞争机制,充分调动教职工的工作积极性;降低高校人事管理成本,提高办学效益;解决了高校用人易进难出的问题。"高职院校实行人事代理制,相比以往更利于人才的合理流动,学校根据办学需要选聘教师,教师也可根据自身的意愿和发展需要选择学校,合理的教师流动为学校与教师提供了更大的发展空间,促进了人才资源优化组合,充分挖掘了教师的潜力。例如,浙江纺织服装职业技术学院制定了《编外用工管理办法》,与事业编制外的员工签订了劳动合同,规范了劳动关系,保障了双方权益。其突出成效在于建立了动态的师资管理,人事代理制度的优点在于增强了学校考核权和员工去留决定权,打破了有编制员工难管理的局面。配套出台的《人事调配及管理暂行规定》《人事派遣制度暂行办法》完善了人事代理制度,既解决了高职院校人事臃肿问题,又开创了人才合理流动的新模式。

第三节　高职院校人事制度改革创新思路与举措

一、高职院校人事制度改革创新思路

(一)人力资源管理理念革新

高职院校人事制度改革的本质在于实现从传统行政管控向现代人力资源开发的治理范式转型。其理念如下:确立"人才资本优先"的战略导向,构建服务型管理体系,将管理职能转化为赋能平台。实施"双核驱动"策略:一方面深化"人本导向"管理哲学,将教师职业发展需求纳入制度设计核心,建立职业咨询、心理健康、学术支持等立体化服务体系;另一方面推进"数智赋能"管理升级,运用大数据技术构建

教师发展画像系统,实现人才配置的精准化与前瞻性。重构管理部门的职能定位,将人事部门转型为战略伙伴角色,重点强化政策研究、制度设计、资源协调等核心职能。建立管理人员能力认证体系,通过专业资质考核、轮岗实践、企业挂职等方式,培育具有教育治理现代化视野的管理团队。构建"制度刚性＋人文柔性"的治理生态,在规范管理流程的同时,预留个性化发展空间,形成尊重创新、包容差异的组织文化。

(二) 双元主体引才模式构建

高职院校可建立"院校主导＋行业协同"双元主体引才模式,形成立体化人才供给网络。双元主体引才模式构建包含产业需求预测、人才能力图谱、供给渠道分析的三维引才模型,重点突破三个维度:其一,完善"双师型"人才引进标准,设置企业任职年限、技术认证等级、教学转化能力等核心指标;其二,创新"候鸟学者"柔性引进制度,实施"学术假＋项目制"组合策略,吸引行业领军人才周期性驻校工作;其三,深化校企人才共育机制,与龙头企业共建"产业教授工作站",建立技术骨干双向任职通道。双元主体引才模式构建需优化人才服务生态,构建"入职适应-职业发展-终身成就"全周期支持体系,设立专项基金支持技术成果转化,打造具有区域竞争力的人才政策包;还需建立引才效能评估系统,从结构适配度、产出贡献度、发展持续度三个维度进行量化追踪。

(三) 三维流动用人体系构建

高职院校可实施"编制管理＋岗位聘任＋项目聘用"三维流动用人体系,形成弹性化人力资源配置体系,其思路如下:建立专业群岗位动态调整模型,依据产业技术敏感度、学生就业质量、校企合作深度、资源投入强度四大参数,每两年开展岗位重组评估;推行"双岗双薪"校企流动制度,允许教师在院校教学岗与企业技术岗间周期性轮转,薪酬由校企共同承担;开发岗位效能指数系统,从教学产出、技术转化、服务贡献三个维度实施效能监测,对低效岗位实施"黄牌预警-红牌退出"机制;构建"新教师-骨干教师-专业带头人"成长通道,设置差异化的考核标准与发展资源包;建立教师能力银行制度,将企业实践、技术研发、社会服务等多元经历转化为职业发展积分。

(四) 四维评估体系创新

高职院校可构建"过程可视-结果可溯-发展可测-改进可控"四维评估体系,其思路如下：基础层实施岗位胜任力模型考核，设置教学规范度、技术应用力、服务响应度等核心指标；发展层开展增值性评价，重点观测课程建设贡献值、技术革新转化率、学生成长促进度等动态指标；创新层设置突破性成果奖励机制，对获得省级以上教学成果、重大横向课题、发明专利转化的教师实施专项激励。四维评估体系可采用智能考核系统，集成课堂教学行为分析、科研数据挖掘、服务成效追踪等功能模块，实现考核数据的实时采集与智能诊断。四维评估体系可采用"双回路"反馈机制：考核结果直接关联薪酬调整与职业发展，同时逆向驱动岗位标准优化与培训体系改进。四维评估体系可采用分类申诉制度，设立教学、科研、服务三类申诉委员会，保障考核程序的公平性与权威性。

（五）三维评价模型构建

高职院校可建立"能力维度-贡献类型-发展阶梯"三维评价模型，其思路如下：设置教学实施、技术研发、服务创新三大能力维度模块，分别制定观测指标与证据清单；将贡献类型划分为常规贡献、重点贡献、突破贡献三个层级，分别对应不同的评审加速通道；构建初级、中级、高级、资深四级发展阶梯，实施阶梯化评审标准。三维评价模型可采用"过程＋成果"复合评价方式，对于教学型职称侧重课程建设和学生成长评价，对于科研型职称侧重技术转化效益与行业影响力评估，对于"双师型"职称突出产教融合深度与技能传承成效。三维评价模型可采用校外专家盲审制度，企业技术总监的评审权重占比不低于30％。三维评价模型可采用职称动态管理制度，设置五年复评周期，重点核查岗位匹配度与持续贡献度。三维评价模型可采用能力发展积分系统，将企业实践、社会服务、学术交流等经历转化为评审加分项。

（六）能力进阶体系革新

高职院校可构建"基础夯实-专业精进-跨界融合"三级能力进阶体系，其思路如下。基础层实施教学基本功标准化培训，开发包含教学设计、课堂管理、技术应用等模块的必修课程包；专业层推行"双导师制"培养模式，为骨干教师配备院校学术导师与企业技术导师；融合层建设跨学科创新工坊，促进教师参与智能制造、数字经济等交叉领域项目。深化产教融合培养机制，建立教师企业实践"学分银行"，要求专业教师每五年累计实践时长不低于6个月。构建"微认证"体系，将1＋X证书标准、行业技术认证融入教师能力标准。设立教学创新实验区，支持教师开展模块化课程改革与活页式教材开发。建立教师发展"数字孪生"系统，通过虚拟仿真技术实现教学能力可视化诊断与个性化提升。

(七) 三元薪酬架构设计

高职院校可构建"岗位价值薪酬+绩效贡献薪酬+长效发展薪酬"三元薪酬架构,其思路如下:岗位价值薪酬依据专业技术等级与岗位复杂度分级设置,占薪酬总额的50%;绩效贡献薪酬实施目标导向型分配,教学岗侧重课程建设质量系数,科研岗强化技术转化效益分成,占30%;长效发展薪酬包含教龄津贴、学历提升奖励、企业实践补贴等,占20%。三元薪酬架构可采用双轨调节机制:设置薪酬带宽控制内部公平性,实施市场薪酬对标保障外部竞争性。三元薪酬架构可采用福利组合模式,基础层保障"五险一金"等法定福利,提升层设置企业年金、补充医疗保险等弹性选择,特色层提供学术休假、子女教育支持等发展性福利。三元薪酬架构可采用智能薪酬管理系统实现预算控制、绩效关联、个税优化的数字化治理。

(八) 五维驱动激励模型构建

高职院校可构建"物质激励-精神激励-发展激励-环境激励-文化激励"五维驱动激励模型,其思路如下:物质层面实施"基础+绩效+专项"组合激励,设立产教融合贡献奖等技术转化专项奖励;精神层面构建"教学名师-技术能手-服务标兵"荣誉体系,强化职业成就感;发展层面开辟境外研修、企业挂职、学术访问等提升通道;环境层面建设智慧办公系统与产学研协同空间,优化工作物理环境;文化层面培育"工匠精神+创新文化"融合生态,通过制度设计传承职教文化基因。五维驱动激励模型可采用全周期激励追踪系统从需求诊断、方案设计到效果评估形成管理闭环。五维驱动激励模型可采用激励敏感度测评动态调整不同群体、不同职业阶段的激励组合策略。

二、深化高职院校人事制度改革的创新举措

高职院校人事制度改革需顺应社会主义市场经济规律,系统化重构传统管理模式。改革的核心在于构建"市场导向、能力本位、动态优化"的现代人事治理体系,破除身份管理与编制束缚的体制性障碍。要着力推进治理能力现代化,建立岗位聘任、绩效评估、薪酬分配等配套制度,形成能上能下、能进能出的用人机制。改革过程需直面历史遗留的体制性障碍与结构性矛盾,以刀刃向内的勇气破除路径依赖与思维定式,将问题导向贯穿全程。通过制度创新破解职称评聘僵化、考核机

制虚化、激励效应弱化等深层次矛盾,实现人事管理从行政管控向治理服务的根本转型。

(一) 要坚持把机构编制改革作为人事制度改革的主抓手,建立科学合理的主体结构

高职院校机构编制改革作为人事制度改革的战略支点,其本质是通过结构性调整实现组织效能与资源配置效率的双重提升。当前院校组织架构普遍存在三组突出矛盾:行政机构职能交叉导致运行效率损耗,教学主体地位弱化引发资源错配,以及编制刚性约束与动态发展需求的结构性失衡。破解这些制度性障碍需要实施"三维协同"改革路径——纵向推进机构精简重组,横向构建分类岗位体系,深度建立动态调整机制。首要任务是推进组织架构的集约化改革,通过职能模块重组和业务流程再造,实现行政管理部门的战略瘦身。重点构建"教学主导型"职能矩阵模型,将教务处升级为"教学发展中心",赋予其统筹专业建设、课程开发的核心职能;设立"产教融合办公室",强化校企协同的枢纽作用。岗位体系重构需遵循职业教育类型特征,建立"基础教学岗-专业核心岗-技术研发岗"三级岗位序列,每个层级明确差异化能力标准与绩效指标。编制管理创新应突破总量控制思维,建立基于专业集群发展需求的动态核算模型,通过"基础编制+浮动编制"的双轨配置,实现人力资源与战略目标的精准适配。

深化机构编制改革需建立全生命周期的管理体系,重点完善"标准建设-过程控制-效能评估"的制度闭环。在实施层面应着力构建四大支撑机制:其一,建立岗位胜任力标准体系,开发涵盖教学能力、技术应用、产业服务等维度的岗位能力模型;其二,创新编制配置算法模型,将生师比、专业贡献度、社会服务量等多元参数纳入核算体系;其三,完善跨部门协同机制,通过建立编制资源池实现教学单位间的弹性调配;其四,构建数字化管理平台,实现编制使用效能的实时监测与预警。改革推进过程中需把握三个关键原则:坚持教学中心地位,确保教学岗位编制占比不低于60%;强化产教融合导向,单列20%浮动编制用于校企共建岗位;突出动态调整特性,建立三年周期的全面评估制度。通过实施"编制使用效能提升计划",重点解决"重数量轻质量""重管理轻服务"等突出问题,将编制资源向高水平专业群、技术创新团队和关键管理岗位倾斜,最终形成机构精简高效、岗位分类科学、编制弹性适配的现代治理格局,为高职院校内涵式发展提供坚实的组织保障和人才支撑。

(二) 要坚持把实行聘用制作为人事制度改革的关键,不断增强用人机制活力

高职院校人事制度改革的根本突破在于建立"岗位导向、动态优化"的契约化管理机制。破除计划经济遗留的身份管理桎梏,构建以岗位价值为核心的新型用人体系,是激发组织活力、释放人才效能的关键路径。改革需着力实现三大转变:从编制身份管理向岗位契约管理转型,从静态终身聘任向动态竞争择优转型,从行政指令主导向市场机制调节转型。通过构建科学规范的岗位管理体系,形成"能者上、平者让、庸者下"的良性竞争生态,从根本上破解人才流动阻滞、效能衰减等体制性矛盾。

1. 岗位管理体系的系统化建构

岗位管理改革需建立"设岗-竞聘-考核-激励"全流程治理框架。首要任务是构建分类分层的岗位体系,依据职业教育办学特征将岗位细化为教学型、科研型、产教融合型、管理服务型四大序列,每类岗位设置基础岗、骨干岗、领军岗三级发展阶梯。岗位说明书需明确职责边界、能力标准、绩效目标及退出条件,建立与岗位价值相匹配的任职资格体系。实施岗位动态调整机制,根据专业群建设需求与技术迭代速度,每三年开展岗位价值评估与结构优化,确保岗位设置与院校战略发展同频共振。

2. 竞争性聘任机制的创新设计

建立"公开透明、择优选拔"的岗位竞争机制是改革核心环节。推行全员竞聘上岗制度,构建四维一体竞聘体系:教学岗侧重课程开发与育人成效,科研岗聚焦技术转化与标准研发,产教岗考核校企协同与资源整合,管理岗评估服务效能与创新贡献。竞聘流程实施三公开原则(岗位信息公开、评价标准公开、选拔过程公开),引入行业企业专家参与评审委员会,确保选聘过程的专业性与公信力。重点突破传统职称终身制,建立"岗位能上能下、待遇能升能降"的弹性机制,对考核未达标者实行"黄牌预警-限期整改-岗位调整"的阶梯处置方案。

3. 绩效导向的考核评价体系重构

构建"能力-业绩-贡献"三维评价模型是岗位管理的基础支撑。教学岗位评价突出学生技能达标率与课程创新指数,科研岗位侧重技术专利转化率与行业标准制定参与度,产教融合岗位量化企业服务收益与协同育人成效,管理服务岗位聚焦流程优化贡献度与师生满意度。实施"过程性考核+发展性评估"双轨机制,运用

信息化手段建立教师能力发展数字画像,实时监测岗位履职效能。强化考核结果应用,建立"基本绩效＋岗位津贴＋专项奖励"差异化薪酬结构,对超额完成岗位目标的团队实施利润分享计划,形成"优绩优酬"的价值导向。

4. 契约化管理的制度保障

全面推行岗位聘任合同制是改革落地的法律保障。根据岗位类别制定差异化聘任协议,明确聘期任务目标、考核标准、退出条款及争议解决机制。建立"3＋2"弹性聘期制度,教学科研岗实施三年基础聘期与两年发展聘期的分段管理,管理服务岗实行五年任期制与中期评估制。配套构建岗位争议调解委员会与学术伦理监督机构,保障教职工合法权益。行政管理层同步实施竞聘上岗改革,中层干部岗位实行"公开选拔-任期目标-绩效对赌"管理模式,建立"能上能下、容错纠错"的干部管理新生态。

(三) 要坚持把建立科学的考核评价体系作为人事制度改革的依托,不断激发人才队伍的内生动力

高职院校人事制度改革的核心任务在于构建系统化、规范化的考核评价机制,以此破除传统分配体制的固有弊端,充分释放教师队伍的发展活力。当前各院校普遍推行的"基础薪酬＋绩效工资"双轨制,虽然在强化要素参与分配方面取得了一定突破,但在具体实施层面仍存在多重结构性矛盾:绩效评估指标体系的模糊性导致考核过程存在主观裁量空间,难以形成客观公允的评判标准;基础性保障与激励性薪酬的配比失衡,使得贡献度与回报率难以形成正向关联;多元化要素参与分配的运行机制尚不健全,制约了教职工专业潜能的深度释放。破解这些制度瓶颈,亟需从考评体系的科学化重构入手,建立权责对等、标准明确、流程规范的考核评估机制。应当严格遵循"岗位聘任与考核评价相统一"的原则,组建由学科带头人、教学督导专家和部门负责人构成的专项考评委员会,重点聚焦教师的教学实绩、科研成果及社会服务贡献度,构建层级分明、分类施策的考核框架。

深化人事制度改革必须着眼于建立动态发展的考核评价体系,既要保障教师队伍的稳定性,又要形成良性竞争机制。现行考核制度存在的评估维度单一化、激励效应弱化等问题,本质上源于制度设计的系统性和前瞻性不足。为此,需要构建覆盖教学、科研、社会服务等多维度的综合评价指标体系,重点强化过程性考核与发展性评价的结合。在制度设计层面,应建立校院两级联动的考核管理体系,由教学单位依据专业特性制定差异化考核标准,职能部门负责统筹质量监控。要特别注重青年教师成长通道建设,将职业发展规划纳入考核评估范畴,形成培养、考核、

晋升的闭环机制。应当创新考核结果应用方式,除传统薪酬激励外,可探索建立学术休假、研修资助等发展性激励措施。

(四) 要坚持把分配制度改革作为人事制度改革的突破口,注重效率与公平相结合

薪酬分配机制改革作为高职院校人事制度改革的突破口,其突破性价值在于重构价值创造与价值分配的传导链。当前高职院校普遍实施的岗位绩效工资制度,虽在打破平均主义方面取得阶段性成效,但深层次的制度性矛盾依然突出:岗位价值评估体系尚未完全对接职业教育类型特征,导致"以岗定薪"缺乏精准标尺;效率优先原则与教育公益属性存在矛盾,教师个体贡献度与团队协作效益的平衡机制亟待完善;科技成果转化激励机制与职业教育产教融合特点契合度不足,难以充分释放教师技术创新动能。破解这些难题,需要构建"三维联动"的分配体系——岗位价值决定基础薪酬、绩效贡献调节浮动收入、要素参与拓宽分配渠道。要重点完善技术技能创新成果参与分配的实施细则,建立专利转让、横向课题、社会培训等非传统教学成果的量化评估模型,使教师智力产出通过市场化机制实现价值转化。须强化二次分配的调节功能,通过设立校长奖励基金、团队建设津贴等柔性分配手段,在保障骨干教师合理收益的基础上,增强教学创新团队的凝聚力和协同效应。

推进收入分配制度改革必须坚持系统思维,既要破除制约人才发展的体制机制障碍,也要筑牢职业教育类型化发展的制度根基。在实践层面需重点推进三个维度的创新突破:其一,建立"双师型"教师专项薪酬通道,将企业实践经历、技术研发成果等纳入薪酬核算体系,强化职业教育教师专业特色的价值认同;其二,构建产教融合导向的分配激励机制,探索校企联合攻关项目收益分成、产业学院绩效包干等新型分配模式,推动教师智力资本深度参与产业升级;其三,完善事业发展平台建设的长效投入机制,将不低于30%的绩效总量用于高水平科研平台建设,形成"平台集聚人才—人才反哺平台"的良性循环。在制度设计上,应建立校院两级薪酬分配动态调整机制,赋予二级学院更大分配自主权,同时配套建立教学质量底线约束制度。通过构建物质激励与发展激励相协同、个人成长与团队建设相促进的复合型激励体系,真正实现"事业留人"与"待遇留人"的有机统一,为打造高水平"双师型"教师队伍提供持久动力。

(五) 要坚持把提高教师队伍能力素质作为人事制度改革的重心,不断加大教师培训交流力度

高职院校人事制度改革的根本着力点在于构建教师职业能力持续提升的长效

机制,这是优化人才资源配置的基础性工程。当前教师队伍建设面临能力迭代滞后于产业升级需求、专业发展通道单一化、跨界融合能力不足等结构性矛盾,其根源在于传统培训体系存在三方面局限:职业能力标准与产业技术标准衔接不紧密,导致培训内容与岗位需求错位;教师发展平台缺乏系统性规划,难以形成分层分类的精准培养模式;校际协同培养机制尚未健全,制约优质教育资源的高效流动。破解这些难题,需要建立"三维立体"的能力提升框架——纵向构建"新教师-骨干教师-专业带头人"进阶式培养体系,横向打造"教学能力-实践技能-技术创新"复合型能力结构,深度拓展"校内实训-企业实践-国际交流"多元化发展路径。重点实施"双师素质"提升工程,将产业前沿技术标准转化为教师培训课程模块,建立周期性企业轮岗制度,完善境外研修资助体系,构建覆盖职业生涯全周期的数字化学习平台,使教师能力提升与职业教育类型特征深度契合。

深化教师能力建设需构建"培养-流动-激励"协同发展的制度闭环,既要强化个体成长的内驱力,更要完善组织赋能的支撑体系。在制度设计层面应着重构建三大机制:其一,建立校企双向流动机制,通过设立产业教授特聘岗位、实施教学创新团队校企共建计划,形成技术人才与教学人才的互通渠道;其二,创新校际协同发展机制,组建区域职教教师发展联盟,开发共享型教师培训资源库,推行跨校学分互认制度;其三,完善动态激励机制,将能力提升成效与岗位聘任、职称评审、绩效分配形成制度性关联。改革实施过程中,需构建"顶层设计-过程管理-效果评估"三位一体的推进体系,通过建立教师发展诊断与改进制度,定期开展能力成熟度评估,精准识别发展短板。要健全民主参与机制,依托学术委员会构建教师专业发展自治平台,通过教代会建立改革效果反馈通道,确保能力建设举措既符合院校发展战略,又满足教师个体发展诉求,最终形成教师成长与院校发展同频共振的良性生态。

第四章
高职院校"双师型"教师队伍建设探索与实践

第一节 高职院校"双师型"教师队伍建设的目标与原则

若要实现职业教育高质量发展,必须将教师队伍能力建设作为核心战略工程,其中"双师型"教师培养体系的系统重构已成为突破产教协同育人瓶颈的关键。当前高职院校"双师型"教师队伍建设面临三重制度性矛盾:传统师资培养模式与产业技术迭代速度的结构性错位;单一化教师发展路径与职业教育类型特征的适配性不足;僵化的管理体制与校企人才双向流动需求的机制冲突。为此,亟须构建"标准引领-机制创新-生态重构"三位一体的改革框架:建立对接职业标准的能力认证体系,将产业技术规程转化为教师专业发展基准;创新"固定岗+流动岗"的编制管理模式,设置不低于20%的流动岗位用于聘请产业特聘教师;构建"院校培养+企业历练+国际研修"的复合型培养路径,重点强化教师的技术转化与教学创新能力。实施教师发展数字化赋能工程,建立覆盖职业生涯全周期的能力成长档案,并将企业实践成效纳入职称评审核心指标,有利于形成产教深度融合的师资发展新生态。

一、建设的目标

(一)明确指导思想

在新时代背景下,高职院校"双师型"教师队伍建设的指导思想尤为关键,它不仅是行动的指南,更是发展的灵魂。要坚定不移地以习近平新时代中国特色社会主义思想为指导,深入贯彻落实中共中央、国务院关于教育工作的重要论述,特别是习近平总书记关于职业教育的重要指示精神。教师队伍建设是职业教育改革发展的基石,是支撑职业教育质量提升、实现立德树人根本任务的核心力量,因此必须将教师队伍建设摆在更加突出的位置,作为基础性、战略性的工作来抓。在"双师型"教师队伍的建设过程中,要始终坚持德育为先、能力为重、全面发展的原则,加强师德师风建设,突出"双师型"教师的特色。这不仅要求教师在个体成长上不断追求卓越,还要求教师在团队建设上形成合力,共同推动"双师型"教师队伍整体素质的提升。因此,高职院校要加强对教师教育教学能力和专业实践能力的培养,通过培训研修、企业实践、国际交流等多种方式,不断提升教师的综合素质和创新能力。高职院校既要优化专兼职教师队伍的结构,充分发挥各类教师的优势,开创优势互补、协同发展的良好局面,又要注重"双师型"教师队伍建设的长效机制建设,建立健全相关制度,为教师的成长和发展提供有力的保障和支持。

指导思想引领着队伍建设的方向,规范着队伍建设的路径,激励着教师队伍的不断前行。在指导思想的引领下,高职院校将不断加强"双师型"教师队伍建设,提升教师的教育教学水平和专业实践能力,为培养大批高素质技术技能人才提供有力的师资保障,为实现我国职业教育的现代化贡献智慧和力量。指导思想的确立,不仅体现了我国对职业教育的高度重视和深切期望,还彰显了职业教育在社会发展中的重要地位和作用。

(二)强化基础性工作

强化基础性工作不仅关乎教师队伍整体素质的提升,更是推动职业教育高质量发展的内在要求。基础性工作涵盖教师队伍建设的方方面面,从师资的选拔、培养到评价、激励,每一个环节都需精心设计、周密部署。

在师资选拔上,必须遵循公开、公平、公正的准则,通过严格的评估与遴选程序,确保所有入职职业院校的教师都具备扎实的专业知识和良好的职业道德。这要求教师不仅应具备深厚的理论知识,还应具备一定的实践经验。高职院校应拓宽选拔渠道,吸引更多行业企业专家、技术能手加入教师队伍。

在师资培养上,应构建多层次、多形式的培训体系,满足教师不同阶段的成长需求。一是要加强对教师的专业理论培训,不断更新教师的知识结构,提高教师的学术水平;二是要强化对教师的实践技能培训,通过校企合作、工学结合等方式,让教师深入企业一线,了解行业最新动态,掌握先进技术技能,从而提升教师的实践教学能力;三是应注重教师的教育教学能力培养,提高教师的教学设计、教学实施和教学评价能力,使教师能够更好地将专业知识与实践技能相结合。

在师资评价上,应建立科学、合理的评价体系,既要注重教师的教学成果,又要关注教师的实践贡献。评价体系应体现多元性、开放性和发展性,鼓励教师创新教学方法并探索实践教学新模式。高职院校应将师德师风作为教师评价的重要指标,强化教师的职业道德和职业精神。

在师资激励上,应建立健全激励机制,激发教师的积极性和创造力。高职院校应通过设立教学奖励、科研成果奖励、实践创新奖励等多种奖项,表彰在教育教学、科研创新、实践探索等方面取得突出成绩的教师;应提高教师的待遇和地位,吸引更多优秀人才投身职业教育事业;应为教师提供广阔的发展空间和更多的晋升机会,鼓励教师参与国内外学术交流与合作,拓宽教师的学术视野和国际视野。

强化基础性工作是高职院校"双师型"教师队伍建设的重要保障。通过精心选拔、全面培养、科学评价和有效激励,高职院校可以构建一支高素质、专业化的"双师型"教师队伍,为职业教育的高质量发展提供有力的人才支撑。这不仅需要高职院校自身的努力和创新,还需要政府、企业等多方面的支持与配合,共同形成推动"双师型"教师队伍建设的合力。

(三) 以"立德树人"为核心使命

以"立德树人"为核心使命,是铸就教育辉煌、培养新时代人才的必要条件。这一思想深刻揭示了教育的核心和职责,并为构建"双师型"教师队伍建设指引了道路,确立了基本原则。"立德树人"作为教育的根本任务,其内涵丰富而深远。立德,即树立高尚的品德,强调教师需具备崇高的职业道德和坚定的理想信念,以身作则,为学生树立榜样。在高职院校"双师型"教师队伍建设中,教师们不仅要向学生传授专业知识,更要通过自身的言行举止向学生传递正确的价值观、人生观和世界观,引导学生形成健全的人格和积极向上的精神风貌,这要求教师不仅要具备扎实的专业知识,更要具备高尚的道德情操。树人,即培育人才,强调教育要面向未来,培养具有创新精神和实践能力的高素质人才。在高职院校"双师型"教师队伍建设中,教师们不仅要关注学生所学知识的多少,更要关注学生能力的培养和素质的提升。另外,教师们还要关注学生的全面发展,注重学生的身心健康和人格完善,努力培养德智体美劳全面发展的社会主义建设者和接班人。

高职院校要加强师德师风建设,制定完善的师德规范,明确教师的职业道德和行为准则,引导教师树立正确的职业观和价值观;要加强师德教育,通过举办培训班等方式,提高教师的师德素养和职业道德水平;要注重教师的专业发展,为其提供多样化的培训和学习机会,鼓励其进行学术研究和实践探索;要注重培养教师的实践能力,通过校企合作、工学结合等方式,让教师深入企业一线,了解行业的最新动态。在评价体系方面,高职院校应将"立德树人"作为评价"双师型"教师的重要标准,不仅要关注教师的教学成果和科研业绩,更要重视教师的师德表现和实践贡献。通过建立科学合理的评价体系,可以激励教师更加注重学生的全面发展以及教学与实践的结合。

通过加强师德师风建设、注重教师的专业发展、加强教师实践能力的培养以及建立科学合理的评价体系等措施,可以构建一支高素质、专业化的"双师型"教师队伍,为培养具有创新精神和实践能力的高素质人才提供有力保障。这不仅是高职院校自身发展的需要,也是推动职业教育高质量发展、服务经济社会发展的必然要求。

(四)将个体成长与团队建设相结合

个体成长是教师队伍建设的基石,每位教师的成长情况都直接影响到教育质量的高低。因此,高职院校应为教师提供多样化的成长路径和个性化的发展空间。一方面,高职院校可以通过设立专项培训基金、鼓励教师参与国内外学术交流、支持教师攻读更高层次的学位等方式,为教师提供丰富的学习资源,助力其专业知识的更新与拓展;另一方面,高职院校可以通过定期举办教学能力大赛、教学研讨会等活动,激励教师创新教学方法,形成独特的教学风格,增强其实践教学能力。

个体成长虽重要,但若缺乏团队的支持,其效力将大打折扣。团队建设是教师队伍建设的另一重要维度,它强调的是教师之间的合作与交流。集体智慧的碰撞,可以促进教师们更新教学理念和革新教学方法。高职院校应鼓励教师跨学科、跨专业组建教学科研团队,这样能促进知识的交叉融合,激发教师的创新活力。通过定期在团队内部讨论问题和分享经验,教师们可以相互学习,取长补短,共同提升。高职院校还应建立团队评价机制,对在教学、科研、社会服务等方面表现突出的团队给予表彰和奖励,以增强团队的凝聚力和向心力,营造良好的工作氛围。在具体实施过程中,高职院校可采取"导师制"与"项目制"相结合的方式,促进个体成长与团队建设的深度融合。在导师制下,经验丰富的老教师作为导师,对新入职或年轻的教师进行一对一指导,帮助其快速适应教学环境和提升教学科研能力;在项目制下,教师能够以团队形式申报各级各类教学科研项目,在项目实施过程中,教师不仅可以增强实践能力,还可以增强合作意识。高职院校应建立教师成长档案,记录每位教师的成长轨迹,为教师的个体成长和团队建设提供数据支持,也为教师评价、激励机制的建立提供依据。

(五) 以能力提升为核心

《深化新时代职业教育"双师型"教师队伍建设改革实施方案》(下称《实施方案》)明确指出,教师队伍是发展职业教育的第一资源,是支撑新时代国家职业教育改革的关键力量。建设高素质"双师型"教师队伍,是加快推进职业教育现代化的基础性工作,以能力提升为核心,不仅是对教师个体专业发展的要求,更是对整个教师队伍建设的战略考量。

在能力提升的具体实践中,首先,高职院校应注重教师教育教学能力的提升,这包括教学设计、教学实施、教学评价等方面。高职院校应定期组织教学观摩、教学比赛、教学研讨会等活动,鼓励教师相互学习、交流经验,不断提升教师的教育教学能力。同时教师需进一步了解学生的学习需求,实施个性化教学,重视培养学生的创新意识,以促进教与学的共同进步。其次,高职院校应注重教师专业实践能力的提升。专业实践能力是"双师型"教师队伍建设的核心要素之一,根据《实施方案》的要求,高职院校应建立健全教师企业实践制度,鼓励教师参与企业技术研发、生产管理等活动。高职院校可以通过校企合作、产学研结合等方式,为教师搭建实践平台,激发教师参与企业实践的积极性,使教师在实践中不断积累经验和提升专业实践能力。最后,高职院校应注重教师科研能力和社会服务能力的提升。高职院校应鼓励教师围绕行业企业发展需求,开展应用性研究并解决企业生产中的实际问题。高职院校还应通过设立科研基金、提供科研保障等方式,支持教师开展科研项目和为社会提供技术咨询、培训服务等,增强教师的社会服务能力。

(六) 优化教师队伍结构

建设高素质"双师型"教师队伍,是加快推进职业教育现代化的基础性工作,优化教师队伍结构是实现这一目标的关键所在。教师队伍结构的优化,旨在通过合理配置教师资源,促进教师队伍的专业化、多元化发展,以满足职业教育多样化、个性化的教学需求。

在优化教师队伍结构的具体实践中,首先应注重教师来源的多元化。高职院校应拓宽人才引进渠道,不仅应面向高校应届毕业生招聘,还应积极吸引具有丰富企业工作经验的专业人才加入教师队伍,这有助于将行业前沿技术和实践经验引入课堂,提升学生的实践操作能力和职业素养。面向高层次人才、高技能人才,采用直接业务考核方式公开招聘,可以更加灵活地选拔符合职业教育需求的优秀人才。其次应关注教师的年龄、学历、职称等结构的合理搭配。高职院校应制定科学的教师队伍建设规划,根据专业发展需要和教育教学实际,合理设置不同年龄段、不同学历层次、不同职称等级教师的比例,这有助于形成老中青相结合的梯队式教师队伍,既保证了教学经验的传承,又激发了年轻教师的创新活力。再次应注重专兼职教师的合理配比。高职院校应建立健全自主聘任兼职教师的机制,设置一定比例的特聘岗位,畅通高层次技术技能人才兼职从教渠道。通过聘请企业工程技术人员作为兼职教师,可以解决专任教师实践经验不足的问题,促进专兼职教师之间的交流与合作,形成优势互补、共同发展的良好局面。最后应积极探索校企合作、产教融合的新模式。通过与企业共建"双师型"教师培养培训基地、产教融合型企业实践基地等,可以为教师提供实践锻炼和学习交流的平台。这不仅有助于提升教师的实践能力和职业素养,还有助于推动教育教学改革与产业转型升级的衔接配套,为培养高素质技术技能人才提供有力支撑。

(七)保障职业教育现代化

在推动职业教育现代化的道路上,"双师型"教师队伍建设是很关键的因素。《实施方案》为确保职业教育现代化提供了清晰的方向和具体的执行策略,不仅突出了"双师型"教师队伍建设的必要性,还具体说明了如何通过一系列方法来确保职业教育现代化目标的达成。从教师队伍建设的角度来看,《实施方案》明确提出了构建高素质"双师型"教师队伍的目标,这一目标的设定,是基于职业教育现代化对教师队伍提出的更高要求。在具体实施路径上,《实施方案》提出了一系列具有针对性和操作性的措施。通过优化教师队伍结构,拓宽人才引进渠道,吸引具有企业工作经验和行业背景的专业人才加入教师队伍,可以增强教师队伍的实践能力和行业适应性。这一系列措施的实施,有助于将行业前沿技术和实践经验引入课堂,提升教学的针对性和实效性。《实施方案》强调了健全教师培养培训体系的重要性。通过建立政府统筹管理、行业企业和院校深度融合的教师队伍建设机制,打通校企人员双向流动渠道,为教师提供更多的实践锻炼和学习机会,实施职业院校教师素质提高计划,分级打造高层次人才队伍,可以提升教师的教育教学能力和专业实践能力。这些措施的实施有助于打造一支师德高尚、技艺精湛、专兼结合、充满活力的高素质"双师型"教师队伍。《实施方案》还强调了完善教师评价激励机制的重要性。建立具有鲜明特色的"双师型"教师资格准入、聘用考核制度,明确教师的职业发展通道和待遇保障机制,将教师的教育教学成果、实践创新能力等纳入职称评聘、绩效考核等范畴,构建科学的教师评价体系,有助于激发教师的积极性和创造性,营造尊重人才、鼓励创新的良好氛围,为教师队伍的持续发展提供有力保障。

二、建设的原则

(一) 以师德师风为第一标准

高职院校作为培养高素质技术技能人才的重要基地,不仅要要求教师具备扎实的专业知识和过硬的实践能力,更要将师德师风建设置于教师发展的核心位置。为此,高职院校应强化对教师思想政治素质和师德素养的全面考查,确保每一位教师都能成为学生成长道路上的引路人和榜样。

具体而言,高职院校应构建科学、完善的师德师风评价体系,将师德师风作为教师招聘、晋升、评优评先的重要依据。通过明确列出教师不应有的行为表现(如违背诚信原则、体罚或变相体罚学生、利用职务之便谋取私利等),为教师的职业行为划定清晰的红线,可以引导教师树立正确的职业观。坚持教育家精神铸魂强师,推动师德师风建设常态化、长效化,强化政治引领,筑牢思想防线,完善制度规范,强化全链条管理,坚持师德违规"零容忍",持续涵养高尚师德师风,形成教师立德修身、敬业立学、教书育人的新风貌。

(二) 理论与实践相结合

高职院校在师资队伍建设上应积极响应教育部的号召,将理论与实践相结合的原则贯穿于教师招聘、培养及评价的全过程。具体而言,高职院校应严格制定并执行学校内部的教师招聘制度,这是确保教师队伍质量的第一道关卡。在招聘新教师时,应明确将具备3年以上企业工作经历作为重要条件之一,这一要求既体现了对教师实践经验的重视,也是对教师职业能力的一种预设考量。通过这一制度性安排,可以有效筛选出那些既具有扎实理论基础又拥有丰富实践经验的优秀人才,为"双师型"教师队伍的建设奠定坚实基础。

在实践中,高职院校可通过多种渠道和方式招聘具备企业工作经历的教师。一方面,可以与相关企业建立紧密的合作关系,通过校企合作、产教融合等途径,吸引和鼓励企业中的技术骨干、管理专家等转型成为高职院校的教师;另一方面,可以充分利用人才市场、招聘网站等渠道发布招聘信息,吸引具备企业工作经历的优秀人才加入。为确保招聘工作的公正、公平和透明,高职院校应建立健全招聘工作的监督机制和评价体系。

在加强教师理论教学和实践教学能力方面,高职院校应采取多种措施,确保"双师型"教师既具备扎实的理论基础,又具备丰富的实践经验。高职院校应加强对教师的理论培训,使其知识结构不断更新,理论素养和教学水平不断提高;应通过鼓励教师积极参与科研项目,提升其科研能力和学术水平;应加强对教师实践教学能力的培养,为教师提供实践平台,比如与企业共建实训基地、实习工厂等;应鼓励教师定期到企业挂职锻炼、参与企业项目研发等,这样可以让教师深入了解企业的运作机制和行业发展趋势,从而提高教师的职业技能;应邀请企业的专家、技术能手等与教师进行面对面的交流和互动,促进教师与企业人员的相互学习和共同提高。

(三)数量充足、素质优良、结构合理

高职院校需使其教师队伍数量与办学规模保持动态一致,确保能够满足基本的师生比要求,这是保障教学质量和学生培养效果的基础。为实现这一目标,高职院校应依据自身的专业设置、招生规模以及教学需求,科学合理地确定教师队伍的数量,通过引进优秀人才、培养在职教师等多种途径,不断优化和扩充教师队伍,确保教学工作的顺利进行。

在师资素质方面,高职院校的教师需具备优良的师德师风,这是教师职业素养的重要体现,也是赢得学生尊重和信任的关键。高职院校的教师需满足如下要求:秉持敬业爱生、为人师表的教育理念,为学生树立良好的榜样;具备扎实的专业基础知识,这是从事教育教学工作的基本要求;不断更新知识结构,紧跟行业发展步伐,掌握最新的专业知识和技能,以确保教学内容的先进性和实用性;拥有先进的职教理念,能够深刻理解职业教育的特点和规律,注重培养学生的实践能力和创新精神;明确自身的职业角色和职业定位,具备强烈的职业责任感和使命感,能够在教育教学改革和实践中不断提高教学水平和质量。

在师资队伍结构方面,高职院校应注重组建合理的教师团队,以实现教学资源的最优配置。师资队伍中既应有理论基础扎实的专业教师,他们能够为学生提供系统的专业理论知识教学,培养学生的专业素养和思维能力,又应有实践能力突出的指导教师,他们能够通过实践教学、实训指导等方式,提高学生的动手能力和解决实际问题的能力。

(四) 分层激励

在"双师型"教师队伍建设与管理实践中,高职院校应依据教师的专业技能水平与职称差异,构筑一套科学、合理且层次分明的激励系统。该系统需清晰界定各层级教师的职业发展需求与目标导向;对于具有初级职称或持有初级专业技能证书的教师,可侧重为其提供基础教学技能培训、企业实习机会及教学研究支持,通过颁发教学新秀奖、技能提升奖等措施,鼓励他们稳固教学基础、积累实践经验以及提高专业技能;对于具有中级职称或持有中级专业技能证书的教师,应重视对其教学创新能力与课程改革能力的培养,可通过资助教学改革项目、奖励精品课程建设等方式,激励其在教学内容、教学方法与教学手段上进行探索与创新;对于具有高级职称或持有高级专业技能证书的教师,则更应注重发挥其在专业领域的优势,可通过设立科研创新团队、行业专家工作室、技术服务平台等,为其提供广阔的学术研究空间与社会服务舞台,并鼓励其带领团队开展前沿技术研究、解决行业共性技术难题,还可通过颁发卓越教师奖、行业贡献奖等奖项,充分肯定其在教育、科研创新及社会服务等方面的突出贡献,以此激发其内在驱动力,增强其职业荣誉感与使命感。

(五) 产教融合与校企合作

产教融合与校企合作是高职院校"双师型"教师队伍建设的核心原则,旨在通过教育与产业的深度融合以及学校与企业的紧密协作,打造一支既具备扎实理论基础又拥有丰富实践经验的高素质教师队伍。这一原则强调教师不仅要掌握专业知识,还需深入了解行业动态和企业实际需求。贯彻这一原则,可从以下几点入手。第一,建立校企人员双向流动机制。通过政策引导,建立校企人员双向流动机制,可让企业的技术人员到学校兼职任教,也可让教师到企业挂职锻炼。第二,与企业共建教师培养培训基地。学校可与企业合作建立教师培养培训基地,为教师提供实践和培训的场所,这些基地应该能够提供真实的生产环境和技术研发项目,使教师在实践中提升专业技能。第三,完善教师考核评价体系。将教师的实践能力和企业经历纳入考核评价体系,鼓励教师取得行业认可的资格证书和技术职称,在职称、薪酬待遇等方面向"双师型"教师倾斜,激发教师参与校企合作项目的积极性。第四,加强兼职教师队伍建设。建立动态调整、校企互通的兼职教师资源库,吸引更多的高技能人才到学校兼职,为兼职教师提供教学能力提升培训。第五,推进校企深度合作项目。鼓励教师参与校企合作项目,使教师能够将最新的行业技术融入教学中,提升教学的实用性和前瞻性。坚持产教融合与校企合作,有助于推动"双师型"教师队伍的建设,提升教师的专业素养和实践能力,为职业教育的高质量发展提供坚实的人才保障。

第二节 高职院校"双师型"教师队伍的建设路径

教育部与财政部联合发布的《关于"十四五"期间深入实施职业院校教师素质提高计划的意见》,强调要坚持和完善国家示范引领、省级统筹实施、市县联动保障、校本特色研修的四级培训体系建设。教师团队的素质和能力直接关乎高职院校的教学质量,因此,打造一支高素质的"双师型"教师队伍已成为提升高职院校整体人才培养质量的关键所在。

一、建立健全"双师型"教师培养机制

高水平高职院校推进"双师型"师资建设普遍采用内生性培养与外源性引进协同的战略范式,形成"体制创新驱动、产教要素整合、发展生态重构"的实践框架。这类院校通过建立校企协同育人机制、完善教师发展支持体系、创新人才评价标准等方式,有效破解了传统师资建设中的要素离散与动能不足问题,为职业教育师资现代化提供了可资借鉴的范式样本。院校主体作用的发挥可从以下三点入手:建立教师企业实践学分积累与转换制度,破解产教要素流动壁垒;构建职称评审绿色通道与绩效薪酬弹性机制,激活教师转型发展动能;完善技术技能创新服务配套政策,形成"教学-研发-服务"的价值闭环。

(一)构建职前能力培育体系与职业资格认证机制

职业教育师资培养的本质要求在于实现教育素养与技术能力的有机统一,这决定了高职院校教师的准入标准必须突破传统教育的单一维度。构建"双证融合"的职业准入制度,既要求教师具备高等教育从业资格,又需建立与职业岗位对接的技术资质认证体系。该制度的核心在于建立"产教双元"培育机制,通过院校系统培养与企业深度浸润的交替模式,确保教师同步掌握教育规律与产业技术。国际职教强国普遍建立职前实践准入机制,要求教师完成规定周期的产业履历积累,并通过技术等级认证考核。这种制度设计的先进性体现在三个方面:促进教育理论

与技术实践的深度融合;保障教师专业发展的可持续性;强化职业教育与产业发展的协同性。

我国职教师资培育体系的优化需从以下三个维度入手:第一,重构专业课程体系,提高应用技术课程的占比,形成"教育原理＋技术标准＋教学转化"的三维能力架构;第二,建立分层递进的实践培养机制,将企业技术攻关项目转化为教学能力培养载体;第三,完善职业资格认证标准,开发符合职业教育特点的教师资格认证框架。在师资培育方面,应重点推进"双元培育模式"改革,建立院校与企业联合培养责任机制,规定新任教师必须完成不少于12个月的产业实践并通过技术技能等级认证。在课程实施层面,应推行"项目引领、任务驱动"的教学改革,构建基于典型工作过程的模块化课程体系,强化师范生技术转化与教学设计的复合能力培养。

职业资格认证制度的深化需要突破传统评价框架,建立"过程考核＋成果认证"的双轨评价体系,具体实施路径包括构建技术技能等级与教学能力等级的对应转换机制、制定职业教育教师专属职业资格标准以及设立校企联合认证委员会。认证标准应突出三个导向:产业技术前沿性、教育教学适配性、职业发展可持续性。

(二) 产教协同机制创新与双元能力师资培养路径重构

要实现职业教育师资队伍建设的现代化转型,必须构建校企命运共同体,形成"产业技术反哺教学能力,教育创新驱动产业升级"的双向赋能机制。国际职教强国普遍建立产教深度融合的师资发展模式,其制度内核体现为三个特征:教育标准与产业标准的动态耦合、教师角色与工程师角色的有机统一、教学场景与生产场景的深度交互。这种协同机制不仅破解了技术迭代滞后于产业发展的结构性矛盾,更为教师技术转化能力的持续进化提供了有力支撑。我国的职业教育师资培养需突破传统校企合作的表层互动,转向制度性、常态化、深层次的产教协同创新生态构建。

产教协同机制的创新需要重点突破三个维度:第一,建立技术标准转化机制,将企业技术规程转化为教学能力认证标准;第二,构建教师企业实践学分银行,实现产业经验与教学资质的等值互认;第三,完善校企人才互通制度,设立产业教授流动岗与教师技术研发岗双向通道。核心举措包括:组建校企联合教师发展中心,开发"技术攻关-教学改革"双轨并行的能力提升项目;建立教师企业实践制度,规定专业教师每五年累计实践时长不低于12个月;实施"双师双能"认证工程,构建包含技术研发能力、教学转化能力、标准制定能力的多维评价体系。

教师实践能力培育体系的优化需要实施"三维赋能"计划:在知识维度构建"技

术原理-教学转化-创新应用"的复合型知识结构;在能力维度形成"技术诊断-工艺改良-标准制定"的进阶式能力谱系;在素养维度培育"工匠精神-教育情怀-创新思维"的融合型职业特质。

校企协同育人生态的构建需要打造三个支撑平台:产教融合创新平台、技术研发共享平台、数字孪生教学平台。实施策略包括:推行"双导师"制度,组建企业技术骨干与院校教学专家协同指导团队;建立教师技术研发成果向教学成果转化的激励机制,将技术专利转化为教学资源;开发教师发展数字画像系统,该系统能精准诊断能力短板并提供定制化提升方案。通过构建"技术研发-教学创新-人才培养"的价值闭环,可以实现教师专业发展与产业技术升级的同频共振。

制度保障体系的完善需要建立四项机制:校企协同治理机制、质量评价反馈机制、风险共担补偿机制、成果共享分配机制。政府应出台关于产教融合型教师发展的专项法规,明确企业参与师资培养的法定义务。

(三) 构建开放型师资引进体系与柔性用人机制

职业教育师资队伍的结构优化需要突破传统的封闭式用人模式,建立"刚性引进与柔性使用相结合"的开放型人才管理机制。针对"双师型"教师来源单一、产教要素流动不畅等问题,高职院校应实施"双轮驱动"战略:一方面,完善行业企业人才引进制度;另一方面,创新兼职教师管理模式,形成"固定岗引专才、流动岗纳优才"的师资配置新格局,为职业教育现代化提供可持续的人才供给保障。

1. 人才引进机制的系统性重构

解决"双师型"教师来源单一问题的根本路径在于构建产教人才互通制度体系。高职院校需重点建立三个维度的引才标准:在技术技能维度,要求引进对象具备中级以上专业技术资格或省级技术能手称号;在产业贡献维度,侧重考察引进对象的技术革新成果与行业影响力;在教育适配维度,注重引进对象的教学转化能力与发展潜力。高职院校还需实施"三通道"引才工程:设立产业教授特聘岗位,吸引企业技术总监级人才;创建技能大师工作室,引进国家级技术能手;组建校企联合创新团队,吸引科研院所技术骨干。在制度保障层面,高职院校需突破三个关键点:建立技术技能人才任教资格认定绿色通道,制定差异化的职称评审标准;完善企业人才兼职任教激励机制,构建课时津贴与项目奖励并行的薪酬体系;构建"双身份"管理制度,保障引进人才在企业与院校的双重权益。

要实现引进机制创新,需要建立校企人才共享信息平台、技术技能人才储备库、引进人才发展评估系统。高职院校应重点推进"双聘制"改革,允许引进人才在保留企业职务的同时承担教学任务。政府应出台专项政策,对接收企业技术骨干的高职院校给予编制倾斜与财政补贴,激发校企协同育人的内生动力。

2. 兼职教师队伍建设的生态化转型

兼职教师管理制度创新是优化师资结构的突破口。在现代职业教育发展过程中,需构建"固定编制保基础、流动编制促发展"的弹性用人体系,重点开发三类兼职教师资源:行业企业技术专家、能工巧匠、科研院所创新人才。兼职教师队伍的功能定位应实现三个转变:从补充性资源转向战略性资源;从临时性聘用转向常态化合作;从单一教学角色转向产教融合的纽带。管理制度创新需聚焦于四个维度:搭建兼职教师准入标准体系,制定包括技术等级、教学能力、行业影响力的多维评价指标;构建分类聘用机制,区分课程导师、项目导师、竞赛导师等不同角色;搭建动态管理平台,实现聘用、考核、激励的全流程数字化管理;创新协同发展模式,组建专兼结合的模块化教学团队。

要实现兼职教师效能的提升,需要建立"四维驱动"机制(教学能力赋能机制、产教协同创新机制、职业发展激励机制、质量保障机制),特别是需要构建"双栖型"发展通道,允许优秀的兼职教师通过定向培养转为正式教师。

在兼职教师队伍建设过程中,以下三点尤为重要:促进教育链与产业链的要素融合,推动课程内容与职业标准对接;加速新技术向教学资源的转化,保持人才培养的前沿性;优化人力资源配置,提高办学效益。为此,需建立兼职教师资源库分级管理制度,按专业领域、技术等级、服务能力进行动态分级,实现精准匹配与高效利用。

3. 加强对兼职教师的培训

针对兼职教师群体普遍存在的教学经验欠缺、教学理论储备不足等现实问题,需构建"标准引领-分层培养-持续发展"的三阶培养体系。在基础层,实施系统化岗前研修,开发包含职业教育原理、课程开发技术、信息化教学手段、课堂管理策略的必修课程包,采用"线上理论学习+线下工作坊"的混合研修模式。在进阶层,推行导师制培养计划,为每位兼职教师配备专门的职业发展导师,通过集体备课、教学观摩、案例研讨等方式实现经验分享。在发展层,建立常态化能力提升机制,通过定期组织微课竞赛、教学设计评比等专项活动,促进兼职教师教学能力的螺旋式上升。

4. 建设兼职教师数字化管理平台

职业教育兼职教师队伍建设的现代化转型亟须建立智能化的信息治理体系。该体系的核心价值在于实现三个突破:打破行业人才数据孤岛,构建产教融合型人才共享生态;建立精准匹配机制,提升师资配置效率;形成可持续发展模式,保障资源库的时效性与有效性。

(1) 动态化信息采集机制与数据治理

构建高质量兼职教师资源库的基础在于建立标准化、系统化的信息采集体系。信息采集范围应覆盖基础信息、职业能力、行业贡献、教学适配、发展潜能等五个维度。其中:基础信息维度包含年龄、学历、职称等静态数据;职业能力维度涵盖技术等级证书、专利成果、项目经验等专业资质;行业贡献维度涉及技术标准制定、技能竞赛获奖等职业成就;教学适配维度包括教育背景、培训经历等教学能力指标;发展潜能维度关注学习能力、创新思维等软性素质。在采集信息时,需实施"政-行-校-企"四方协同机制:教育主管部门制定统一的数据标准;行业协会建立技术人才认证体系;院校搭建信息申报平台;企业开放技术人才数据接口。

在数据治理环节需要建立三项保障机制:数据安全机制(采用区块链技术确保信息存储与传输的安全性)、数据清洗机制(运用人工智能算法自动识别并修正异常数据)、数据分级机制(按照师资紧缺程度、技术稀缺性等指标实施分类标签管理)。政府应出台《职业教育兼职教师信息管理规范》,明确数据采集的法律边界与伦理准则,为信息资源库建设提供制度保障。

(2) 智能化筛选体系与质量评估

信息筛选流程的优化需要构建"初筛-精评-分级"的三阶质量控制系统。在初筛阶段,采用机器学习和自然语言处理技术,根据预设的准入条件对数据进行自动化过滤,快速剔除不符合基本资质要求的冗余数据。在精评阶段,组建由教育专家、行业技术骨干、人力资源顾问组成的联合评审委员会,重点评估三个关键指标(技术技能的产业适配度、教学能力的可塑性、职业发展的可持续性)。在分级阶段,实施动态星级评定制度,依据评估结果将兼职教师划分为"领军型"教师、"骨干型"教师和"储备型"教师。

若要实现有效的质量评估,需建立三个支撑模块,分别为能力雷达图可视化系统、教学潜能预测模型、校企双维度评价机制。其中能力雷达图可视化系统能够多维呈现教师的专业素质,教学潜能预测模型能够基于历史数据推算教师发展的可能性,校企双维度评价机制结合了院校教学反馈与企业技术贡献。另外,还需要开发智能预警功能,对资质临近有效期、技术等级需要更新的教师自动触发提醒,确保资源库中信息的有效性。

(3) 平台化运营架构与智能服务

信息资源库的载体建设需要构建"云平台+智能终端"的技术支撑体系。平台架构应包含四个核心模块,分别为数据中台、业务中台、应用中台、安全中台。其中:数据中台用于实现多源异构数据的整合治理;业务中台可以提供智能匹配、在线签约等服务功能;应用中台用于开发移动端管理工具;安全中台用于保障系统稳定运行。关键的技术创新点包括:开发语义检索引擎,支持自然语言模糊查询;构建智能推荐算法,根据课程需求自动推送适配教师;设计可视化数据驾驶舱,实时监控资源库运行状态。

在智能服务方面,需实现三个突破:建立跨区域共享机制,打破地域限制,实现优质资源辐射;开发在线协同模块,支持远程教学与虚拟教研室建设;嵌入继续教育系统,提供定制化培训课程。优化用户体验的重点包括:简化注册认证流程,实现"一网通办";开发智能助手功能,提供24小时咨询服务;构建信用评价体系,形成优质优酬的良性生态。

(4) 长效化运维机制与生态构建

要实现信息资源库的持续发展,需要建立"监测-更新-激励"三位一体的运维体系。监测系统实施三级预警机制:实时监测数据完整性;季度评估资源匹配效率;年度审计系统安全性。更新机制包含三个层面:基础信息年度确认;资质证书动态更新;能力等级定期复核。

在生态构建方面,需突破三个关键点:建立资源共享收益分配机制,明确数据使用方的付费标准与知识产权归属;开发产教融合的数据产品,提供师资需求预测报告等技术服务;设立可持续发展基金,通过政府拨款、企业赞助等多个渠道保障运营。

(四) 深化高职院校"双师型"教学团队建设

"双师型"教学团队的共同愿景、团队成员之间的角色与能力互补以及团队的自发行为与创造力共同影响着团队成员的潜能和团队整体的士气。要深化"双师型"教学团队建设,充分发挥团队的战斗力,可以从以下方面努力:确定并强化团队的共同愿景,以引领团队朝着共同目标努力;促进团队成员之间的角色与能力互补,实现资源的最优配置;激发团队的自发行为与创造力,为团队持续注入创新动力和发展活力。

1. 确定并强化团队的共同愿景

高职院校在组建"双师型"教学团队时,可以从以下几个方面来确定并强化共同愿景:第一,由于团队的共同愿景应与团队成员长期的工作内容和努力方向相一致,团队成员对共同愿景的认同程度直接影响团队的凝聚力和团队成员的工作积极性,因此在确定共同愿景时,必须邀请所有团队成员参与深入讨论;第二,高职院校教师的职业发展与职称评定、晋升及学术影响力紧密相连,因此在确定共同愿景时,应充分考虑团队成员的个人成长和职业规划,避免让团队成员在繁忙的工作中错失个人发展的机会,倡导团队与成员共同进步、共享成就;第三,确保共同愿景与近期目标的协调性,只有保证共同愿景与近期目标相协调,才能鼓舞士气。

2. 促进团队成员之间的角色与能力互补

在组建专业教学团队的过程中,构建科学化的组织结构是实现师资队伍协同发展的重要前提。在团队建设过程中,需以系统性思维统筹教师资质评估与岗位职能设计,既要考虑成员的专业能力、学历背景、职称梯次等,也要深入剖析个体的性格特征与职业发展倾向,通过精准的角色定位实现能力互补与效能叠加。依据现代组织行为学原理,理想的"双师型"教学团队应形成层次分明、分工协作的职能体系:战略引领者负责团队发展方向把控与资源统筹;质量督导者专注于标准制定与流程优化;执行推进者负责教学方案的高效落地;协同沟通者负责搭建良性互动的合作桥梁;信息整合者负责拓展外部资源的获取渠道;理念创新者专注于为团队持续注入改革动力。高职院校需建立动态调整机制,定期评估岗位履职效能,根据职教发展需求优化角色构成,通过青年骨干培养计划保持人才梯队活力,并通过设置适度弹性空间促进岗位职能迭代升级。高职院校应注重培养教师的复合型能力,通过跨学科协作平台、轮岗实践机制及专项培训体系,引导教师在深耕专业领域的同时拓展能力维度,使教学团队既能完成复杂多元的教学任务,又能为教师职业发展创造上升通道,最终形成个人成长与团队建设相互促进的良性生态。这种兼具结构稳定性与发展适应性的组织模式能够有效激发师资队伍的整体创新动能,为高职院校的内涵式发展提供可持续的人才支撑。

3. 激发团队的自发行为与创造力

创建支持型组织环境是激发师资队伍内生动力与创新潜能的核心任务。团队领导者需通过系统化的制度设计与机制创新,构建权责清晰、激励有效的管理体系,为"双师型"教学团队的可持续发展提供制度保障,具体如下。首先,实施团队负责制改革,依据岗位特征与专业需求科学界定成员的责任范畴、权利边界等,形成"事权匹配、责利对等"的运作框架,既要赋予团队充分的专业自主权,又要建立规范化的监督约束体系,确保教学科研活动在弹性空间中有序推进。其次,重构绩效考核维度,将个体贡献与团队绩效有机结合,设计涵盖教学创新、技术研发、社会服务等多个维度的评价指标,通过分层分类的考核机制精准识别成员的价值创造点,并建立与考核结果动态联动的激励机制,构建物质奖励、职称晋升、发展机会相结合的复合型激励网络,充分调动教师的主观能动性。再次,强化制度建设的系统性,既要注重刚性制度的约束功能,又要重视柔性管理的引导作用,通过定期组织发展性对话、建立双向反馈渠道、实施个性化职业规划等举措,增强教师对团队目标的认同感与归属感。最后,动态调整支持策略,根据职业教育改革趋势与团队发展阶段,持续优化资源配置模式,完善跨部门协作机制,搭建资源共享平台,为教师提供教学改革所需的政策支持、技术保障与成长空间。特别需要强调的是,必须保证支持型环境构建与团队能力建设形成闭环,通过建立常态化培训机制、搭建学术交流平台,系统性提升教师的教学设计能力、技术应用能力与协同创新能力,使制度保障切实转化为专业发展动能。这种以赋能为导向的团队支持体系,既能通过清晰的制度框架保障团队的运行效率,又能通过弹性化的管理激发教师的创造性思维,最终形成"制度引导行为、行为塑造文化、文化反哺制度"的良性循环,为高职院校打造具有持续创新能力的师资队伍提供坚实的组织保障,推动人事管理从传统管控模式向现代治理模式转型升级。

二、依靠教师主体,实现"双师型"教师的专业发展

(一) 教师主体地位的确立

高职院校深化人事制度改革的核心任务在于建立以教师为主体的专业发展机制。"双师型"教师培养必须突破传统的行政管理模式,将教师从被管理的客体转化为发展的主体。这一转变要求院校管理者重新审视教师的发展规律,通过制度设计激发教师的内生动力。高职院校的人事部门需要构建支持教师专业发展的系统,将教师个体的成长诉求与院校战略目标有机结合起来。教师主体性的彰显体现在专业发展规划的自主制定、教学创新实践的主动开展以及校企合作项目的深度参与等方面。

(二)制度创新驱动教师发展动能转换

人事制度改革的突破口在于建立教师自主发展激励机制。高职院校需要构建"基础保障＋绩效激励"的双轨制薪酬体系,对取得双师资格、完成技术攻关、实现教学创新的教师给予专项奖励。高职院校要建立教师专业发展学分银行,将各类培训成果、实践成果、研究成果转化为可累积、可兑换的发展资本。这种制度设计能够有效激发教师的内在动力。

高职院校应独立设置教师发展中心,构建"院校-企业-行业"协同培养机制。该中心需要为教师提供个性化的咨询服务和发展方案,同时需要建立校企双导师制度,聘请企业技术专家与院校教学名师共同指导青年教师。借助数字技术,能够拓展教师的发展空间,建设虚拟仿真实训平台、在线研修社区等数字化载体,形成线上线下融合发展的新生态。这些制度创新能够持续为教师的专业发展提供动能。

(三)组织文化重塑与教师发展生态构建

"双师型"教师队伍建设需要培育支持教师专业发展的组织文化。高职院校应以"尊重技术、崇尚创新"为价值导向,鼓励教师群体弘扬追求卓越的专业精神。人事管理部门要通过制度文化、物质文化、行为文化的协同建设,营造有利于教师专业发展的生态环境。高职院校需要建立教师专业发展共同体,打破学科壁垒,促进不同专业教师之间的技术交流与教学协作。这种文化氛围能够增强教师的职业归属感,激发其持续发展的内在需求。

高职院校领导层需要确立教师发展优先的战略理念,将师资建设经费投入纳入院校发展规划。人事部门应建立教师发展质量监控体系,定期评估"双师型"教师培养成效,同时应构建发展性教师评价机制,用动态发展的眼光看待教师的专业成长。这些文化层面的建设能够为教师的专业发展提供持久的精神动力和制度保障。

(四)可持续发展机制与未来展望

要保障"双师型"教师专业发展的可持续性,需要建立长效机制。高职院校应将教师的专业发展纳入质量保证体系,形成计划、实施、评价、改进的闭环管理模式。在进行人事制度改革时,要注重制度体系的耦合性,使编制管理制度、绩效考核制度、职称评聘制度等形成协同效应。高职院校需要建立教师发展大数据平台,通过数据分析精准把握教师的成长规律,为其个性化发展提供支持。这种机制创新能够确保"双师型"教师队伍建设始终沿着科学轨道推进。

面对职业教育现代化的发展要求,需要对"双师型"教师培养工作进行前瞻性布局。人事管理部门应关注智能制造、数字经济等新兴领域的技术变革,提前规划教师的能力框架。高职院校要建立教师能力迭代更新机制,通过持续教育保持教师的技术先进性。这些战略举措将推动"双师型"教师队伍建设向更高层次发展,为职业教育高质量发展提供坚实的人才保障。

三、创新发展思路,完善"双师型"教师管理体系

"双师型"教师队伍建设的核心驱动力源自高职院校的战略自觉与系统重构。作为人才供给侧改革的关键主体,高职院校需以"战略-结构-机制"三位一体的变革逻辑,重构教师能力发展生态系统。在战略定位层面,高职院校需通过SWOT分析精准锚定区域产业坐标,将"双师"能力标准与区域产业人才图谱深度耦合,形成"院校特色-产业需求-教师能力"三位一体的战略框架。

(一)明确办学定位,转变办学理念

在高职院校转型升级的关键时期,构建"双师型"教师队伍已成为重塑教育生态的战略支点。当前高等职业教育面临的核心矛盾在于传统育人范式与产业变革需求之间的结构性错位——传统知识传授型培养模式造就的"纸面人才"与当今时代所需的复合型人才之间存在较大的能力鸿沟。这要求高职院校必须完成从"教育供给者"到"产业赋能者"的角色跃迁,以"双师型"教师队伍建设为突破口,重构产教融合的人才培养逻辑。

高等职业教育的本质是"产业需求驱动的教育",其价值坐标系应建立在"技术技能-职业素养-创新潜能"三维框架之上。高职院校需确立"双服务"办学定位:既要服务区域经济高质量发展,培育掌握数字技术、具备跨领域协同能力的"产业工匠",又要服务学生终身发展,构建"能力增值-职业迁移-创新孵化"的成长通道。这要求高职院校主动打破校园围墙,通过"企业出题-院校答题-行业认证"的协同机制,将教师能力发展嵌入产业技术迭代链条,使教师成为连接教育链与产业链的"转化器"。

思维变革的关键在于构建"产教共生"的文化场域。高职院校需突破传统校园文化的封闭性,通过"企业文化进校园""技术大咖进课堂"等活动,营造"产业思维

主导、技术逻辑贯穿"的育人氛围。在制度设计上,高职院校应建立"能力积分制"职业发展通道,将教师参与企业实践、技术攻关、标准制定等能力增值行为转化为职称评审、岗位晋升的硬性指标;在激励机制上,高职院校应实施"项目制"绩效管理,以企业真实项目为载体,构建"项目立项-过程监控-成果验收-绩效分配"的闭环管理机制。这种变革的本质是构建"教师发展命运共同体",当教师将企业技术难题转化为教学案例、将产业标准融入课程体系、将创新成果转化为社会服务时,既实现了个人能力的跃迁,又推动了院校人才培养模式的变革,最终形成"教师能力提升-教学质量提高-产业服务增强"的多维价值共振。

(二)拓宽育才引才渠道,优化"双师型"教师队伍结构

在教师队伍建设实践中,需构建"岗位-类型-机制"三维联动的立体化发展体系。针对"双师型"与"非双师型"教师的差异化需求,高职院校应建立"专兼结构动态平衡模型",通过"产业需求预测-岗位能力建模-人才供需匹配"的智能分析系统,科学设定专任教师与兼职教师的比例阈值。具体而言,高职院校需构建"三横三纵"的师资配置框架:横向划分基础教学型、技术研发型、社会服务型三类岗位,纵向设置"双师型"骨干层、"双师型"成长层、"非双师型"支撑层三个发展层级,形成"岗能适配、层级递进"的师资矩阵。

1. 建立"四维联动"的引才网络

第一,深化"校企双聘"制度,通过"企业出题-院校设岗-人才揭榜"的协同机制,实现技术专家与教学岗位的精准对接;第二,搭建"职教集团化"引才平台,联合区域内的职业院校、应用型本科院校组建"师资共享联盟",建立"跨校互聘-课程互认-学分互换"的柔性流动机制;第三,实施"银龄工程师"计划,建立退休企业技术骨干的"人才储备库",通过项目制聘任、技术攻关承包等方式发挥其经验价值;第四,搭建"国际工匠"引进通道,重点引进具有国际职业资格认证的"技术+教学"复合型人才,形成"本土-国际"双轨引才格局。

2. 建立"价值共创型"聘任机制

针对企业人才聘任难题,应创新"技术入股-项目分成-成果共享"的激励模式,建立"企业导师-教学名师"双导师认证体系,开发"产业技术标准-课程标准-教学标准"的三标对接工具包;实施"百名工匠进课堂"计划,通过"企业命题-教师领题-学生解题"的产教融合项目,实现兼职教师从"技术供给者"向"育人合伙人"的角色转

变;构建"三维度"评价体系(教学维度、技术维度、社会服务维度),形成"重实践、强转化、看贡献"的差异化考核导向。

第三节 高职院校"双师型"教师队伍的建设内容

在经济全球化浪潮与教育国际化进程加速演进的背景下,高职院校的人力资源管理体系正经历着前所未有的结构性变革。作为高素质技术技能型人才培养的核心载体,高职院校必须以战略视野重构人力资源管理范式,将教师队伍建设从传统事务性管理升级为赋能型人力资源开发。这种转型要求高职院校突破传统人事管理的思维定式,以"教师发展驱动院校发展"为逻辑起点,构建基于教师能力跃迁的人力资源开发体系。教师作为高职院校的战略性资源,其价值创造能力直接决定院校的核心竞争力。在技术技能人才供给侧改革背景下,高职院校需以"双师型"教师队伍建设为突破口,构建"能力标准-培养机制-评价激励"三位一体的教师发展生态。这要求高职院校建立基于技术技能人才培养规律的教师能力标准体系,将产业前沿技术、企业真实项目、行业标准规范转化为教师能力发展指标,形成可量化、可追溯的能力发展图谱。在培养机制层面,高职院校需创新"校企协同-项目驱动-数字赋能"的复合型培养模式,通过建立"企业导师-教师工作站-产业教授流动岗"等校企协同平台,将教师能力发展嵌入企业技术攻关、工艺改进、标准制定等真实工作场景,实现技术实践和教学转化的双向赋能。高职院校还需运用虚拟仿真、人工智能等数字技术,开发数字化培养资源,构建"线上+线下""虚拟+现实"的混合式培养体系,形成"能力短板识别-精准培养实施-发展效果评估"的全周期培养闭环。在评价激励层面,高职院校需构建"多维联动-动态优化"的教师发展支持系统,改革传统以论文、课题为导向的评价体系,建立涵盖教学能力、技术能力、社会服务能力的"三维能力矩阵",通过"学生评教-同行互评-企业评价-第三方认证"的多维评价机制,形成"能力画像-发展诊断-改进建议"的个性化发展报告。高职院校还需创新绩效贡献、能力提升以及发展需求相匹配的激励机制,通过设立"技术转化奖""教学创新奖""产业服务奖"等专项奖励,建立"能力积分-职称晋升-薪酬激励"的联动机制,形成"越发展越激励-越激励越发展"的正向循环。

一、制度建设

（一）明确办学定位

高职院校的发展定位本质上是对"建设一所怎样的高职院校"这一核心命题的战略回应。作为扎根区域经济社会发展的应用型高等教育机构，高职院校必须以满足地方战略需求为逻辑起点，构建"需求导向-特色引领-质量为本"的定位体系。这要求高职院校摆脱对传统院校发展路径的依赖，从区域经济结构、产业升级路径、社会发展需求等维度进行系统谋划，形成涵盖人才培养目标、办学特色、层次结构、运行模式、发展路径的立体化定位框架。

在人才培养定位层面，高职院校需构建"技术技能-职业素养-创新能力"三位一体的育人体系。这要求高职院校紧密对接区域产业集群发展需求，将行业新技术、新工艺、新标准转化为专业教学标准，通过"现代学徒制""产业学院""现场工程师专项培养计划"等载体，实现专业链与产业链、课程群与技术群、培养链与岗位群的精准对接。高职院校要将职业素养培育贯穿人才培养全过程，通过"岗位认知-技能实训-项目实战"的递进式培养，塑造学生"精于技术、善于创新、忠于职业"的核心素养，形成"岗位胜任力-职业迁移力-发展创造力"的梯度培养链条。

在办学特色定位层面，高职院校需打造"产业契合-技术融合-文化契合"的特色发展路径。高职院校应立足区域产业特色，围绕主导产业、新兴产业、未来产业构建"专业集群-产业学院-创新平台"三位一体的特色发展格局，通过"一院一策""一专业一特色"的差异化发展策略，形成与区域产业生态同频共振的办学特色。

1. 人才培养定位

人才培养定位作为高职院校社会价值实现的战略支点，本质上是院校在高等教育体系中确立差异化竞争坐标的关键抉择。这种定位绝非简单的专业设置或技能培养描述，而是院校通过精准研判区域产业生态、技术演进趋势和人才需求结构，构建"需求导向-能力本位-动态适配"的育人范式。其核心在于突破传统的办学模式，通过"区域产业画像-岗位能力建模-培养路径重构"的系统设计，形成与区域经济社会发展同频共振的人才供给能力。

从价值逻辑上看，高职院校的人才培养定位是院校获得社会认可的根本依据。当院校将人才培养目标锚定在区域产业发展的关键技术领域、将专业能力标准对接行业岗位胜任力模型、将育人过程嵌入企业真实生产场景时,其社会认可度便自然生成。这种认可度源于院校构建的"人才供给-产业需求"价值闭环:一方面,院校通过"订单班""学徒制""产业学院"等载体,将区域产业急需的技术技能转化为课程体系;另一方面,通过职业技能认证体系等保障机制,确保毕业生具备"即插即用"的岗位适应能力。

在实践维度上,高职院校需建立"三维适配"机制:空间适配要求院校根据区域经济地理特征设计专业布局,例如在制造业集聚区强化智能制造、工业机器人等专业的建设,在农业主产区发展智慧农业、农产品加工等专业;时间适配要求院校基于区域产业生命周期动态调整培养方向,例如在传统产业升级期加强技术改造、工艺创新类人才培养,在新兴产业爆发期布局人工智能、新能源等前沿专业;能力适配要求院校依据岗位胜任力模型构建能力标准体系,将企业技术标准、工艺规范、操作规程转化为教学标准,通过"模块化课程+项目化教学+实战化训练"实现能力递进培养。

2. 办学特色定位

办学特色作为高职院校在长期办学实践中沉淀而成的独特标识,本质上是院校在高等教育体系中构建差异化竞争优势的战略支点。这种特色绝非简单的专业标签或文化符号,而是院校通过"资源禀赋分析-区域需求研判-办学传统传承"的系统创新,形成的"不可替代、不可复制、不可模仿"的核心能力体系。其核心价值在于突破同质化竞争困局,通过"错位发展-特色取胜"的路径选择,实现院校资源禀赋与区域发展需求的精准匹配。

3. 办学层次定位

教育部将"高职"与"高专"统称为"高职高专",并在一定时期严格限制高职院校升格为本科学校,这虽然在特定历史阶段契合了我国职业教育体系构建的现实需求,但却在无形中固化了"高职即专科教育"的社会认知偏差。这种政策导向不仅导致公众将高职教育片面理解为普通本科教育的"简化版"或"预备役",更引发部分教育从业者对高职教育定位的认知错位,即将其视为低层次、过渡性的教育形态。目前,高职院校突破传统办学层次限制、探索本科层次职业教育,已成为破解职业教育"层次天花板"困境、重塑职业教育社会形象的关键路径。

4. 办学模式定位

高等学府长期被外界视为脱离现实的"象牙塔",这种认知折射出传统高校封闭运行、自成体系的办学惯性。在高等教育大众化与产业技术快速迭代的双重背景下,高等职业教育作为职业教育体系的高端形态,其封闭发展的模式已与区域经济转型升级对技术技能人才的迫切需求形成尖锐矛盾。与普通高等教育聚焦于学术研究、培养理论型人才的定位不同,高等职业教育本质上是"技术技能基因"与"产业需求密码"的深度融合,其核心使命在于通过"专业链对接产业链、课程群对接岗位群、人才链对接创新链"的路径,实现技术技能人才供给与产业需求的动态适配。这种现实倒逼高职院校必须打破"围墙思维",从"自我循环"转向"社会嵌入"。在专业设置层面,高职院校需建立"区域产业图谱-院校专业地图"的动态映射机制,通过大数据技术分析区域产业集群人才需求,精准布局与主导产业、新兴产业、未来产业相匹配的专业集群。例如:在长三角、珠三角等制造业集聚区,高职院校应重点发展智能制造、新能源等战略性新兴专业;在农业主产区,高职院校则需强化智慧农业、农产品加工等特色专业的建设。这种专业设置逻辑绝非简单的"跟风式调整",而是基于区域产业基因图谱的深度解码与前瞻预判。

5. 发展方向定位

自20世纪90年代起,国际职业教育领域中"反主流派"思潮的崛起重塑了全球职业教育的发展范式。以美国教育学家福斯特(Foster)为代表的学者群体,通过实证研究揭示了企业主导型在职培训体系的显著优势:相比传统正规职业学校的培训模式,企业本位培训模式不仅成本效益比更高,还能精准对接产业技术迭代需求,避免教育资源结构性浪费。这一理论突破直接催生了1999年第二届国际职业教育大会确立的"终身学习与培训——通向未来的桥梁"这一战略主题。实践证明,非正式、非学历的成人职业技术培训在促进就业能力提升、技术技能迭代、社会流动等方面发挥着不可替代的作用。在我国经济转型与产业结构升级的双重驱动下,职业教育体系正面临结构性重构的迫切需求。一方面,新兴产业集群的崛起催生大量新职业、新工种,传统职业教育体系在专业设置、课程开发、师资储备等方面存在明显滞后性;另一方面,技术迭代周期缩短导致职业生命周期从"终身职业"转向"阶段职业",劳动者需通过持续学习实现技能更新。在此背景下,针对农民群体、进城务工人员等重点人群的职业技能培训,已成为破解结构性就业矛盾、推动乡村振兴与新型城镇化的关键抓手。高职院校要面向社会需要,主动承担起职业培训的法定职责,育训并举,更好地服务区域经济社会发展。

(二)改革高职院校教师职称评审制度

发展高等职业教育不仅需要深化思想认知、强化内生动力,更需要通过制度创新与政策供给构建长效发展机制。当前,高职院校教师职称评审制度与职业教育的类型特征存在结构性矛盾,这一矛盾已成为制约师资队伍专业化建设的关键瓶颈。长期以来,大多数高职院校机械套用普通本科院校的职称评审标准,这种"一刀切"的模式既忽视了职业教育"双师双能"的核心要求,也扭曲了教师的职业行为导向,导致师资队伍出现了"重科研轻实践、重论文轻应用"的异化倾向。

教育部早在2005年就已明确提出"建立独立的高职院校教师职称评审体系"的改革方向,强调应立足职业教育类型定位,构建涵盖教学能力、实践技能、技术服务能力的三维评价体系。但是部分高职院校在教师职称评审上仍沿袭"唯论文、唯课题、唯奖项"的学术化路径,对科研成果的数量、级别、奖项等设置硬性门槛,迫使教师将主要精力放在学术论文撰写与科研项目申报上,严重挤压了实践教学、技术研发、社会服务的时间投入。这种制度性错配直接导致高职师资队伍出现三大失衡:一是教学能力与实践能力割裂,教师理论教学"能说会道"、实践教学"眼高手低";二是教师技术技能积累不足、行业经验匮乏;三是科研成果转化率低下,大量学术研究游离于产业需求之外,难以形成"教学-实践-科研"的良性循环。

破解上述困境需构建"分类评价、多元发展"的职称评审新范式。具体而言,应针对不同类型的教师实施差异化评审标准:对于基础理论课教师,参照普通高校标准,重点考核其学术造诣与教学基本功;对于专业理论课教师,增设实践技能考核模块,要求其具备企业技术岗位任职经历或行业资格证书;对于职业实践课教师,实行"技术职称+教学职称"双轨评审制度,将技术等级证书、专利成果、技术服务收入等纳入评审指标体系。对于"双师型"教师,应建立"能力导向、成果转化"的评审机制,既要考核其技术攻关成果、工艺改进方案等,也要评估其将行业经验转化为教学案例、实训项目的能力。

(三)健全高职院校"双师型"教师激励制度

1. 构建差异化薪酬激励机制

高职院校需建立与"双师型"教师专业价值相匹配的薪酬体系,在岗位工资、绩效奖励等方面实施动态调整机制,重点向具有行业影响力的专业带头人倾斜,优先保障教学创新团队负责人的待遇水平,形成以岗位价值、能力水平、实际贡献为核心的分配导向。高职院校还需通过设立"双师型"教师岗位津贴、技术技能专项补贴等激励手段,为教师的职业发展提供经济保障。

2. 优化实践导向绩效分配机制

高职院校应发放企业实践专项绩效,对寒暑假参与企业顶岗实践的教师发放特殊岗位绩效；完善实践时长与质量的双维度考核体系，将技术应用成果、企业评价反馈等要素纳入绩效核算范畴；通过设置实践成果转化奖励金、校企合作项目津贴等激励措施，构建教学能力与实践能力协同发展的评价框架，有效促进教师技术技能的持续提升。

3. 完善实践能力发展支持体系

高职院校应推行访问工程师专项培养计划，设立企业实践研修基金，为参与技术攻关项目的教师提供全额经费保障；建立实践成果与职称评聘的衔接机制，将企业技术革新成果、生产工艺改进方案等实践成效纳入职务晋升评价指标；实施实践项目学分累计制度，允许教师通过技术研发、工艺改进等实践成果置换专业发展学分。

4. 创新校企人才协同培养模式

高职院校应建立行业专家柔性引进机制，突破传统学历限制，重点引进具有五年以上企业技术管理经验的专业人才；完善校企双聘教师管理制度，明确企业技术骨干参与课程建设、实训指导的工作量核算标准；构建兼职教师分级聘用体系，设立特聘产业教授岗位，对承担核心课程教学的企业专家实行课时费上浮政策，确保校企师资协同育人机制有效运转。

5. 强化职业技能持续提升保障

高职院校应设立教师技术技能发展专项资金，实施职业技能等级认证资助计划，对取得高级工、技师等职业资格的教师给予全额培训费用报销；建立周期性技术更新培训制度，要求教师每三年完成不低于120学时的技能强化培训；推行"双证书"提升工程，将考评员资质获取与教学岗位聘任直接挂钩，形成技术能力与教学能力双重发展的长效机制。

6. 健全职业发展多维激励通道

高职院校应构建"双师型"教师专属发展序列，在岗位晋升体系中单独设立技术应用型教授、产教融合型副教授等特色职称类别；建立双师发展积分银行系统，将企业服务时长、技术研发成果、教学改革成效等要素量化为发展积分；在各级评优评先中设立"双师型"教师专项评选类别，建立荣誉激励与物质奖励并重的双轨激励机制，形成具有职业教育特色的人才评价生态。

（四）完善"双师型"教师队伍培养制度

高职院校教师队伍建设面临的核心挑战在于多数教师存在"学术型"向"技

型"转型的结构性矛盾。新进教师普遍缺乏产业实践经验,其教育理念与高职院校的办学定位存在偏差,其教学设计与产业需求衔接不足。高职院校需构建教师全周期培养体系,通过制度创新推动教师能力结构转型升级,重点强化以下五个维度的培养机制建设。

1. 构建高职教育理念更新机制

高职院校需建立理念更新双轨机制,实施"外部引入＋定向输出"的培养模式;组织职业教育理念专题研修班,系统导入产教融合、工学结合等现代职教理论;实施专业带头人海外研修计划,遴选教学骨干赴职业教育发达国家开展专项访学;构建课程设计工作坊制度,组织教师开展模块化课程重构与项目化教学改革;通过理念学习与实践转化的双向互动,促进教师形成符合职业教育规律的教学认知体系。

2. 完善企业实践能力发展机制

高职院校需推行周期性企业实践制度,明确教师每五年必须完成不少于六个月的技术驻场要求;建立实践成果转化认定标准,将企业技术攻关成果、工艺改进方案等实践成效折算为专业技术职务晋升分值;设立技术研发专项奖励基金,对形成专利成果或技术标准的实践项目给予经费配套;实施"双师资格"动态管理制度,将企业实践考核与教师资格认证直接挂钩,形成实践能力持续提升的倒逼机制。

3. 深化校企人才协同培养模式

高职院校需构建"双带头人"协同育人机制,为每个专业配备校企双负责人,其中企业专家负责主导技术标准制定,校内教师负责统筹教学实施;建立兼职教师分级管理制度,设立特聘产业教授岗位,明确企业技术骨干参与课程开发、实训指导的量化指标;推行"双导师"课程共建制度;通过人才双向流动与资源共享,促进教师技术能力与教学能力的同步提升。

4. 创新实践教学能力培养路径

高职院校需实施"项目驱动型"导师制,要求教师全程指导学生完成企业真实项目;建立竞赛成果转化机制,将技能大赛技术标准转化为实训项目,将竞赛指导经历纳入教师考核指标;推行实训基地轮岗制度,安排教师定期驻点企业实训中心,参与设备升级与工艺改良;构建模块化实践培训体系,开发虚拟仿真实训平台,支持教师开展混合式实践教学能力训练;通过多维实践载体建设,促进教师技术应用能力向教学转化能力的有效迁移。

5. 健全继续教育考核激励机制

高职院校需建立继续教育学分银行制度,将企业实践时长、技术研发成果、教学改革成效等要素量化为继续教育学分；实施培训成果应用考核机制，要求教师将研修内容转化为教学改革方案或技术改进报告；构建"双师发展"专项评价体系，在职称评审中单列技术应用型评审通道，突出实践创新成果评价权重；实施青年教师能力提升计划，实施"教学能力＋技术能力"双达标工程，通过阶段性考核推动教师能力结构的系统性重塑。

（五）完善"双师型"教师认定与考核制度

1. "双师型"教师质量标准体系演进

"双师型"教师这一概念自1995年被提出以来，其内涵界定始终处于动态演进过程。2004年颁布的《高职高专院校人才培养工作水平评估方案》首次明确"双师素质教师"的核心要素，2019年发布的《国家职业教育改革实施方案》进一步强化理论与实践教学能力的双重标准。当前国家层面的质量标准呈现框架性特征，主要发挥宏观指导作用，具体实施细则由省级教育行政部门主导制定。这种分级管理机制导致各省认证标准存在显著差异，形成东部沿海地区侧重产业技术应用、中西部省份关注基础能力建设的区域性特征。质量标准体系建设的核心矛盾在于统一性指导原则与区域适应性需求之间的动态平衡。

2. 分层分类认证机制构建路径

2024年教育部启动"双师型"教师认证工程，这标志着我国职业教育"双师型"教师系统性认证开始。各省结合区域产业结构和院校发展定位，构建"基础条件＋特色指标"的认证机制。该机制设置教学能力、技术资质、企业经历三大基准维度，同时允许院校根据专业特色增设技术专利、教学成果等附加指标。相比德国"双阶段考试＋实践研修"的刚性认证模式，我国采取更具弹性的多元认证路径。认证体系设置了企业实践年限、技术职务等级、教学改革成效等可替代性指标，既保障了认证标准的严肃性，又为教师提供了多样化发展通道。这种制度设计有效衔接了国家职业教育改革方向与院校师资建设的实际需求。

3. 三维动态考核评价模型设计

针对现行考核制度针对性不足的问题，需构建"能力维度＋过程管理＋结果应用"三位一体的考核体系。针对能力维度的考核，应独立设置理论教学、实践指导、技术研发三个评价模块，并为这三个模块分别制定考核标准。针对过程管理的考核，应采用"周期性考核＋动态调整"机制，实施三年一周期的能力复核制度，建立教师专业发展电子档案。针对结果应用的考核，需强化考核反馈功能，让评价结果与岗位聘任、绩效分配、职称晋升形成联动机制。

4. 系统化考评制度优化方向

针对当前的考评体系,需着重解决制度衔接性与可操作性的问题。首先要建立国家标准与院校细则的衔接机制,在国家框架内预留 20%~30% 的校本化指标空间;其次要扩大认证对象范围,将企业兼职教师纳入认证体系,设置"产业教授"特殊通道;再次要强化过程性考核,建立"初认+复审+升级"的阶梯式认证流程,破除"一次认定、终身有效"的制度弊端;最后要完善激励机制,设立"双师发展基金",对通过高级别认证的教师给予专项奖励。

(六) 完善"双师型"教师准入与退出制度

在职业教育蓬勃发展的当下,"双师型"教师队伍的质量至关重要,而完善准入与退出制度是保障这一队伍持续优化的关键环节。"双师型"教师,顾名思义,既要有扎实的理论基础,在课堂上深入浅出地传授专业知识,又要具备丰富的实践经验,将行业前沿的技术、真实的项目案例融入教学。"双师型"教师作为职业教育的核心资源,是实现职业教育培养目标、提升学生实践能力与职业素养的关键力量。但是部分职业院校在"双师型"教师引入及管理的过程中,仍存在诸多问题。例如:引进的一些教师仅具备单一的学术背景,缺乏实际操作能力;从企业引进的人才在教学能力方面有所欠缺;在退出机制方面,缺乏科学合理的考核标准,导致部分能力不足、不适应教学岗位的"双师型"教师长期占据岗位,影响了整体教学质量的提升。

1. 制定"双师型"教师准入标准

高职院校应联合行业企业,从专业背景、教学经历、行业从业时长等多个维度共同制定"双师型"教师准入标准。例如,对于申请准入的教师,需要求其具备相应的教学能力,并提供在相关行业企业的工作证明、参与项目的成果报告等材料,组织专家对其进行严格的审核与面试,以确保引入的教师既能讲好"理论课",又能上好"实践课"。例如,宁波卫生职业技术学院通过构建互兼互聘机制,形成了专兼职教师"同聘用、同培养、同考核、同奖励"的四同一体化管理模式,有效提升了"双师型"教师队伍的能力水平,其"双师型"教师比例从 59.9% 提升到了 80% 以上,并建设了多个大师工作室,紧密型合作单位达 23 家。

2. 完善"双师型"教师教学质量评价制度

要构建科学化的"双师型"教师教学质量评价制度，高职院校需突破传统教学评价框架，建立契合职业教育特征的双维度评估制度。该制度应围绕理论教学与实践指导双重能力构建评价指标体系，重点考察教师产教融合实施成效与技术转化教学水平。在评价主体方面，需形成"院校督导＋同行专家＋企业导师＋学生反馈"的多维参与架构，通过差异化权重分配实现评价视角的立体覆盖。

3. 建立动态管理机制

要构建"双师型"教师发展体系，高职院校必须建立科学规范的动态管理机制。高职院校应通过建立能力导向的考核评价体系与岗位退出制度，形成"标准引领-过程监测-结果应用"的完整闭环，实现教师队伍结构的持续优化与教师队伍质量的稳步提升。动态管理机制的核心在于构建覆盖教师职业发展全周期的评估框架，重点监测教学实施能力、技术应用水平、产教融合成效、职业发展潜力四大核心维度，确保评估指标与职业教育人才培养需求精准对接。

建立周期性考核评估体系是实施动态管理的基础。高职院校应建立包含定期考核与专项评估的复合型评价机制，在年度考核中侧重教学规范执行与学生培养成效，在三年期评估中聚焦于技术研发成果与专业发展贡献。在考核维度方面，高职院校需突破传统教学评价框架，将企业实践时长、教学创新项目等纳入量化指标体系，特别是要强化对教师技术技能更新频率与产业适应能力的监测。高职院校应建立分类评价标准。例如：针对专业带头人，重点考核其产教协同创新成效；针对骨干教师，侧重评价其实践教学改革成果；针对青年教师，着重考察其成长速度。

完善配套支持系统是维持动态调整机制可持续运转的重要保障。高职院校应构建"预警-帮扶-转型"三级干预体系，为评估预警教师提供专项培训、导师一对一指导等帮助；建立岗位柔性流动机制，打通教学、科研、管理岗位间的转换通道，为教师职业转型提供制度空间；实施梯度化激励策略，在职称评聘、评优评先、绩效分配等方面实行"双师型"专项激励政策，形成"能者上、平者让、庸者下"的良性竞争环境；通过建立教师发展数字画像系统，实时追踪教师的能力发展轨迹，预测岗位适配趋势，为动态调整提供数据支撑。这种融合刚性标准与柔性管理的制度设计，既能保持师资队伍的整体活力，又能促进教师个体的持续发展。

二、平台建设

（一）校内平台建设

校内平台建设主要包括学校层面的教师发展中心建设和专业层面的教师实践实训能力提升平台建设。

1. 学校层面的教师发展中心建设

高职院校教师发展中心作为师资队伍建设的核心支撑平台，承担着促进教师专业能力持续提升的战略职能。该机构需以系统化思维构建"规划引领-资源整合-能力提升-成效评估"的全周期发展体系，通过搭建多维支持系统实现教师个体发展与院校战略目标的协同推进。其核心功能应聚焦于教师职业发展咨询、教学能力提升、科研创新能力培养、产教融合实践四大维度，形成覆盖教师职业生涯各阶段的专业化支持网络。

构建分层分类的教师发展机制是中心建设的首要任务。高职院校应依据教师成长规律设计差异化的培养路径：针对新入职教师实施教学基本功强化计划，重点提升其课堂组织与教学设计能力；面向骨干教师开展教学创新工作坊，培育其课程开发与教法改革能力；针对专业带头人推行产学研协同发展项目，强化其技术研发与团队管理能力。同时，高职院校应建立职称晋升辅导系统，为不同层级的教师提供个性化发展方案，系统解决教学能力提升、科研项目申报、企业实践衔接等关键问题。

打造协同创新的发展平台是提升服务效能的关键举措。高职院校应建设"三位一体"资源支持体系：教学资源平台整合优质课程案例与数字化教学工具；科研创新平台对接行业技术标准与校企合作项目；实践交流平台构建跨校跨区域教师发展共同体。高职院校应重点推进名师工作坊、教学竞赛营、技术研习社等特色项目，形成常态化的经验分享与能力提升机制，还应引入国际先进教师发展理念，与本科院校教育学院共建职业教育教师发展研究院，联合开展教学标准研发、课堂诊断改进、教学能力认证等深度合作，促进教育理论与教学实践的深度融合。

以广东机电职业技术学院为例，该校在教师发展中心建设方面取得了显著成效。该校2017年在省内率先独立设置教师发展中心，以促进教师转型升级、激发教师潜能、提高教师能力、追求卓越教学、开展合作交流、服务区域发展为目标，对全体教师实施全周期服务管理,构建促进教师专业发展的支持体系,着力打造一支具有新时代发展内生驱动力的"双师"队伍。中心组织开展教师发展活动主要聚焦于教师的教学维度、科研维度、专业维度和个人维度,这四个维度相互渗透、相互影响,有效促进教师全面发展。中心坚持以促进教师教学能力提升为核心,通过行使"1+N"职能,统筹推进"六大工作模块",着力打造落实全成员、全周期、全方位的教师发展"三全"模式,为教师的成长创设切实有效的培养路径和保障机制,搭建教师发展螺旋式上升通道,为整个教师队伍增值赋能,服务职业教育高质量发展。

2. 专业层面的教师实践实训能力提升平台建设

高职院校在进行专业层面的师资能力建设时需聚焦于实践教学能力提升,构建"平台支撑-资源开发-机制保障"三位一体的培养体系,通过对接产业技术发展需求,建立覆盖专业全领域的实践能力发展平台,形成教师实践教学能力持续提升的长效机制,切实解决教师技术应用能力滞后、产教融合深度不足等核心问题。

高职院校应依据专业集群特征与产业技术发展趋势,构建分级分类的实践能力培养载体,并重点建设三类平台(基础技能实训平台、技术创新实践平台、综合能力发展平台)。其中:基础技能实训平台配备智能化教学设备,能够模拟真实的生产环境,有助于教师掌握标准化操作流程;技术创新实践平台聚焦于新技术应用与工艺改进;综合能力发展平台整合了虚拟仿真资源与真实生产项目,能够培养教师解决复杂技术问题的综合能力。让平台有效运行,需建立校企双主体管理机制,采用"企业提出技术需求-教师组建攻关团队-平台提供资源支持"的协同运作模式,确保实践教学与产业技术发展同步。

高职院校应围绕专业教学标准与职业能力要求,系统构建"基础-专项-综合"三级实践教学资源体系。基础模块涵盖设备操作、工艺实施等基础技能;专项模块对接"1+X"证书标准,可在其上开发新技术应用与工艺改良实训包;综合模块能够培养教师的系统化工程思维,可在其上设计典型生产案例与复杂技术项目。在资源开发时,可采用校企双导师制,由企业技术骨干提供真实生产数据,由专业教师进行教学化改造,形成可复制推广的活页式实训手册、可视化操作指南、虚拟仿真资源包等立体化教学资源。

高职院校应建立"诊断-培训-认证"闭环培养体系,实施教师实践能力动态管理。首先,开展能力诊断工作,通过技能测试、企业评价等方式,精准找出教师的能力短板。其次,设计模块化培训方案,组织技术研修营、企业工作坊、技能大比武等专项活动,重点强化教师在设备操作、工艺设计、质量管控等方面的核心能力。最后,实施能力分级认证,将教师的实践能力划分为基础应用、熟练操作、创新指导三个等级,建立与岗位聘任、绩效分配挂钩的认证应用机制。

(二) 校外平台建设

在进行高职院校"双师型"教师队伍建设时,需突破校园边界,构建"校企协同、研训一体"的校外实践平台体系,通过整合企业技术资源与科研院所学术优势,形成覆盖教师实践能力培养全要素、全周期的支持网络,有效解决教师产业认知滞后、技术应用能力薄弱等关键问题。校外平台建设主要包含企业实践基地和科研能力提升平台两类载体。

1. 企业实践基地

企业实践基地是教师能力提升的核心载体。在进行平台建设时,需遵循"产业需求导向、岗位能力本位"的原则,构建"产学研用"一体化培养体系。企业应依据战略发展规划设置技术研发岗、生产管理岗、质量控制岗等实践岗位,确定岗位能力标准与培养路径,实施"双主体协同管理机制",建立"需求对接-岗位匹配-过程监控-成效评估"四维管理体系,确保实践培养与教学改革需求精准对接。

2. 科研能力提升平台

高职院校与科研机构共建的科研能力提升平台聚焦于教师科研创新能力的提升。通过建立联合实验室、技术转化中心等载体,可以构建"基础研究-技术开发-教学转化"的能力发展链条。平台运行实行项目制管理,教师可参与技术标准制定、工艺改进等核心任务。

(三) 培养基地建设与选择

"双师型"教师培养基地是高职院校深化产教融合、提升教师实践能力的核心载体。在进行培养基地建设时,需遵循"产业需求导向、能力发展本位"的原则,构建"校企双主体协同育人"的生态系统。在培养基地选址层面,院校应重点对接区域支柱产业链与战略性新兴产业,优先选择技术先进、管理规范、社会责任意识强的龙头企业或产教融合型企业。合作企业需具备完善的生产实训条件、持续的技术创新能力及成熟的人才培养体系,能够提供真实的生产项目、先进的技术设备以及经验丰富的技术导师。基地功能模块应覆盖"认知实践-技能强化-技术研发-成果转化"全链条,配备标准化实训车间、技术研发中心、教学转化工作室等复合型空间,形成"教学做创"一体化的能力培养场景。

培养基地建设标准需体现"四化"特征：一是设备先进化，确保实训设备与行业主流技术装备同步更新，引入智能制造单元、虚拟仿真系统等新型教学工具；二是管理标准化，建立校企联合管理委员会，制定设备使用制度、成果分配制度等；三是课程模块化，基于岗位能力图谱开发"基础技能-专项技术-综合应用"三级实训项目库；四是资源开放化，建立设备共享、技术共研、人才共育的协同机制。高职院校应建立动态调整机制，通过定期评估企业技术更新速度、师资培养成效、资源贡献度等指标，对合作基地实施分级分类管理，淘汰技术滞后、参与度低的合作方，持续引入具有前沿技术优势的新兴企业，确保基地建设与产业发展同频共振。

"双师型"教师培养基地的高效运行依赖于"三协同"机制的深度构建。一是建立校企双导师协同指导机制，由企业技术专家负责传授设备操作、质量管理等方面的实操技能，由高职院校教学导师承担技术标准教学化改造、课程开发指导等职责。二是采用项目驱动式培养模式，围绕企业真实技术需求设立攻关课题，组织教师参与技术改造、工艺优化等生产项目，通过"真题真做"提升教师解决复杂工程问题的能力。三是构建"教学-研发-服务"三位一体的能力发展路径，要求教师在基地实践中完成技术案例转化、活页教材开发、专利申报等成果产出，形成"实践输入-知识重构-成果输出"的闭环。

质量保障体系需实现"四维联动"：一是建立过程监控系统，通过电子工单记录教师的操作流程，运用大数据分析技术生成能力提升曲线；二是完善评价标准，构建包含技术应用熟练度、教学转化成效、项目贡献值等指标的量化评估模型；三是强化激励机制，将基地实践成果与职称晋升、绩效分配、评优评先直接挂钩，建立技术转化收益分成制度；四是构建持续改进机制，通过定期组织校企联席会议分析培养成效，并根据培养情况动态调整实训项目与培训内容。通过系统化的运行设计与质量管控，培养基地能够有效促进教师理论素养与实践能力的螺旋式提升，为高职院校建设高水平"双师型"教师队伍提供坚实支撑。

三、"双师型"教师队伍建设实践

（一）"双师型"团队建设计划

职业教育改革的纵深推进对高职院校师资队伍建设提出了新要求，"双师型"教师团队作为产教融合的核心载体，其建设质量直接影响技术技能人才的培养成效。基于《国家职业教育改革实施方案》的政策导向，构建"标准引领-校企共育-机制保障"三位一体的培养体系,已成为解决教师队伍理论与实践能力失衡难题的关键路径。

1. 制定标准化认证标准

制定标准化认证标准是团队建设的首要环节。认证标准需涵盖专业理论、技术应用、教学实施、产教融合四大维度:专业理论维度要求教师掌握本领域的前沿知识;技术应用维度设定职业资格证书等级与技术服务成果指标;教学实施维度侧重课程开发与教学方法创新能力;产教融合维度量化企业实践时长与技术转化成果。高职院校应实施分级认证管理,将教师划分为初级"双师"、骨干"双师"、专家"双师"三个发展层级,建立与职称评聘、岗位晋升相衔接的成长通道。另外,在认证过程中,高职院校还应建立"学校初审-行业复核-教育部门备案"三级审核机制,以确保认证结果的权威性与公信力。

2. 深化产教协同育人机制改革

校企双主体育人模式是"双师型"团队建设的核心支撑。深化产教协同育人机制改革,需从以下三点入手。第一,构建"四共"协同机制。其中:在专业共建方面,与企业联合制定人才培养方案与课程标准;在课程共担方面,让企业技术骨干参与模块化课程开发与实训指导;在项目共研方面,组建校企联合技术攻关团队开展横向课题研究;在成果共享方面,建立知识产权分配与利益共享制度。第二,重点建设三类协同平台。其中,产业学院能够实现专业群与产业链的深度对接,技术研发中心能够促进教师工程实践能力的提升,技能大师工作室能够传承工匠精神与技艺。第三,实施教师企业实践"123"工程,要求专业教师每年完成1个月的企业实践、参与2项技术改造项目、培养3名企业技术骨干,形成能力提升的刚性约束。

3. 构建能力导向的培养培训体系

构建能力导向的培养培训体系,需从以下三点入手。第一,建立"基础夯实-专项强化-综合提升"三阶培养模式。其中:在基础阶段,实施教学基本功达标工程,通过微格教学训练、课程标准研习等方式强化教学规范;在专项阶段,开展技术技能认证计划,要求教师五年内取得两项以上中级职业资格证书;在综合阶段,推行名师引领工程,组建跨专业教学创新团队,开展复合型能力培养计划。第二,创新"四维一体"培训载体。其中,在线学习平台可提供模块化课程资源,企业实践基地可提供岗位浸润式培训,院校工作坊便于教师组织教学改革研讨,行业峰会为教师搭建了技术交流平台。第三,实施个性化成长档案管理,通过能力诊断制定差异化培养方案,建立培训学分银行,实现成果累积与转换。

4. 完善可持续发展激励机制

完善可持续发展激励机制,需从以下三点入手。第一,构建物质激励与精神激励相结合、个人发展与团队建设相统一的激励网络。在岗位聘任方面,设立"双师型"教师专项岗位,实行协议工资与项目薪酬制度;在职称评审方面,单列评价标准,加大技术研发成果、教学创新项目等实践性指标的权重;在绩效分配方面,建立"基础绩效+专项奖励"的薪酬机制,对产教融合成效显著的团队给予奖励。第二,建立荣誉激励体系,设立"技术能手""教学名师""产教融合标兵"等荣誉称号,形成示范引领效应。第三,配套建立退出机制,对五年内未通过层级认证或未达到企业实践要求的教师实行岗位调整,以保持团队的整体活力。

以广东机电职业技术学院为例,该校在"双师型"团队建设计划方面取得了显著成效。该校以建设优秀教学团队为目标,以专业、课程、实训为依托,创建基层教学组织,与企业合作建立跨学院、跨专业协作团队;完善教师参与教学团队建设的管理机制、激励机制和约束机制,通过实施"以赛促教工程"、"教师企业实践锻炼工程"和"课程负责人工程"解决教师教学创新能力不足的问题;从校级优秀教学团队培育抓起,给予专项经费支持和政策保障,形成"校级-省级-国家级"三级进阶的高水平教师教学创新团队打造模式。该校现有省级优秀教学团队十余支,连续三批均入选国家级职业教育教师教学创新团队,数量全国领先。

(二)名师培育计划

在职业教育高质量发展的背景下,名师培育计划已成为高职院校师资队伍建设的战略支点。该计划通过系统化培育机制,着力打造兼具教育创新力、技术研发力、产业服务力的领军型教师群体,形成"名师引领-团队协同-整体提升"的良性发展生态,为现代职业教育体系建设提供人才保障。

1. 名师培育的战略定位与价值重构

名师培育计划承担着引领师资队伍转型升级的核心使命。在职业教育类型化发展进程中,名师角色已突破传统定位,向"教育理念传播者、教学改革先行者、技术技能创新者、产教融合推动者"四位一体方向演进。通过建立名师成长生态圈,能够有效破解教师发展同质化、创新能力不足、产教协同不深等结构性矛盾,为技术技能人才培养提供优质师资保障。

2. 构建科学的选拔与培养体系

构建科学的选拔与培养体系,需从以下三点入手。第一,建立"三维度九指标"

选拔标准体系。其中：专业能力维度包含教学实施水平、课程开发能力、技术研发成果；发展潜力维度涵盖教育理念先进性、技术创新敏锐度、团队引领能力；师德素养维度包括职业操守、教育情怀、社会服务贡献。第二，实施"三阶递进"选拔机制。其中，院系推荐突出基层教学表现，校级评审侧重专业建设贡献，省级认定强调行业影响力。第三，在设计培养体系时遵循"个性化定制＋系统化提升"的原则。其中：在基础能力强化阶段实施教学诊断与改进工程，通过课堂实录分析、学生成长追踪等手段，提升教学实施精准度；在专项能力突破阶段设立名师工作坊，开展课程思政设计、活页式教材开发、模块化教学改革等专项攻坚；在综合能力升华阶段组建跨领域协同创新团队，承接国家级教学改革项目与产业关键技术攻关。

3. 完善名师辐射引领机制

完善名师辐射引领机制，需构建"四维辐射"作用发挥体系。其中：在教学示范方面，建立名师开放课堂制度，开发精品示范课程资源包；在科研引领方面，鼓励教师组建跨学科研究团队，攻关职业教育重大理论与实践问题；在产教协同方面，鼓励教师担任校企合作首席专家，主导技术研发与标准制定工作；在文化传承方面，创建名师文化传播平台，培育特色教学流派与技艺传承体系。

以广东机电职业技术学院为例，该校在名师培育计划方面取得了显著成效。该校通过实施"名师培育"工程，围绕"三个结合"（外引与内培相结合、平台与制度相结合、待遇与情怀相结合），加大人才引进与培养力度。该校还建立了完善的教师评价考核体系，将师德师风、教学能力、科研能力、社会服务能力等纳入考核范围，以确保名师候选人的全面发展。在名师培育过程中，广东机电职业技术学院注重为名师候选人搭建成长平台，建立了多个名师工作室，组织了一系列学术交流活动，为名师候选人提供了广阔的发展空间。该校还积极鼓励和支持名师候选人通过参与企业实践和社会服务等活动，提升解决实际问题的能力。通过实施名师培育计划，广东机电职业技术学院成功培养了一批在教育理念、教学方法等方面具有卓越成就和广泛影响力的教学名师，省级以上名师人才总数超百余人。这些名师不仅在教学和科研方面取得了显著成果，还在师德师风、教育理念等方面发挥了示范引领作用，带动了整个教师队伍素质的提升。

（三）技术技能大师培育计划

技术技能大师培育计划是高职院校深化产教融合、提升人才培养质量的关键战略。该计划通过构建"选拔-培养-发展"全链条培育机制，着力打造兼具精湛技艺、教学创新能力和产业服务力的领军型教师群体,形成"大师引领-团队协同-技术传承"的良性生态,为现代职业教育高质量发展提供核心支撑。

1. 技术技能大师培育的战略定位

在产业智能化转型的背景下,技术技能大师的角色价值已突破传统定位,向"技艺传承者、技术创新者、标准制定者、产教协同者"四位一体方向演进。其核心职能体现在以下三个维度:在教学维度,实现技艺传承与教学创新的有机融合;在研发维度,推动技术升级与工艺改良;在服务维度,促进技术成果转化与产业升级。通过建立大师成长生态系统,能够有效解决教师实践能力滞后、技术研发能力薄弱、产教协同不深等关键问题,为高素质技术技能人才培养提供优质师资保障。

2. 构建三维度选拔标准体系

构建三维度选拔标准体系,需从以下两点入手。第一,建立"能力-业绩-潜力"三维选拔机制。其中:在技术能力维度,要求教师掌握本领域两项以上高级职业技能并具有省级以上技能竞赛获奖经历或专利成果;在教学创新维度,要求教师具备课程开发与教学转化能力,主持完成教学改革项目并形成可推广成果;在产业贡献维度,要求教师参与企业技术改造项目,主导行业标准制定工作。第二,实施"三阶认证"选拔流程。其中:校级初审重点考核技术技能水平与教学实施能力;行业复审由行业协会组织技术答辩与实操评估;省级认定被纳入职业教育技术技能大师资源库。

3. 打造四维培养体系

打造四维培养体系的具体内容如下:在技艺精进维度,建立"大师工作室+企业研发中心"双基地培养模式,规划"带徒传技-项目攻关-技艺创新"三阶提升路径;在教学转化维度,构建"技术标准-教学标准-课程资源"转化机制,开发模块化实训项目包和活页式教材,采用"真实项目进课堂、教学过程进车间"的双向嵌入教学模式;在技术创新维度,组建跨领域技术攻关团队,设立技术研发专项基金,重点支持智能制造、绿色工艺等领域的技术创新,建立"大师+工程师"双负责人制,推动产学研协同创新;在社会服务维度,建设技术技能服务工作站,提供技能培训、工艺诊断、技术咨询等社会服务,建立技术服务成效评估体系,将技术成果转化效益纳入考核指标。

4. 构建技术传承与创新生态

构建技术传承与创新生态,需从以下三方面入手:在技艺传承体系方面,实施

"名师带徒"计划,建立跨代际技术传承机制,开发虚拟现实技术传承平台,实现关键工艺的数字化保存与可视化教学;在技术创新网络方面,组建区域技术技能创新联盟,建立技术需求对接平台,定期举办技术技能高峰论坛,促进跨领域的技术交流与合作;在文化培育工程方面,建设工匠精神教育基地,开展"技能大师进校园"系列活动,编纂技术技能发展史,培育具有职业教育特色的技术文化。

以广东机电职业技术学院为例,该校在技术技能大师培育计划方面取得了显著成效。该校通过实施"技术技能大师引育工程",联合国家级技术技能大师共建工作室,遴选优秀青年教师进入工作室学习,以技能竞赛为重要载体,不断推动技术技能大师培育工作。该校建立了完善的技术技能大师认定和选拔机制,注重选拔具有高超技术技能和丰富教学经验的优秀教师作为培养对象,积极与企业合作开展实践教学和科研项目,为技术技能大师提供了广阔的实践平台和发展空间。在具体实施过程中,该校不仅为技术技能大师提供了全方位的支持和保障以及优厚的薪酬待遇和福利待遇,还通过定期组织国内外学术交流活动和技术技能培训,提升其专业素养和教学能力。通过这些措施的实施,该校成功培养了一批在技术技能方面具有卓越成就和广泛影响力的技术技能大师,学校现有省级及以上技术能手二十余人。

(四) 青蓝人才培养计划

青蓝人才培养计划作为高职院校师资代际传承的核心载体,承载着知识传递、技艺延续、文化赓续的战略使命。在职业教育类型化发展的背景下,构建"导师引领-制度保障-生态培育"三位一体的青年教师培养体系,已成为降低教师队伍断层风险、实现可持续发展的关键路径。

1. 战略定位与价值重构

在产业智能化转型与教育数字化变革的双重驱动下,青年教师培养体系面临能力重构的迫切需求。青蓝人才培养计划突破了传统的师徒结对模式,正向"技艺传承、教法创新、科研协同、文化育人"四位一体方向演进。其战略价值体现在三个维度:在教学维度,实现教育智慧的代际传递;在技术维度,促进产业技术的教学转化;在文化维度,培育职业教育的师道传统。通过构建新型师徒关系生态,能够有效解决青年教师教学经验不足、实践能力薄弱、职业认同缺失等问题,为高职院校建设结构化教师队伍提供人才保障。

2. 实施四维能力提升工程

实施四维能力提升工程的具体内容如下:实施教学能力筑基计划,开展百课观摩行动,通过 AI 课堂分析系统优化教学行为,组织课程思政工作坊;实施技术技能强化计划,推行"双导师制",实施技术认证工程;实施科研创新能力培育计划,组建跨代际科研团队,建立"老中青"协同攻关机制,实施科研启航项目,设立青年教师专项研究基金;实施职业发展护航计划,构建职业能力诊断系统,建立心理支持中心,为教师提供学历提升与海外研修的机会。

3. 构建产教协同培养生态

构建产教协同培养生态的具体内容如下:打造校企双元育人平台,建设"校中厂""厂中校"实践基地,采用"双岗交替"培养模式,形成能力培养闭环;打造技术传承创新平台,组建跨代际技术攻关团队,设立"青蓝创新基金",建立技术成果转化激励机制,按转化效益给予团队奖励;打造文化涵育发展平台,建设教师发展博物馆,展示师徒传承典型案例,培育特色师徒文化。

以广东机电职业技术学院为例,该校在青蓝人才培养计划方面取得了显著成效。该校面向青年教师实施"青蓝人才培养计划",建立"双导师制",设立"青蓝人才培养计划"专项资金,分别从高校和企业聘请高水平专家作为导师,全方位支持青年教师的发展;面向青年教师实施诊断改进计划,根据发展阶段的不同,以 5 年为一周期,为青年教师量身订制 5 年成长菜单,为其成长建立切实有效的保障机制,搭建教师发展螺旋式上升通道,将成长菜单的实施情况与年度考核、聘期考核、职务晋升、评先评优挂钩,引导教师主动发展、自我成长;面向青年教师实施职教能力提升计划,邀请校外的知名专家对其进行专题辅导,为其提供境外访学研修的机会。

(五)"双师型"教师能力提升计划

在职业教育高质量发展新阶段,"双师型"教师能力建设已成为高职院校深化产教融合的战略支点。通过构建"标准引领-平台支撑-机制保障"三位一体的能力跃升体系,能够系统解决教师实践能力滞后、技术转化能力薄弱、产教协同不深等结构性矛盾,为技术技能人才培养提供优质师资保障。

1. "双师型"教师能力建设的战略重构

"双师型"教师的能力评定标准已突破传统"双证书"认定框架,向"教学实施能力、技术应用能力、标准研发能力、协同育人能力"四位一体方向演进。其核心价值体现在三个维度:在教学维度,实现技术标准向教育标准的转化;在服务维度,促进技术成果产业化应用;在发展维度,构建教师能力持续更新机制。通过系统化能力提升工程,能够有效解决教师队伍中存在的产教脱节、技术滞后、发展动力不足等关键问题,为高职院校的内涵式发展提供人才支撑。

2. 构建能力标准与制度保障体系

首先,依据《职业教育"双师型"教师队伍建设指导意见》等文件,建立三级能力标准体系:在基础能力层,教师需掌握本专业两项中级以上职业技能,具备课程开发与教学设计能力;在核心能力层,教师需参与企业技术改造项目,主持完成产教融合教学改革工作;在发展能力层,教师需主导行业标准制定工作,形成可推广的教学创新成果。然后,配套建立"三全"管理制度:在全过程培养方面,制定以五年为一个周期的个人发展路线图;在全要素考核方面,构建教学、科研、服务三维评价指标体系;在全周期认证方面,建立资格初审、中期评估、终期认定的动态管理机制。

3. 打造产教协同的能力发展平台

打造产教协同的能力发展平台的具体内容如下。第一,与企业共建技术应用中心,按照"专业对接产业链"的原则,建设智能制造实训基地、数字技术创新工场等实践平台。第二,实施"双岗互聘"制度,让教师兼任企业技术顾问,让工程师承担实践教学任务,形成能力提升闭环。第三,构建模块化培养体系,开发"基础夯实-专项突破-综合提升"三阶课程包:基础模块包括职业教育理论、教学规范与信息技术应用;专项模块包括新技术应用、工艺改良与教学转化;综合模块包括产教协同创新与教学标准制定。第四,实施技术技能认证工程,建立与职业资格框架衔接的认证体系,要求教师五年内取得两项高级职业资格证书。第五,开发"能力学分银行",将企业服务时长、技术研发成果等折算为继续教育学时。

4. 深化校企协同育人机制

深化校企协同育人机制的具体内容如下。第一,组建由行业企业、院校、科研机构构成的协同育人联盟,共建共享实训设备、技术案例与数字资源。第二,建立技术标准动态更新机制,确保教学内容与产业技术同步。第三,实施校企双导师制,让企业技术骨干担任产业导师,让院校教学专家担任教育导师。第四,与企业共同制定个性化培养方案,联合开展技术攻关与教学改革项目。第五,推行"三进三出"实践模式:教师每年累计完成1个月岗位实践进车间、教师每学期转化2项企业技术案例进课堂、每专业对接3个行业技术标准进方案;开发活页式教材与虚拟仿真资源出成果、完成技术改良与工艺优化项目出效益、培养高素质技术技能型毕业生出质量。

在全国范围内,广东机电职业技术学院在培育"双师型"教师方面处于领先地位。自2005年起,该校开始执行教师深入企业实践的计划,并已发展至3.0版本。1.0版本时,教师们主要进行的是为期1～2周的企业参观和交流,未能深入掌握企业岗位的实际工作状况和人才需求;2.0版本时,学校要求教师必须脱产半年到企业顶岗实践,带着教育教学改革的任务深入企业实践锻炼;3.0版本时,新教师必须脱产半年到企业顶岗实践,骨干教师可以通过为企业解决技术问题、参与技术升级等方式提升实践水平,专业带头人及资深教师则可以通过为企业提供技术服务、横向课题、培训等方式提升实践水平。教师赴企业实践需做到"三个必须":必须体验工作的过程,获得相关的工作经历;必须了解企业的结构和相关岗位,了解相关职业的工作任务,了解企业对人才的能力知识需求,了解职业道德要求,了解岗位工作规范;必须收集与专业教学有关的项目任务或案例素材,考虑与课程教学改革有关的问题,针对课程教学改革提出建议。

(六) 师资队伍国际化计划

为全面提升"双师型"教师的技术前沿能力,赋能专业国际对标与人才竞争力培养,高职院校可实施师资队伍国际化计划,具体如下:通过系统拓展海外研修路径,每年定向选派骨干教师赴德国、日本、瑞士、新加坡等职教先进国家的顶尖应用技术大学及行业领军企业,开展1～3个月的专项研修,聚焦于人工智能、先进制造等专业领域的新技术习得、双元制教学法创新及真实生产流程体验;同步深化国际企业浸润实践,支持教师深度参与跨国企业技术研发与标准制定,重点接轨国际权威资格认证体系,系统引入德国HWK/HK行业大师证、AWS云计算认证等全球认可的职业资格证书,通过设立专项基金支持教师考取认证;着力锻造师资双语教学与国际胜任力,依托校内外资源定制开发专业英语及跨文化教学能力提升项目,支持开发融合国际标准的双语课程资源包;积极构建国际师资协作网络,柔性引进海外应用型大学技术专家及企业名师担任客座教授,搭建教师互派、联合研发的常态化交流平台,形成双向赋能机制。师资队伍国际化计划旨在系统性培育教师"技术前瞻力、国际认证资质、跨文化教学力、全球协作力"四维核心能力,为培养具有全球竞争力的技术技能人才、提升学校国际影响力提供核心支撑。

(七) 专任教师诊改计划

在高职院校高水平双师队伍建设中,专任教师诊改计划作为提升教师队伍整体素质、促进教育教学质量持续提高的关键环节,正受到广泛的关注。该计划旨在通过系统性的自我诊断与改进,针对专任教师在教育教学、科研创新、社会实践等方面的不足,提出针对性的改进措施,进而推动教师队伍的全面发展和学校的内涵式建设。随着职业教育改革的深入和"双高计划"的推进,高职院校面临着提升教育教学质量、培养高素质技术技能型人才的挑战。专任教师作为教育教学的主体,其专业素养、教学能力和科研水平直接关系到人才培养的质量。部分高职院校在专任教师队伍建设过程中仍面临诸多挑战,如教师队伍建设的不确定性增大、优秀师资流失、教师培训针对性差等。实施专任教师诊改计划,对于提升教师队伍整体素质、促进教育教学质量持续提高具有重要意义。

高职院校应依据《关于实施职业院校教师素质提高计划(2017—2020年)的意见》等文件,完善教师发展标准,明确教师在师德修养、教学工作、科研工作、社会实践、育人工作等多维度、多层级的发展要求。高职院校应建立健全教师诊改和职业发展体系,形成"制度管人、流程管事、数据说话、持续改进"的良性循环;通过诊改工作强化质量文化建设的顶层设计,发挥引擎驱动作用;从制度、环境、行为三个维度构建学校质量文化体系,完善诊改质量管理制度,培育诊改质量文化理念。

(八)兼职教师优聘计划

在高职院校高水平双师队伍建设中,兼职教师优聘计划作为一项关键举措,旨在通过优化兼职教师结构、提升兼职教师素质、完善兼职教师管理,进一步推动教育教学质量的提升和人才培养模式的创新。该计划既响应了国家对职业教育师资队伍建设的政策导向,也符合高职院校自身发展的实际需求。随着职业教育改革的深入和"双高计划"的实施,高职院校对"双师型"教师的需求日益迫切。兼职教师作为"双师型"教师队伍的重要组成部分,具有丰富的实践经验和专业技能,能够为学生提供贴近实际的教学指导。部分高职院校在兼职教师聘任和管理方面仍存在诸多问题,如流动性大、管理难度大、教学质量参差不齐等。

根据《职业学校兼职教师管理办法》等文件,高职院校应本着优化结构、择优选聘的原则,合理确定兼职教师的比例。一般来说,应保持兼职教师的比例在30%左右,以确保兼职教师与专职教师之间的互补与协同。高职院校应建立兼职教师人才库,健全兼职教师业务档案,逐步建立一支素质较高、相对稳定的兼职教师队伍;通过广泛收集企业、行业中优秀人才的信息,形成兼职教师资源库,为兼职教师的选聘提供有力支撑;完善兼职教师管理制度,建立符合兼职教师特点的师资聘任、教学质量监控、考核评价及教学信息反馈制度;通过制定详细的聘任标准、教学质量评价标准等,确保兼职教师的教学质量和教学效果;努力营造团结互助、合作共事的氛围,为兼职教师创造良好的教学环境;通过定期举办专兼职教师座谈、研讨、交流和联谊活动,增强兼职教师的荣誉感和责任感,充分发挥他们在教学、科研和实训中的作用;制定优惠政策,吸引专家、教授、知名学者及高技能人才到学校任教;通过提供优厚的薪酬待遇、良好的职业发展前景等,吸引优秀人才到高职院校兼职任教。

第四节　高职院校"双师型"教师队伍建设的保障措施

一、建立健全制度体系

(一)构建标准化"双师型"教师认证与职称评审体系

高职院校的人事部门需牵头建立"三位一体"认证体系,将理论素养、实践能力、教学成效作为核心认证维度,构建覆盖准入标准、等级划分、动态管理的完整制度框架。

认证制度设计应遵循分层递进原则,设立基础型、骨干型、专家型三级认证序列。基础型认证侧重双师基本素质的考核,要求教师同时具备中级以上专业技术资格和教学能力达标证明;骨干型认证强化产教融合能力,要求教师提交企业技术改进案例或教学改革成果;专家型认证突出行业影响力,要求教师主持省级以上产教融合项目或制定行业技术标准。在设计认证制度的同时,需重构职称评审体系,在传统教学科研指标外增设技术研发、工艺创新、标准制定等实践性评审模块,形成区别于普通教师的差异化晋升通道。

若要保障制度的实施,需建立动态调整机制,根据产业技术变革趋势,每三年更新一次评审指标(20%～30%);组建由教育专家、企业技术主管、人力资源师构成的认证标准委员会,确保评审标准与行业需求动态适配;推行"双师发展积分银行",将企业服务时长、技术攻关成果、教学创新成效等要素量化为可累积、可兑换的发展资本,实现资格认定与职称评审的有机衔接。

(二)建立"双师型"教师激励机制

薪酬体系的结构性矛盾已成为制约教师专业发展的关键瓶颈。高职院校需构建"基础保障+绩效激励+专项奖励"三维激励模型,形成物质激励与精神激励协同发力的长效机制。其中：在基础保障层，重点优化岗位工资结构，设立"双师型"教师岗位津贴，将"双师型"教师的薪酬基准上浮15%～20%；在绩效激励层，实施"教学绩效＋技术绩效"双轨考核，对做出技术成果转化、横向课题研发等实践贡献的教师给予奖励；在专项奖励层，设立产教融合突出贡献奖，对取得重大技术突破或教学改革成果的团队给予重奖。

1. 构建"职业荣誉＋专业自主＋发展空间"的立体化激励网络

首先，建立"双师型"教师荣誉体系，设立"金牌双师""产教融合先锋"等校级荣誉称号，配套实施校园形象展示、行业媒体宣传等品牌塑造工程；其次，强化教师的专业决策权，保证专业建设委员会、实训基地等关键平台中"双师型"教师的占比不低于40%；最后，开辟特殊晋升通道，对连续三年考核优秀的"双师型"教师实施破格晋升政策，特别设立"技术应用型教授"评审序列。

2. 形成"培训-实践-晋升"的良性循环

首先，设立双师发展专项基金，全额资助教师参加国际技术认证、行业标准制定等高端研修活动；其次，实施"双师能力提升工程"，要求教师每五年完成六个月的企业技术驻场或教学改革专项研修；最后，建立校企人才双向流动机制，保留赴企业担任技术总监的教师的编制待遇，同时引进企业专家参与教学岗位竞聘。

3. 重点解决激励政策的可持续性问题

首先，建立激励效果追踪评估机制，通过教师发展大数据平台实时监测政策实施成效；其次，实施激励政策动态调整制度，每年根据教师满意度调查结果和行业发展需求优化激励措施组合；再次，强化激励制度与考核体系的关联度，将教师参与企业技术攻关、指导学生技能竞赛等实践成效与绩效分配直接挂钩；最后，通过系统性制度设计，形成"认证-培养-激励-发展"的完整生态链，为"双师型"教师队伍建设提供持久的制度保障。

二、适应教师的发展需求

（一）构建分层递进的"双师型"教师专业发展体系

高职院校需将个体化发展作为"双师型"教师团队建设的核心任务，针对不同发展阶段的教师群体制定差异化的培养方案。专业发展目标的明晰化是教师成长的首要环节，高职院校应围绕知识能力建设、实践能力提升两个维度建立系统性培养机制。

在知识能力建设层面,需建立阶梯式培养制度。面向基础教学岗位的教师,鼓励其更新学科理论体系与创新教学方法;针对专业负责人群体,着力提升其专业建设规划能力与团队管理素养;对于青年教师群体,则应为其系统设计职业发展通道,通过实施博士培养计划、国际访学项目、技能大师工作室等专项工程,为其搭建持续学习的制度平台。这种分层培养制度既能保证教师队伍整体素质的提升,又能满足不同层次人才的发展需求。

在实践能力提升层面,应注重产学研深度融合,建立校企双向流动机制,鼓励专职教师通过顶岗实践、挂职锻炼等方式深入企业生产一线,重点支持青年教师进入产业园区、技术创新中心等实践基地。这种沉浸式的培养模式有助于教师及时掌握行业前沿动态,将生产实践经验转化为教学资源,实现理论与实践的有效衔接。

(二)深化产教融合的协同育人机制

在职业教育规模持续扩大的背景下,传统的校企合作模式已难以满足"双师型"教师培养需求。构建政、校、行、企多方联动的协同育人体系,通过创新合作载体、拓展合作深度,切实提升教师实践能力培养实效,对于"双师型"教师队伍建设来说至关重要。

创新性合作载体的建设是突破培养瓶颈的关键。高职院校可依托产业学院构建教学生态圈,实现教学场景与生产现场的有机融合。可以通过在企业设立教师实践工作站,建立周期性轮岗制度,使教师在参与企业技术研发的同时将生产案例转化为教学项目。这种双向嵌入模式能够有效解决理论与实践脱节的问题,使教师在实践中完成知识更新与能力转化。

终身学习体系的构建是保障教师可持续发展的基础。高职院校应联合行业龙头企业共建产教融合型实训基地,打造技术技能传承与创新平台;通过建立校企联合教研室、技术攻关团队等方式,促进教师持续追踪行业动态;构建线上线下相结合的继续教育平台,为教师提供灵活多样的学习资源,以满足其个性化发展需求。

资源共享机制的完善是提升培养效率的重要保障。高职院校可建立区域性"双师型"教师培养联盟,整合区域内优质企业资源,构建开放共享的实践教学平台。通过制定统一的实践课程标准与考核规范,可以实现跨校师资培养的标准化。这种集约化培养模式既可解决单个学校资源不足的问题,又能促进校际的经验交流与协同发展。

(三) 构建产教协同育人机制下的企业责任体系

1. 建立企业参与的法律赋权与利益补偿机制

产教融合深度发展的核心矛盾在于校企双方权责配置失衡。当前,在企业参与职业教育的过程中,存在"责任模糊化、权益虚置化"的问题,这导致其主体地位难以确立。破解这一困局,需要构建"法律赋权＋利益补偿"的双驱动机制,通过顶层制度设计重塑校企合作关系。政府应当制定《产教融合促进法》,明确企业在职教师资培养中的法定权责,建立企业教育贡献度评级体系,将师资培养投入纳入企业社会责任报告强制披露范畴。

完善法定权责体系,需从以下几点入手。第一,设置"三张清单"。其中:企业教育责任清单明确了技术骨干带教、实践岗位提供、实训设备共享等基础义务;企业权益保障清单规定了税收减免、教育附加费抵扣、技术成果优先转让等补偿条款;违约惩戒清单设定了信用降级、项目申报限制等约束措施。第二,同步建立企业教育成本分摊机制,实施职业教育附加费征收制度,对未达标企业征收专项费用。第三,通过制度设计实现企业教育投入的可量化、可追溯、可补偿,形成可持续发展的利益共生模式。

2. 强化行业组织的标准引领与质量监控职能

行业组织的功能缺位导致校企合作陷入"标准缺失、监管真空"的困境。重构行业组织职能需要建立"标准制定-质量认证-过程监督"的全链条管理体系。教育部应联合行业协会成立全国性产教融合指导委员会,并赋予其制定师资培养标准、认证企业实训基地、评估校企合作成效等法定职权。行业组织重点推行"双师型"教师培养企业资质认证制度,对符合标准的企业授予"职业教育示范企业"称号,并配套金融信贷、项目审批等政策倾斜。

行业组织需建立企业教育贡献大数据平台,实时监测师资培养质量指标,定期发布产教融合绩效白皮书;实施校企合作项目全生命周期管理,对从师资培养方案设计到实践成果转化的全过程进行跟踪评估;建立行业教育仲裁机制,对未履行培养协议的企业启动行业自律惩戒程序;通过构建"政府监管＋行业自治＋社会监督"的三维治理体系,形成具有约束力的校企合作质量保障网络。

在制度创新层面,需重点突破传统的校企合作模式,构建"双主体"师资培养体系;推行企业导师认证制度,要求技术骨干获取职业教育教师资格后方可承担带教任务;建立校企人才双向考核机制,将企业教师的带教质量纳入技术职称晋升评价体系,同时将院校教师的实践成效与企业技术攻关成果挂钩;实施"教育工程师"培养计划,联合行业组织开发产教融合能力认证课程体系,培养既懂教育规律又熟悉产业技术的专业人才。

在政策配套方面,需设立企业教育投入补偿基金,对企业提供的实践岗位、实训耗材、导师津贴等成本实施分级补贴;完善知识产权共享机制,明确校企联合研发成果的权益分配比例;推行"教育贡献值"积分制度,允许企业通过参与师资培养积累积分,兑换政府采购优先权、项目审批绿色通道等政策红利;通过系统性制度设计,将企业参与师资培养从道义责任转化为制度性安排,最终形成可持续的产教协同育人生态。

三、深化人事制度改革

(一)以科层制管理理论为出发点,明确职责分工

科层制管理理论所强调的统治与管理关系并非仅指对他人的施压与影响,而是包含了一种特定的最低限度的服从心理要求。这种要求源于个体在服从中能够获得的内外部利益。基于该理论,高职院校的人事制度改革不应仅依赖学校党委和行政部门的单一行政手段向教职员工施压,要激发全体教职员工的积极性和创造性,必须寻求一种合乎法律规定且受固定规则约束的法定权力,以此为人事制度改革的基础。

1. 职位分层,建立多层级的人事制度改革体系

职位分层是科层制管理理论中的一个重要概念,它强调职责与岗位的层级管理。这一理论多次强调和说明了组织岗位与职责的确定性以及组织结构的内在层递性。在高职院校中,开展师资梯队建设实质上是对教职员工队伍的优化,旨在形成一定的梯队和梯度。从管理学的视角来看,这一过程的实质是对高职院校教职员工进行人力资源管理的再开发、再优化和再利用。在这个过程中,教师是学校教职员工队伍中的一个个体,也是教育系统中的一分子,完全符合管理学中的"经济人"假设,不过针对教师采用单一的经济激励模式往往难以取得良好的效果。我们

应该先将教师置于组织系统内,即考虑高职院校特有的学校属性以及教师职业这一特定岗位的性质,之后再实施层级式管理。

(1) 根据层级性来定编、定岗、定人员

"定编""定岗""定人员"(简称"三定"工作)是高职院校在完善机构设置的基础上,根据专业发展和实际需求进行的重要工作。在"定编"方面,原则上应遵循"只减不增"的原则,高职院校教师编制数由上级人事部门根据教学规模预先核定,在整体框架下,学校人事主管部门会与学校领导协商后再确定本校的机构与岗位人员编制。在"定岗"方面,学校管理部门首先确定岗位的性质和部门职责,然后再根据人员素质、工作要求和内容来设置岗位,并明确岗位的任期和任职条件。高职院校的岗位主要分为行政管理和教学科研两大类。其中行政管理岗位设置通常参照本科院校,从厅局级到处级、科级;教学科研岗位则根据教师评定的职务来设置,可分为教授、副教授、讲师、助教等,对应正高级、副高级、中级、初级职务。在"定人员"方面,应明确"专编专人、专岗专人"的原则,根据编制和岗位设置来调配人员,通过岗位的编制数确定人员数量,根据岗位的性质、内容和要求确定岗位职责,并选拔具备相应素质的人员来充实岗位,必须防止超编、超员的现象发生。当学校发展滞后导致编制数不足时,可以采取临时聘用制度和人事代理制度来控制岗位编制数量,对于后勤部门中需求大但流动性也大的岗位,如清洁工、车队司机等,可以采取后勤社会化管理模式或引入社会实体进行管理。

(2) 从激发教职员工积极性的角度来制定政策

学校的管理者,即领导层,在科层制管理理论框架中处于上级地位。鉴于高职院校的复杂背景,如中专体制转变、不同类型的学校合并等,管理者在制定人事制度改革政策时,需特别关注派系纷争与意见分歧,以免阻碍改革进程。作为改革的先锋,高职院校的管理者既是决策者,也是推动者,其角色至关重要。在制定人事制度改革政策时,应摒弃"以事为中心"的观念,避免为改革而改革或以政绩为导向。相反,应回归"人"这一核心,充分考虑学校发展变化中形成的价值取向、共同追求、文化需求及非领导组织的民意诉求,实施人性化管理,以减小改革阻力,最大限度调动教职员工的积极性。为此,管理者应建立一套鼓励科技创新、倡导教书育人、崇尚学术研究的管理制度。这些制度应聚焦于专业创新和人才培养,以全面激发教职员工的潜能。

（3）从"以人为本"的角度来贯彻落实政策

科层制管理理论强调层级管理制度，其中包含管理者的绝对领导与被管理者的无条件服从。如何在学术自由、民主开放的环境中实现教职员工的绝对服从，是一个具有挑战性的问题。学校领导应树立"以人为本"的管理理念，并在全校范围内进行广泛宣传。在制定五年规划、召开教职员工代表大会等重要场合，学校领导应强调学校发展与教职员工个人发展的紧密联系，并在日常会议和校园活动中渗透这种人本思想。通过这种方式，可以引导教职员工从能否满足岗位要求的角度进行自我约束，将学校的发展与自身的人生规划、职业发展、家庭幸福和事业成就相结合。此外，学校领导还应将学校的人事制度改革置于学校发展的高度来对待，确保各项改革措施和制度能够顺利推进，这要求领导层在制定和实施改革方案时，充分考虑教职员工的实际需求和利益，以及改革可能带来的各种影响。

2. 权力分等，强化竞争服务意识

科层制管理理论强调权力分等，注重人与工作的关系，倡导在处理问题时保持客观公正，即"对事不对人"。该理论强调每个岗位都应具备相应的学历、资历和技能，高职院校可以此为基础建立一套科学、透明的提拔任用体系。这一体系要求所有编制岗位必须通过公开招考，所有提拔任用必须经过民主测评，从而实现人尽其才的目标。在高职院校人事制度改革过程中，必然会遇到一些挑战和阻力，这是因为改革往往会损害一部分人的利益，尤其是当改革损害到大多数人的利益时，会遭到他们的反对。只要改革策略得当，能够在最大程度上保障绝大多数教职员工的利益，而仅损害极少数教职员工的利益，就能够稳步推进改革。

（1）强化服务意识，扎实推进人事制度改革

受中国传统文化影响，"官本位"思想在高职院校人事制度改革中亦有所体现，这种价值取向对改革进程产生了一定的影响。此外，从高职院校的起源来看，多数院校由中等职业技术学校发展而来，因此在管理层面仍存在一定程度的"家长制"作风和"一言堂"现象，要实现管理意识的转变，仍需时日和努力。基于科层制管理理论，为协调人与工作之间的关系以及成员间的关系，高职院校的领导干部应树立"管理即服务"的理念，机关职能部门也应秉持"我为服务而来"的工作态度，从观念

和思维上实现转变,进而推动工作作风和服务成效的实质性改变。此外,简化与规范行政审批流程也是关键的一环,旨在为高职院校教师的教学与学术活动创造良好的条件。

(2) 完善协调机制,加强部门间的合作交流

在当下高职院校的管理实践中,存在着两种问题:一是分工过于粗略的粗放型管理;二是分工过细导致的部门间的推诿现象。由于部门职能被过度细分,部门间扯皮的情况时有发生,为解决这一问题,我们需要在传统科层制管理的基础上,加强对中层干部的领导配置,并进一步强化部门间的沟通与协作。从内部结构出发,我们应着手改善组织的运行机制,这包括理顺学生管理、教务教学、科研合作以及后勤服务等各方面的管理流程,对于能够合并的部门,应进行合并,对于需要拆分的部门,则进行拆分。我们可以借鉴国务院大部委改革的经验,实行线条式管理。例如:对于学工部门、学生处、军训处等以学生管理服务为对象的部门,可以将它们合并为一个统一的管理部门;而像统战部、人武部等在高职院校内没有具体工作事项和内容的部门,则可以考虑让其与宣传部、组织部等部门进行合署办公。这种大部委的工作模式具有多重优势:第一,能够在关键时刻调动全体处室人员,集中力量解决阶段性问题;第二,有助于在具体工作中整合高校的"思想政治教育"的"育人功能";第三,在人事制度改革方面,能够促进部门间形成合力,从而提高办事效率。

(3) 培养竞争意识,激发教职员工的工作活力

部分高职院校存在这样一种现象:教职员工在职称评定前表现出极高的工作热情,而一旦职称评定通过,工作劲头往往大幅松懈,这种"职称评定前拼命干,职称评定后松一半"的情况,不仅会对教师个人的职业发展造成负面影响,还会阻碍学校教学质量的提升和整体业绩的提高。高等教育生源逐步减少,高职院校间的竞争日益加剧,要吸引优质生源,核心在于提高学校的人才培养质量,而这最终依赖于教师的素养和教学水平。在全球人才竞争激烈、知识快速更新、人才资源配置市场化等多重挑战下,高等职业教育正面临着前所未有的机遇与考验。

面对即将到来的新一轮洗牌,高职院校的领导和人事部门应树立强烈的危机意识,对全体教职员工进行适当的教育,除了应通过提升待遇来增强员工的工作幸

福感和满足感之外,还应强调居安思危的观念,使用 SWOT 分析等工具明确学校的定位、发展目标及面临的挑战。高职院校应在全校范围内宣传集体主义思想,鼓励教职员工形成合作共赢、竞争进取的心态:一方面,激励教职员工不断提升自身的职业素养和专业技能;另一方面,为教职员工提供多元化的职业发展路径。高职院校可通过营造良好的工作氛围,激发教职员工的工作活力,从而使其保持持续进取的工作心态,为学校的发展提供不竭动力。

3. 职权相等,树立现代人力资源管理观

科层制管理理论中的"职权相等"原则,是指在组织系统内部,成员的工资及晋升机会应严格按照职位等级来设定。这一原则主张根据职位等级支付相应的薪金,并建立明确的奖惩与升迁制度。这样的激励机制能够促使成员更加努力地工作,同时鼓励成员积极贡献自己的力量。为了回报成员的贡献,组织会为其提供晋升机会。职权相等的核心理念在于确保职位与所赋予的权力相匹配,并将职位直接与奖惩、升迁关联起来。

(1) 干部结构优化升级

高职院校人事制度改革是一个长期、缓慢且循序渐进的过程,对于倡导改革的校领导而言,这绝非一蹴而就的任务。通常,高职院校的书记和院长由当地组织部门通过委任方式确定,虽然合理的流动能为这些职位注入新活力,但过度频繁的流动却可能阻碍改革的推进,导致领导干部只关注短期政绩,而缺乏对高职院校职业定位和专业发展前景的全面思考和长远规划。

干部结构优化升级的具体内容如下:第一,主管高职院校的教育行政主管部门需具备清晰的认知,在任免高职院校的主要领导时,应综合考虑其专业能力、学术背景及团队管理能力,并确保他们拥有稳定的施政期,以便深入推进人事制度改革;第二,主管人事部门的领导干部应深入学习人事管理的相关知识,充分了解学校的人事现状,并熟悉相关政策,从而提出针对学校人事制度改革的合理方案;第三,学校领导层应对学校的人才培养计划进行审慎考量,在明确办学层次、差异化竞争策略和办学规模等因素的基础上,形成清晰的人事制度思路,这包括确定要开设的专业、需要引进的人才类型以及各岗位所需的具体人才等。

(2) 人力资源科学规划

随着新专业设置门槛的逐渐提高,相关评估和申办流程的严格性也日益凸显,招生不足、就业前景不佳的专业面临被淘汰的风险。在这一背景下,学生的就业竞争力成为衡量人才培养质量的重要指标,合格的管理团队与教师团队是提高学生质量的关键,而这一切又归根于学校人力资源的合理配置与结构优化,以及科学的人力资源管理规划。尽管高职院校与企业在性质上存在差异,无法直接套用企业的管理经验,但为获得竞争优势并具备前瞻性的人才培养能力,高职院校必须借鉴管理学的核心理念,特别是在人事管理方面。从人力资本的角度来看,高职院校与企业的人事管理存在诸多共通之处。在人力资源规划方面,高职院校应汲取企业的经验,做好人力资源的全面规划,构建合理的考核体系,并选择恰当的激励方式。高职院校的教师主要是知识工作者,他们日常接触新知识,有更多的机会接受新观念,渴望不断变化的工作环境,这决定了他们不希望受到过多刚性规则的束缚。因此,高职院校的人事部门需采用人性化的管理方式,建立灵活多变的用人机制,并根据不同专业制定差异化的考核标准。

(3) 培训进修分层分类

教师专业能力的提升依赖于持续的在职教育。这种再教育可以通过多种方式进行,包括培训进修、挂职实践和企业实习等。针对不同岗位的教师,再教育工作应分类且分层次进行:对于管理岗位的员工,可以通过让其在上级或地方组织部门进行挂职锻炼来增强实际操作能力;对于负责人事和宣传工作的员工,则可以通过举办研修班、考察交流班或政策研读班等来提高其业务能力和加深其对政策的理解;对于教学岗位的员工,一方面可以鼓励其攻读在职研究生或博士生,另一方面可以鼓励其参与企业实践;对于后勤管理岗位的员工,可以通过组织军事训练、服务技能培训等来强化其服务意识。

(二) 以均衡管理理论为基准点,完善人才培养机制

均衡管理理论着重强调组织与系统内部各要素之间的协同作用。在时间的维度内,该理论追求整体性、结构性和关联性的动态平衡。在人事制度改革过程中,首先需要调整内部结构,也就是优化组织结构,激发各分支的潜能,并增强机构的自我更新与调整能力,从而推动高职院校的自主发展;其次需要引入外部资源,也就是借助外部力量来助推内部变革,特别是要畅通教师参与企业实践、车间实训等渠道,以促进"双师型"教师队伍的建设;最后需要根据具体情况进行动态调整,也就是在改革过程中不断反思、总结、探索与调整,以摸索出一条符合本校特色的人事制度改革之路。

1. 建立合理的分类培养制度

从管理学的经济成本视角来看,员工流动率的降低意味着企业损失的减少。

对于高职院校而言,在保持教职员工队伍相对稳定的基础上,实现合理的人才流动是最为理想的模式。为达到这一目标,高职院校在人事制度管理上需采取一系列策略:第一,通过合理的引进机制,精简并优化专任教师队伍;第二,对管理人员进行系统的培养,以提升其整体素质;第三,对于表现平庸、工作懈怠的教职员工,建立合理的流出机制。通过采取这些策略,可以建立健全人力资源的开发机制,实现人力资源的优化配置。

(1) 普通一线管理岗位贵在出路

在高职院校的管理体系中,普通一线管理岗位犹如基石,支撑着院校的日常运转与长远发展。这些岗位(如系部教学秘书、学生辅导员、行政科室办事员等)直接面向教学、学生和各项事务,是落实院校决策、服务师生需求的前沿阵地,但是其职业发展空间有限。从现状来看,普通一线管理岗位的工作内容繁杂琐碎,事务性工作占据大量时间和精力,导致个人专业成长受限。以教学秘书为例,他们每天要处理课程安排、成绩录入、教学资料整理归档等事务,难以有整块时间进行教学研究或参加专业培训,久而久之,动力便会逐渐消退。要拓宽出路,可从以下三点入手。第一,搭建多元发展立交桥,构建管理、教学、科研等多维度晋升通道,让一线人员能依照兴趣和专长选择发展方向。比如:对于管理能力较强的人,为其开通"管理专家"晋升路径;对于教学能力较强的人,支持其向"教学型管理岗"发展,鼓励其参与精品课程建设、教学改革项目等。第二,打造能力提升加油站,针对岗位需求,开展精准培训。例如:为新入职辅导员提供学生心理辅导、职业规划指导等专题培训;定期组织一线人员到其他院校交流学习,让其了解前沿管理理念与高效工作模式。第三,完善激励、关怀机制。例如:建立科学的绩效考核体系,将日常工作量、工作质量、创新成果、师生满意度等纳入指标,定期考核并公示结果,对优秀者给予物质奖励、荣誉表彰及更多发展机会;关注一线员工的心理健康,设立心理咨询室,开展团队拓展活动,缓解一线员工的工作压力,增强一线员工的归属感。

(2) 普通一线教学岗位贵在培养

在高职院校的教学体系中,普通一线教学岗位肩负着培养技术技能人才的重任,其价值在于培养学生,这些岗位直接面向学生,是知识与技能传承的核心岗位。但是当前一线教学岗位的培养存在一些问题:教学任务繁重,教师难以兼顾专业成长;培养方式单一,缺乏针对性和吸引力;评价体系不完善,重教学成果而轻培养过程。针对以上问题,高职院校应构建全方位培养体系,具体如下。第一,搭建多元成长平台。例如:设立教师发展中心,提供教学法、课程设计、实践技能等培训课程;组织教学观摩、公开课等活动,促进教师之间的交流;鼓励教师到企业挂职锻炼,让教师了解行业动态,提升实践能力。第二,完善激励机制。例如:设立专项基金,对积极参与培养项目且成效显著的教师给予奖励;在职称评定中,增加教师培养成果的权重,激发教师的积极性。第三,建立动态跟踪评价机制。例如定期评估教师培养效果,收集反馈意见,及时调整培养方案,确保培养工作贴合教师发展需求与院校目标。

(3)高精尖专业人才贵在稳定

高职院校若欲提升服务地方经济的能力,必须确保专业设置与地方经济发展策略相契合。通常,高职院校会通过增设新专业来响应政府发展经济的号召。而新专业的设立,必然要求配备相应的专业教师团队。对于高精尖专业人才的管理,应致力于充分发掘其潜能,赋予其足够的自由空间;通过岗位激励与薪酬激励相结合的方式,提升其工作效能;遵循"外部兼职适度宽松,内部重用人才"的原则,以在最大程度上发挥其价值,从而避免人才流失的尴尬局面。

2. 建立合理的师资梯队培养机制

"师资梯队培养"是高职院校教师队伍建设的重要组成部分,其直观体现在师资职称结构的优化。为提升不同层次教师的教学、科研和实践能力,高职院校应实施系统的"师资梯队培养"工程。该工程的核心在于,通过设立专项经费,为教师提供全方位的科研支持,包括但不限于学术交流、业务进修、专著出版和论文发表等,这不仅能有效助力教师做好个人职业规划,赢得应有的职称晋升和职业发展机会,还能为学校教师队伍结构的整体优化奠定坚实基础。

(1)构建师资培训体系

针对高职院校所确定的重点与特色建设专业,以及各省市的具体目标与职责,师资培训的重心正逐步由学历导向转向专业能力提升。这一转变构建了一个三层次递进、多元途径相结合的师资培训体系。第一,新入职教师的培训是这一体系的基础层面。尽管新入职的教师普遍具备研究生或以上学历,但他们在教学经验和实践能力上可能有所欠缺,因此,实施"导师带徒"制度(通过"一帮一""以老带新"等模式,让资深教师辅导新教师,使他们在职业生涯的起点就能接受系统的职业培训和专业引导)显得尤为重要。第二,教师的专业知识拓展和技能提升是这一体系的第二层面。鉴于不同专业教师资源的分布不均,以及高职教育"校企合作""工学结合"的新趋势,应有针对性地选派教师参加以拓展专业知识为主的培训,以优化其知识结构,提升其专业素养和教学能力。第三,骨干教师和学科带头人的高端培训构成了这一体系的第三层面。可通过访问学者项目和脱产培训等方式,选拔优秀教师参加高水平的专业培训,甚至赴海外深造,以推动学科建设和提升教学质量。

(2)完善兼职教师制度和客座教授聘任制度

为进一步提升教学与科研水平,高职院校需吸引高水平的国内外专家,但由于经费有限,客座教授聘任制度和兼职教师制度成为有效的解决策略。这些制度不仅促进了教师与专家的科研合作、学术交流,还对学科建设和教师队伍建设产生了积极影响。

客座教授是指在国内外享有盛名,学术造诣深厚或对社会有显著贡献的专家、教授,他们的加入能显著提升高职院校的教学与科研质量。兼职教师分为学术型和技能型:学术型兼职教师通常具有教授或副教授职称,在专业理论领域有独到的见解;技能型兼职教师则可能在学历上不那么突出,但在专业实践或特定行业内具有崇高的威望和丰富的实操经验。

聘任客座教授时,组织人事处需与相关单位合作,收集并呈报候选人的简历、学术成就等资料,最终由校长办公会议审议决定;聘任兼职教师则由二级学院或系部根据实际需求提出申请,并附上相关材料,经教务部门同意、人事部门审核后,提交校长办公会议讨论通过,确定待遇及管理考核办法;对于客座教授和未承担实际工作任务的兼职教师,可通过赠送纪念品等方式表达敬意,而不直接支付酬金;对于承担短期或阶段性教学、科研任务的兼职教师,则实行课时计酬制度,按合约进行聘用,制定合理的课酬标准,并确保课时量由学院统计、教务处审核、组织人事处按规定发放。

(三)以综合激励理论为着力点,推进激励制度建设

有效的激励机制是实现组织目标的动力源泉,也是提升员工工作效能的关键所在。在高职院校人事制度改革的过程中,为达成终极目标,建立与本校相契合的激励机制显得尤为重要。综合激励理论强调,个体在做出贡献后,应获得相应的外部报酬和内部报酬,以此来增强工作效能。基于这一理论,高职院校在推进人事制度改革时,应以聘任制为基石,构建完善的教师评价指标体系和合理的教师考核体系。

1. 建立全员合同聘任制

聘任制在高职院校人事制度改革中占据核心地位,其精髓在于淡化个人身份,

着重强调岗位职责。作为实施聘任制的基础,合同制为其提供了坚实的保障,而竞争上岗则成为实施聘任制不可或缺的前提条件。聘任方式灵活多样,包括合同制聘用、临时聘用等多种形式。在实施聘任制时,必须严格遵循"公平竞争,择优上岗"的原则,以确保人才选拔的公正性和高效性。

(1) 管理岗位聘任制

① 行政人员聘任。在高职院校的组织架构中,行政管理岗位根据级别通常划分为正厅级、副厅级、正处级、副处级、正科级和副科级(部分学校可能不设科级岗位)。这些岗位上的教师,也即干部,是学校发展的中坚力量,他们既是各项建议与提议的首要决策者,也是学校重大政策的关键执行者。为确保聘任的公正性和透明度,应遵循"逢提拔必考试""逢晋岗必公示"的原则,严格执行科级干部的选拔聘用流程。选拔过程中,应确保渠道畅通、信息公开,通过自愿报名、竞争答辩、组织考核及群众评议等多个环节,全面评估候选人的能力与潜力,强化考核机制,充分听取群众意见,对于工作能力不胜任或品德廉洁方面存在问题的干部,应及时进行劝诫教育。

② 专职辅导员聘任。专职辅导员在学生管理工作中扮演着至关重要的角色,他们直接与学生接触,是思想政治教育的先锋队。面对复杂多样的学生管理工作,专职辅导员需具备高尚的思想道德修养、强大的个人处事能力以及全面的综合素质,考虑到岗位特性,他们还需拥有良好的心理素质和健康的身体状态,这既是现任辅导员岗位的需求,也是为未来人才培养和教师干部队伍梯度规划考虑。在聘任过程中,应通过公开招聘的方式广泛吸纳人才,特别要考虑到学校的生源地结构,以增强辅导员与学生之间的亲近感。此外,还应关注辅导员的学科与专业背景,为未来专业晋升和岗位转换积蓄技能型人才。

(2) 专业技术岗位聘任制

专业技术岗位的聘任主要针对教师和其他技术人员。对于教师,应重点考核其专业性,将教师的专业结构与岗位聘任紧密结合;对于其他技术人员,则应注重其技术性,将岗位技能与任职资格相统一。高职院校的专业技术岗位可划分为教学科研岗位、实践教学指导岗位以及其他专业技术岗位三类。专业技术岗位的聘任必须以职称评审为前提,遵循"先评审后聘任"的原则,确保评审与聘任相互独立,从而强化岗位需求。

教学科研岗位主要指那些除了要承担规定的教学与科研任务外,还要在教学工作业绩考核、专业技术职称方面达到特定要求的岗位。此类岗位的教师应在高职院校教师队伍中占主导地位,并应向高精尖人才方向发展。为此,需通过职称晋升评定、外派进修学习等多种途径来不断提升其能力。

实践教学指导岗位主要负责实践教学的指导与管理工作,同时需完成一定的科研工作量,并通过年度教学工作业绩考核及达到相应专业技术职称和能力的要求。该岗位的设立旨在体现高职院校对学生实践能力提升的重视,加强对校内实践环节以及校企合作等环节的实践指导与管理。可通过为教师提供企业实习机会等方式来提高其实践操作能力。

其他专业技术岗位是指那些主要从事学校教学管理、辅助教学工作,无教学工作业绩考核要求,但有一定科研工作量及相应专业技术职称和能力要求的非教学科研、实践指导岗位。此类岗位的教师是高职院校教师结构的重要组成部分,为保障学校教学的正常开展和学生管理的规范运作提供了有力支持。对于这部分教师,应致力于稳定人心,合理制定人力资源规划,做好职业生涯辅导培训,以打造结构稳固、流动合理的专业技术岗位群。

(3) 工勤技能岗位聘任制

工勤技能岗位主要涵盖教学工作设备的操作与维护、后勤基础设施的保障以及各类管理服务工作。此类岗位的设置,旨在提升专业技能与服务水平,以满足单位日常业务工作的实际需求。根据岗位职责与技能要求的差异,可将工勤技能岗位进一步细分为专业技术工岗位和一般普通工岗位。在聘任方面,对于专业技术工岗位,应着重考察应聘人员在设备维护方面的技术能力以及对后勤服务工作的责任感。尽管在高职院校中,工勤技能岗位的人员规模相对较小,但其重要性不容忽视。高职院校应充分尊重并重视工勤技能岗位人员,依据岗位的重要性与专业性要求,采取不同的聘用策略:对于关键岗位和紧要部门的人员,采用长期合同聘用制,以确保岗位的稳定性与工作的连续性;而对于一般的专业性要求相对较低的岗位,则采用临时聘用制,以灵活应对各类临时性或突发性的工作需求。

2. 健全教师评价指标体系

高职院校的教师评价指标体系由两部分构成:一是课程评价指标体系;二是教师职业教育能力评价指标体系。

在评价指标方面,高职院校应遵循"校企合作"与"工学结合"的原则,依据工作过程系统化的要求,围绕"专业思路定位、课程载体设计、教学岗位实施"这一主线,以课程内涵的深化和教学效果的优化为重点,对课程进行全面、深入的评价,鼓励教师在课程建设和教学实践中持续创新,以不断提升教学质量。确定评价指标时,应以人力资源管理理论为基础,结合课程评价及教师职业教育能力的实际测评情况。我们综合考虑课程标准、整体与单元教学设计、课程网站建设、教学能力测评（包括说课）、专家听课反馈以及学生问卷调查等多方面的评价结果及其相关佐证材料。

关于评价方法，鉴于高职院校对实用性和技能型人才培养的重视，我们采用"查阅材料"、"说课测评"和"听课评价"三者相结合的方式。在评价过程中，需严格遵循"循序渐进、层层把关"的原则，由专家团队对每门课程及每位教师的职业教育能力进行专业评价，以确保评价的准确性和公正性。

在评价结果方面，应针对上述四个评价部分设定不同的考核分值，旨在通过考核结果客观、全面地反映教师的教学任务完成情况、教学效果以及综合表现等多个维度。在构建评价指标体系时，要特别注重将过程性评价与结果性评价相结合，并据此制定相应的薪酬奖励和职务晋升机制。对于教学业绩突出的教师，应给予其合理的奖励；而对于教学业绩不佳、学生认可度低的教师，在职称评定、科研成果认定以及教学工作量考核等方面，应严格按照规定给予其相应的惩罚，以实现有效的激励与约束。

3. 完善考核评估机制

考核评估机制在人事制度改革中扮演着"风向标"与"指路明灯"的双重角色，其导向功能对于制度变革的方向和深度具有决定性影响。在高职院校的语境下，这一机制显得尤为关键，它不仅需明晰各岗位的工作职责，还需精准衡量教职员工的工作成果，以此激发教职员工的潜能并推动学校的整体进步。根据岗位性质的不同，可将考核划分为两大类：一是针对教管、教辅及管理类岗位的考核；二是针对教学科研岗位的考核。

在教管、教辅及管理类岗位考核方面，我们采用综合考评体系，围绕德、能、勤、绩、廉五个核心维度展开。其中，"德"主要考量员工的思想政治素质，"勤"则聚焦于工作态度和出勤情况，这两部分由学校人事部门统一设定标准。而"能"和"绩"则更注重个性化和差异化，由各学院或部门根据具体岗位要求来细化考核内容。考核结果通常分为优秀、合格、基本合格及不合格四个等级，以确保评价的全面性和准确性。

针对教学科研岗位的考核，我们构建了一套以教学工作量、教学效果等为核心的绩效考核体系。该体系采用学年考核与聘期考核相结合的双周期制，通过教学工作量、科研工作量以及教学工作业绩等多个维度，对教学科研人员进行全面而深入的评价。值得一提的是，在教学效果考核中，我们创新性地引入了学生评教机制,通过量化与质性相结合的评价方式,更为客观地反映了教师的教学实绩。我们还根据不同职称等级设定了差异化的考核标准,如在教学工作量方面明确最低授课时数,并将课程建设、教材编写等纳入考核范围,从而确保考核的公正性和有效性。

4. 实行绩效工资改革

校内绩效工资体系是高职院校薪酬管理制度的核心组成部分,其主要由岗位基本工资、绩效工资和津贴补贴三个模块构成。这一体系直接关系到高职院校人事制度改革的成效,其关键在于绩效分配方案能否有效激发教职工的工作积极性和创造性。

(1) 岗位基本工资

岗位基本工资是高校薪酬体系的重要组成部分,其发放对象为符合岗位聘任条件并履行相应岗位职责的在岗人员。该制度与岗位设置体系紧密对应,主要涵盖专业技术岗位、管理岗位和工勤技能岗位三大类。每一类均设有明确的岗位等级序列,各等级对应相应的岗位基本工资标准,构成该岗位的基础性薪酬保障。从制度设计的角度来看,岗位基本工资具有以下特征:一是普遍性,覆盖所有在岗人员,体现了岗位聘任的基本保障功能;二是差异性,因岗位级别的不同而不同;三是层级性,通过岗位等级的划分,反映不同岗位的专业技术含量、管理复杂程度和技能要求;四是保障性,作为岗位聘任基本薪酬的组成部分,能够为教职工提供稳定的收入保障。在具体实施过程中,岗位基本工资的确定需遵循以下原则:一是岗位价值导向原则,根据岗位对学校发展的贡献度确定标准;二是公平性原则,确保相同或相似岗位的标准具有可比性;三是动态调整原则,根据学校发展水平和外部环境适时调整标准;四是激励约束原则,将岗位基本工资与岗位职责履行情况挂钩,强化相关人员的责任意识。

(2) 绩效工资

绩效工资是绩效工资体系的核心组成部分,其分配应依据教职员工在具体岗位上的工作表现及取得的实际业绩。教学岗位的绩效工资主要涵盖以下几个方面:超额完成教学任务的绩效、超额完成科研任务的绩效、参与学科建设的绩效、实验技术人员的实验课时绩效以及兼职班主任的绩效。这些绩效项目的设置体现了对教学一线人员多元化贡献的认可,同时也反映了高职院校将教学与科研放在同等重要位置的价值导向。机关及教辅岗位的绩效工资建议采用"总量控制、分级管理"的分配机制,将绩效工资总额划拨至各部门,再由部门负责人根据内部考核结果进行二次分配,部门领导可预留一定比例的机动指标,用于奖励表现突出的员工或应对考核中的特殊情况。为确保考核的公平性和达到预期的激励效果,各部门需事先确定明确的考核指标(具体包括工作完成度、创新性贡献、团队协作度等量化指标)及奖惩规则,同时建立申诉与复核机制,以最大限度地调动员工的积极性并减少考核过程中可能出现的不公平现象及负面效应。这一分配机制的实施需遵循以下原则:一是透明性原则,在制定考核标准与分配方案时保持公开透明;二是差异性原则,根据岗位性质和工作内容设置差异化的考核指标;三是动态调整原则,根据学校发展目标和部门工作重点的变化,适时调整考核指标体系;四是激励相容原则,确保考核结果与绩效分配能够有效激励员工提高工作效率。

(3)津贴补贴

津贴补贴主要包括特殊岗位津贴和各类改革性补贴。特殊岗位津贴主要面向特殊岗位人员以及柔性引进人员发放,其目的是吸引和留住这些人才;改革性补贴是按国家相关政策为职工设置的住房公积金、住房改革性补贴等项目,目的是为教职工提供相关保障。在高职院校中实施特殊岗位津贴制度的目的有两个:一是吸引和留住高层次人才;二是通过聘任具有社会影响力的名誉院长、客座教授等,提升院校的社会声誉和学术影响力。由于特殊岗位津贴受益人的实际在校履职时间有限,且其津贴额度相对较高,因此,需建立科学的量化评估体系。高职院校应根据受聘者的学术地位、社会影响力和岗位贡献度等指标,制定差异化的津贴标准,以确保津贴分配的合理性与有效性。

参考文献

[1] 郭丽君. 学术职业视野中的大学教师聘任制研究[D]. 武汉:华中科技大学,2006.

[2] 李芩旭. 产教融合背景下高职院校"双师型"教师队伍建设的研究[D]. 金华:浙江师范大学,2021.

[3] 付含菲. 产教融合背景下高职院校"双师型"教师队伍建设研究[D]. 武汉:湖北工业大学,2020.

[4] 姜晓雷. "1+X证书"制度下高职院校人才培养质量评价研究[D]. 沈阳:沈阳师范大学,2021.

[5] 王丹. 当前形势下高校教师聘任制的改革与发展研究[D]. 武汉:武汉理工大学,2006.

[6] 张扬. 高职学生关键能力培养的模式变革研究[D]. 上海:华东师范大学,2022.

[7] 赵志鲲. 大学教师激励问题研究[D]. 南京:南京师范大学,2015.

[8] 罗明. 高校人事代理制度研究[D]. 汕头:汕头大学,2011.

[9] 刘蕾. 高校人事代理制度的实践与思考[D]. 上海:复旦大学,2009.

[10] 阎峻. 法治视角下的中国高校人事制度改革研究[D]. 武汉:华中科技大学,2018.

[11] 李鑫. 我国高职院校"双师型"教师资格认定标准的制定与实施策略研究[D]. 武汉:湖北大学,2021.

[12] 杨海英. 高校后勤人事制度改革研究[D]. 大连:大连理工大学,2008.

[13] 廖康平. 基于胜任力模型的高职"双师型"教师资格认定标准的优化研究

[D]. 武汉:华中师范大学,2021.

[14] 姜文. 高校人事制度的改革现状与创新策略研究[D]. 长沙:湖南师范大学,2006.

[15] 赵帅. 我国高校人事制度改革研究[D]. 北京:首都经济贸易大学,2015.

[16] 李珂. 高校后勤社会化过程中的人事制度改革研究[D]. 北京:中国农业大学,2005.

[17] 王峰. 珠三角地区高职院校产教融合人才培养机制案例研究[D]. 广州:广东技术师范大学,2021.

[18] 黄慧利. 论高校人事制度改革[D]. 长沙:湖南师范大学,2006.

[19] 杜钢清. 当前我国高校人事制度改革研究[D]. 武汉:武汉大学,2003.

[20] 刘海明. 高职院校新技术应用型人才培养研究[D]. 武汉:华中师范大学,2023.

[21] 叶心. 广西高职院校"双师型"教师政策执行研究[D]. 南宁:广西民族大学,2023.

[22] 彭哲. 基于教师发展视角的地方高校人事制度改革问题研究[D]. 武汉:华中师范大学,2021.

[23] 林芸静. 人事制度改革背景下高校编外人员工作积极性影响因素研究[D]. 广州:暨南大学,2021.

[24] 陈永慧. 哈尔滨学院教师人事制度改革存在的问题与对策研究[D]. 哈尔滨:黑龙江大学,2017.

[25] 张姮. 包头市高职院校教师聘任制问题研究[D]. 北京:中央民族大学,2012.

[26] 姚树明. 昆明医学院人事制度改革与创新研究[D]. 昆明:昆明理工大学,2007.

[27] 洪燕. 产教融合政策背景下中职卫校"双师型"教师专业发展存在的问题与对策研究[D]. 济南:山东大学,2023.

[28] 周雪. 高职企业背景教师教学适应现状及管理对策研究[D]. 上海:华东师范大学,2023.

[29] 余静. 湖北省"双高计划"高职院校产教融合问题与对策研究[D]. 武汉:湖

北大学,2023.

[30] 朱中伟.高校岗位设置管理改革研究[D].福州:福建师范大学,2012.

[31] 陈雪.高等司法专科学校人事制度改革的问题与对策研究[D].临汾:山西师范大学,2013.

[32] 曾学清.从霍曼斯公平理论探析高校人事管理的改革方向[D].湘潭:湘潭大学,2011.

[33] 林丽春.高校人事制度改革研究——以龙岩师专为个案[D].武汉:武汉大学,2004.

[34] 黄运堪.广西高职院校辅导员队伍建设与发展研究[D].桂林:桂林理工大学,2023.

[35] 王雨薇.河北省高职院校"双师型"教师队伍建设研究[D].石家庄:河北科技大学,2022.

[36] 徐艳.高职院校教师队伍治理体系现代化研究[D].安庆:安庆师范大学,2022.

[37] 张嘟."双高计划"下高职院校师资队伍建设研究[D].南昌:江西科技师范大学,2022.

[38] 郑辰.高职院校"双师型"教师专业标准研究[D].天津:天津职业技术师范大学,2023.

[39] 彭霏.江西高职院校"双师型"教师绩效评价体系构建研究[D].南昌:江西财经大学,2022.

[40] 郝丽.新时代地方高水平大学人事制度改革研究[D].太原:山西大学,2018.

[41] 彭霏.江西高职院校"双师型"教师绩效评价体系构建研究[D].南昌:江西财经大学,2022.

[42] 郝丽.新时代地方高水平大学人事制度改革研究[D].太原:山西大学,2018.

[43] 李轶文.新形势下我国高校人事制度改革趋势研究[D].北京:北京林业大学,2017.

[44] 徐长乐.高校人事代理制度研究[D].合肥:安徽大学,2013.

[45] 由胜利. 高校人事制度改革的社会学分析[D]. 长春:吉林大学,2006.

[46] 竹建德. 深化河南省高校人事制度改革若干问题研究[D]. 郑州:郑州大学,2004.

[47] 黄运堪. 广西高职院校辅导员队伍建设与发展研究[D]. 桂林:桂林理工大学,2023.

[48] 王雨薇. 河北省高职院校"双师型"教师队伍建设研究[D]. 石家庄:河北科技大学,2022.

[49] 徐艳. 高职院校教师队伍治理体系现代化研究[D]. 安庆:安庆师范大学,2022.

[50] 张嘟. "双高计划"下高职院校师资队伍建设研究[D]. 南昌:江西科技师范大学,2022.

[51] 洪燕. 产教融合政策背景下中职卫校"双师型"教师专业发展存在的问题与对策研究[D]. 济南:山东大学,2023.

[52] 周雪. 高职企业背景教师教学适应现状及管理对策研究[D]. 上海:华东师范大学,2023.

[53] 余静. 湖北省"双高计划"高职院校产教融合问题与对策研究[D]. 武汉:湖北大学,2023.

[54] 朱中伟. 高校岗位设置管理改革研究[D]. 福州:福建师范大学,2012.

[55] 陈雪. 高等司法专科学校人事制度改革的问题与对策研究[D]. 临汾:山西师范大学,2013.

[56] 曾学清. 从霍曼斯公平理论探析高校人事管理的改革方向[D]. 湘潭:湘潭大学,2011.

[57] 林丽春. 高校人事制度改革研究——以龙岩师专为个案[D]. 武汉:武汉大学,2004.

[58] 韩亮. 地方本科院校人事自主权及其运行研究[D]. 杭州:浙江大学,2022.

[59] 王岚,吴跃本,崔金魁. 高职院校"双师型"教师专业素质培育研究[M]. 南京:东南大学出版社,2021.

[60] 王晨. "1+X证书"制度下高职院校师资提升策略研究[D]. 哈尔滨:黑龙江大学,2023.

[61] 刘文霞. 高职院校与"一带一路"企业的合作模式研究[D]. 上海:华东师范大学,2022.

[62] 姚晓立. 高校人事代理制度研究[D]. 开封:河南大学,2012.

[63] 刘海明. 高职院校新技术应用型人才培养研究[D]. 武汉:华中师范大学,2023.

[64] 陈志新. 高校新型用人制度研究[D]. 武汉:华中师范大学,2003.

[65] 王峰. 珠三角地区高职院校产教融合人才培养机制案例研究[D]. 广州:广东技术师范大学,2021.

[66] 黄慧利. 论高校人事制度改革[D]. 长沙:湖南师范大学,2006.

[67] 杜钢清. 当前我国高校人事制度改革研究[D]. 武汉:武汉大学,2003.

[68] 赵帅. 我国高校人事制度改革研究[D]. 北京:首都经济贸易大学,2015.

[69] 李珂. 高校后勤社会化过程中的人事制度改革研究[D]. 北京:中国农业大学,2005.

[70] 廖康平. 基于胜任力模型的高职"双师型"教师资格认定标准的优化研究[D]. 武汉:华中师范大学,2021.

[71] 姜文. 高校人事制度的改革现状与创新策略研究[D]. 长沙:湖南师范大学,2006.

[72] 阎峻. 法治视角下的中国高校人事制度改革研究[D]. 武汉:华中科技大学,2018.

[73] 李鑫. 我国高职院校"双师型"教师资格认定标准的制定与实施策略研究[D]. 武汉:湖北大学,2021.

[74] 杨海英. 高校后勤人事制度改革研究[D]. 大连:大连理工大学,2008.

[75] 罗明. 高校人事代理制度研究[D]. 汕头:汕头大学,2011.

[76] 刘蕾. 高校人事代理制度的实践与思考[D]. 上海:复旦大学,2009.

[77] 赵志鲲. 大学教师激励问题研究[D]. 南京:南京师范大学,2015.

[78] 张扬. 高职学生关键能力培养的模式变革研究[D]. 上海:华东师范大学,2022.

[79] 姜晓雷. "1+X证书"制度下高职院校人才培养质量评价研究[D]. 沈阳:沈阳师范大学,2021.

[80] 王丹.当前形势下高校教师聘任制的改革与发展研究[D].武汉:武汉理工大学,2006.

[81] 夏天一.日本高校任期制改革研究[D].上海:上海外国语大学,2023.

[82] 孙光仪.云南省高校人事制度改革现状及对策研究[D].昆明:云南师范大学,2013.

[83] 张洁.G大学人事制度改革对青年教师思想影响的研究[D].重庆:西南大学,2014.